《新HSK常见习语速成》
속성 新HSK 상용 관용어

속성 新HSK 상용 관용어

초판 인쇄   2015년 8월 28일
초판 발행   2015년 9월 04일

편저 한즈깡 | **번역** 김효진, 유성은 | **감수** 감서원
펴낸이 박찬익 | **편집장** 권이준 | **펴낸곳** ㈜박이정
주소 서울시 동대문구 천호대로 16가길 4
전화 (02) 922-1192~3 | **팩스** (02) 928-4683
홈페이지 www.pjbook.com | **이메일** pijbook@naver.com
등록 2014년 8월 22일 제305-2014-000028호

ISBN   979-11-5848-055-4 (13720)

* 책값은 뒤표지에 있습니다.

新 HSK 관용어

속성 新 HSK 상용 관용어

한즈깡 편저 김효진, 유성은 번역 감서원 감수

新HSK
5~6급
시험 필수
대비서

(주)박이정

编写说明

汉语中有大量的惯用语、成语、四字格、固定格式、口语格式等语言形式，我们可以统称之为习语。习语在汉语社会生活中使用率很高，习语掌握得如何是评价一个人汉语水平高低的重要指标。新HSK汉语水平考试中有不少试题涉及到汉语常用习语。有关这些内容的考题，对很多参加考试的学生来说，是难点，得分率通常比较低。主要原因是考生对这部分内容不太熟悉，没有专门系统地学习过。单靠平时学习的积累当然会掌握其中的一部分，但是太分散，在参加考试的时候就显得很不够用了。其实，汉语中最常用的习语数量是有限的，如果考生准备考试的时候能集中学习这些最常用的习语，准备就有了较强的针对性，相信效果一定会很好。本书就是为了解决这个问题，为了帮助打算参加新HSK考试的朋友集中学习习语而编写的。

我们选取了314个常用常考的汉语习语以及常用口语格式，把这314个项目分成四大类别，即：习用语、成语、固定格式、常用口语格式，设为四个单元，共15章。本书在编写方面有如下特色。

1 范围明确，内容全面。本书囊括了汉语水平考试要考察的全部习语项目。

2 体例新颖，有利记诵。每节大致分为口诀、文本、例释、运用四个部分。除了口语格式及部分固定格式以外，其余习用语、成语、四字格都编排有口诀形式，每四条为一节，合辙压韵，读起来朗朗上口，有利于记忆。

3 条目明晰，解释详尽。每个小节一般集中讲解4个词语或格式，每个条目前都表明这个项目在考试大纲中的等级。解释涉及词语的含义、用法、习惯搭配等内容，列举的例句丰富自然，解释语言通俗易懂。

4 讲练结合，模拟实战。每个小节讲解以后，都有相关的运用练习题。每章之后有集中的练习题，题型与常见考试题型一致，这样既便于读者巩固新学习的内容，同时又可以做为模拟训练，接近考试的实际状态。每个单元后还有单元练习，供读者复习训练使用。

5 附有答案，便于自查。每个单元后都附有本单元练习题的参考答案，便于读者及时检验自己的学习效果。

本书可供想提快速高自己汉语交际能力的朋友学习，也可以供准备参加新HSK五级和六级考试的朋友使用，还可以作为汉语教师的参考用书。

韩志刚

2015年8月于中国天津

서문

중국어에 많이 있는 관용어, 성어, 사자구, 고정구, 구어 문장 등의 언어형식을 관용어라고 통칭할 수 있다. 관용어는 중국어의 사회, 생활 면에서 사용 빈도가 매우 높으며, 관용어를 얼마나 잘 파악하고 있는가는 그 사람의 중국어 수준이 높은지 낮은지를 평가할 수 있는 중요한 지표가 된다. 신HSK 중국어 능력 시험은 중국어의 상용 관용어와 관련된 문제들이 대다수이다. 이런 내용들과 관련된 문제들은 시험에 참가한 학생들이 어려워하는 부분이고, 점수를 얻는 비율도 낮은 편이다. 그 주된 이유는 수험생이 이 부분의 내용에 익숙하지 않고 또 체계적으로 공부해보지도 않았기 때문이다. 평소에 공부한대로라면 당연히 그 중의 일부는 알겠지만 분산되어 있어 시험 볼 때는 충분하지 않게 된다. 사실 중국어에서 가장 자주 쓰이는 관용어의 수량은 한정되어 있다. 만약 수험생이 시험을 준비할 때 이런 상용 관용어를 집중적으로 공부한다면 핵심을 겨냥한 준비가 될 것이며 그 효과는 틀림없이 좋을 것이라 확신한다. 본서는 이러한 문제들을 해결하기 위해서, 그리고 신HSK 시험에 참가하고자 하는 많은 학생들이 관용어를 집중적으로 공부하는 데 도움을 주기 위해서 편찬하였다.

본서에서는 314개의 자주 쓰이는, 그리고 시험에 자주 출제되는 중국어의 관용어 및 구어 문장들을 선별하여 관용어, 성어, 고정구, 상용 구어 문장 등 네 부류로 크게 나누어 실었으며, 총 4단원 15장으로 구성되어 있다. 본서의 특징은 다음과 같다.

1. 범위가 명확하고 내용이 전면적이다. 본서는 중국어 능력 시험에서 출제되는 모든 관용어 항목을 두루 망라하고 있다.
2. 체제가 참신하며 외우기에 편리하다. 각 절은 대체로 잰말놀이, 본문, 예문해석, 응용의 네 부분으로 나누어 놓았다. 구어 문장과 고정구 일부를 제외하고 나머지 관용어, 성어, 사자구는 모두 잰말놀이 형식으로 편성되어 있는데, 각 4문장이 1구절로 압운을 맞추어 놓아 발음하기에 좋으며 기억하기도 쉽다.
3. 항목이 명료하고 해석이 자세하다. 각 소절마다 보통 4개의 단어 또는 구절에 대해 집중적으로 설명하였다. 단어의 의미, 용법, 어구 배합 등의 내용에 대해 두루 설명하였고, 예문이 풍부하고 자연스러우며, 어휘가 일상적이어서 이해하기 쉽다.
4. 설명과 연습문제를 결합시켜 놓았고, 모의문제와 실전문제를 실어 놓았다. 매 절의 설명 뒤에 관련된 응용 연습문제를 실었다. 매 장 끝에는 연습문제가 있는데, 문제 유형이 실제 시험문제와 같다. 이를 통해 독자는 새로 배운 내용을 공고히 다지는 동시에 시험의 실제 상황에 가깝게 모의 훈련을 해볼 수 있다. 또한 매 단원 끝에는 단원 연습문제를 실어 독자들이 복습할 수 있게 하였다.
5. 학습자 스스로 점검해 보기 편하도록 답안을 부록으로 제공했다. 본서의 끝에 연습문제 참고답안을 추가하여 독자가 자신의 학습 효과를 점검해 볼 수 있도록 하였다.

본서는 중국어 회화 능력을 향상시키고자 하는 학습자, 그리고 신HSK 5급과 6급에 도전하는 수험생들에게 유용하며, 중국어 교사들도 참고도서로 활용할 수 있다.

韩志刚
2015년 8월 中国 天津에서

목차

서문 4

제1단원　관용어(惯用语)

제1장

제1절	不用说	来不及	说不定	看不起	14
제2절	用不着	不要紧	不敢当	不一定	20
제3절	不得不	不一会儿	不是吗	没事儿	26
제4절	算了	得了	有的是	没什么	32
제5절	看样子	了不起	感兴趣	不好意思	37
연습 1					43

제2장

제1절	好容易	越来越	闹着玩	就是说	48
제2절	谁知道	哪知道	开夜车	打交道	53
제3절	闹笑话	碰钉子	出洋相	出难题	57
제4절	打招呼	走后门	不象话	伤脑筋	62
제5절	没说的	走弯路	有两下子	不在乎	67
연습 2					72

제3장

제1절	可不是	可也是	别提了	就是了	76
제2절	吹了	不由得	无所谓	不见得	82
제3절	忍不住	对得起	这样一来	爱面子	87
제4절	炒鱿鱼	大锅饭	穿小鞋	不怎么样	92
제5절	爆冷门	半边天	泼冷水	定心丸	97
연습 3					102

제4장

제1절	随大流	侃大山	马后炮	铁饭碗		106
제2절	跑龙套	走过场	敲边鼓	犯不上		111
제3절	一风吹	去你的	钻空子	真是的		116
제4절	一锅粥	顾不得	好样的	又来了		120
제5절	看起来	好说	据悉	要命	老实说	125
연습 4						130
단원 연습 1						133

제2단원　성어(成语)

제5장

제1절	聚精会神	实事求是	无可奈何	千方百计	140
제2절	成千上万	无论如何	粗心大意	兴高采烈	145
제3절	画蛇添足	一路顺风	总而言之	万古长青	149
제4절	自相矛盾	自始至终	一技之长	一言一行	153
제5절	接二连三	朝三暮四	七嘴八舌	三番五次	158
연습 5					162

제6장

제1절	乱七八糟	按劳分配	暴风骤雨	半途而废	166
제2절	百花齐放	百家争鸣	不相上下	不正之风	170
제3절	层出不穷	诚心诚意	从容不迫	大公无私	174
제4절	大有可为	大同小异	发扬光大	川流不息	178
제5절	得不偿失	不由自主	发愤图强	格格不入	182
연습 6					186

제7장

제1절	顾全大局	改邪归正	根深蒂固	各奔前程	190
제2절	供不应求	归根到底	和平共处	合情合理	194
제3절	家喻户晓	坚贞不屈	津津有味	敬而远之	198
제4절	精打细算	精益求精	举世瞩目	举世闻名	202
제5절	理所当然	开天辟地	理直气壮	可想而知	206
연습 7					210

단원 연습 2 213

제8장

제1절	美中不足	莫名其妙	门当户对	面面俱到	216
제2절	名副其实	目中无人	岂有此理	萍水相逢	220
제3절	奇花异草	恰到好处	恰如其分	全力以赴	224
제4절	热泪盈眶	思前想后	勤工俭学	前所未有	228
제5절	似是而非	随时随地	滔滔不绝	全心全意	232
연습 8					236

제9장

제1절	讨价还价	微不足道	无所作为	无可奉告	240
제2절	显而易见	无能为力	想方设法	无微不至	245
제3절	小心翼翼	天长地久	以身作则	永垂不朽	249
제4절	新陈代谢	循序渐进	引人注目	欣欣向荣	253
제5절	斩草除根	斩钉截铁	争先恐后	朝气蓬勃	257
연습 9					261

제10장

| 제1절 | 自负盈亏 | 自私自利 | 弄虚作假 | 损人利己 | 266 |
| 제2절 | 无情无义 | 投机倒把 | 有口无心 | 非驴非马 | 270 |

제3절	自力更生	指手画脚	诸如此类	探头探脑	274
제4절	一概而论	众所周知	东奔西走	如醉如痴	279
제5절	大包大揽	连滚带爬	前赴后继	千军万马	爱理不理	283

연습 10 ······ 288

단원 연습 3 ······ 291

제3단원 고정형식(固定格式)

제11장

제1절	由……组成	在……看来	不知……好	拿……来说	298
제2절	为……所……	对……来说	到……为止	应……邀请	302
제3절	要是……的话	跟(和)……过不去	一来……二来……	左说右说	306
제4절	时好时坏	不大不小	多劳多得	或多或少	310
제5절	走来走去	说干就干	忽高忽低	一长一短	314

연습 11 ······ 318

제12장

제1절	能歌善舞	各式各样	自言自语	四面八方	322
제2절	东一句西一句	老的老小的小	没吃没穿	似笑非笑	326
제3절	也就是说	换句话说	一般地说	总的来说	330
제4절	除此之外	与此同时	由此可见	综上所述	334
제5절	……来看	……来说(来讲)	从……看来		
	不得	一会儿……一会儿……			338
제6절	一干二净	一毛不拔	可歌可泣	半真半假	
	不辞而别	有声有色			343

연습 12 ······ 348

단원 연습 4 ······ 351

제4단원　구어형식(口语格式)

제13장

제1절　学太极拳 ········ 358
제2절　起床 ········ 365
제3절　作画儿 ········ 371

제14장

제1절　换工作 ········ 380
제2절　去孤儿院 ········ 386
제3절　请假 ········ 393

제15장

제1절　修电脑 ········ 400
제2절　放假以后 ········ 407

단원 연습 5 ········ 413

참고답안 ········ 419

제1단원

관용어(慣用语)

제1절 不用说、来不及、说不定、看不起
제2절 用不着、不要紧、不敢当、不一定
제3절 不得不、不一会儿、不是吗、没事儿
제4절 算了、得了、有的是、没什么
제5절 看样子、了不起、感兴趣、不好意思
练习一

 不用说、来不及、说不定、看不起

1. 잰말놀이

tè bié míng bai　bú yòng shuō
特别明白 - 不用说　　아주 잘 알아 - 말할 필요 없어

shí jiān bú gòu　lái bu jí
时间不够 - 来不及　　시간이 모자라 - 시간 안에 안되겠어

rú guǒ kě néng　shuō bu dìng
如果可能 - 说不定　　만약에 가능하다면 - 어쩌면……일런지도 몰라

bié rén tài chà　kàn bu qǐ
别人太差 - 看不起　　다른 사람이 너무 떨어져 - 얕잡아 보다

2. 본문

A: 小王还没来，①不用说又是忘了时间了。
　　샤오왕이 아직 안 왔네, 말할 필요도 없이 또 시간을 잊은 거야.

B: ③说不定他一会儿就来了呢。
　　어쩌면 그가 금방 올지도 모르는데.

B: 再有5分钟火车就要开了，我们再不进站，恐怕就②来不及了。
　　5분만 더 있으면 기차가 떠나는데, 우리가 더 이상 지체하고 역에 들어가지 않으면 아마 늦을거야.

A: 再等等吧，万一他来了呢？
　　조금 더 기다려 보자, 만일 걔가 왔으면 어떡해?

B: 真是的，我就④看不起不准时的人。
　　아~, 진짜, 난 시간 안 지키는 사람은 무시해.

3. 본문 해석

① 不用说 búyòngshuō   말할 필요도 없다

◆ 함의

일반적인 이치로 볼 때, 어떤 상황이 분명하고 필연적임을 나타낸다.

◆ 어구배합

[～문장]

～你已经知道了。　　말할 필요도 없이 당신은 이미 알고 있죠

～他失业了。　　　　말할 필요도 없이 그는 실직했어

◆ 예문

- 那么大的事情我都不害怕，这么一点事儿就更不用说了。
  그렇게 큰 일조차 난 두렵지 않은데, 이런 작은 일은 더 말할 것도 없다.

- 他考上了北京大学，不用说，他父母和姐姐都非常高兴。
  그가 베이징대학에 합격하였으니, 말할 것도 없이 그의 부모와 누나는 대단히 기뻐했다.

- 李明不在家，不用说又去找小芳了。
  리밍이 집에 없는 것은 말할 것도 없이 또 샤오팡을 찾아 간거야.

② 来不及 láibují   시간에 늦다, 시간 안에 완수할 수 없다

◆ 함의

시간이 너무 모자라고, 너무 빡빡하고, 너무 늦어서 어떤 일을 할 수 없음을 나타낸다.

◆ 어구배합

[～동사]

～参加　　참가하기엔 늦었다

～去　　　가기엔 늦었다

～想　　　미처 생각할 겨를이 없다

～研究　　미처 연구할 겨를이 없다

[동사/동사구~了]

赶火车~了　　　기차시간에 댈 수 없다
取消决定~了　　결정을 취소하기엔 늦었다
后悔~了　　　　후회하기엔 늦었다

◆ 예문

- 她不敢跳伞，总担心落地之前来不及打开伞包。
  그녀가 낙하산 점프를 할 용기를 못내는 것은 늘 착지하기 전에 미처 낙하산을 펼 수 없을까봐 걱정되서이다.

- 我来不及把书放下，她已经站到我的面前了。
  내가 미처 책을 내려놓기도 전에 그녀는 벌써 내 눈 앞에 와 서 있었다.

- 孩子已经死了，抢救来不及了。
  아이가 이미 죽었으니. 구하기엔 늦었다.

보충

긍정형　来得及

예 문　我现在去找他来得及吗?
　　　 내가 지금 그를 찾아 가도 늦지 않을까?

你别着急，还有三天的时间呢，你明天写也来得及。
조급해하지마, 아직 3일의 시간이 더 있잖아, 내일 써도 늦지 않아.

③ 说不定　shuōbudìng　확실히 단언하기 어렵다; 어쩌면 ……일런지도 모른다

◆ 함의

어떤 결과를 단정 지을 수 없다. 아마도, 어쩌면이란 뜻을 나타낸다.

◆ 어구배합

[～동사구]

～有用　　　어쩌면 쓸모가 있을지도 몰라
～他会来　　어쩌면 그가 올지도 몰라
～能看见　　어쩌면 볼 수있을지도 몰라
～他愿意　　어쩌면 그가 원할지도 몰라

[문장+ 也 ～]

他就是你未来的丈夫也～。　어쩌면 그가 바로 네 미래의 남편이 될지도 몰라.

◆ 예문

- 现在天气不错，说不定一会儿就下雨，你还是带上雨伞吧。
  지금 날씨가 괜찮지만 조금 있다간 비가 올지도 모르니까,넌 아무래도 우산을 챙겨가는게 좋아.

- 你吃了那么多药都没有治好病，我这儿有一种药，你可以试试，说不定会有作用。
  넌 그렇게 약을 많이 먹었는데도 병을 못고쳤구나. 나한테 약이 있으니 한 번 먹어봐. 효과가 있을지도 몰라.

- 你再去看看，说不定就找着了呢。
  다시 가서 봐봐. 어쩌면 찾을 수 있을지도 몰라.

④ **看不起**　kànbuqǐ　무시하다, 경시하다, 얕잡아보다

◆ 함의

어떤 사람 및 사물이 자신 또는 자신의 것 보다 못하여서 존중할 만한 가치가 없다고 생각하고, 싫어하다.

◆ 어구배합

[～명사/대사]

～普通人　　보통사람을 무시하다
～穷人　　　가난한 사람을 경시하다
～你　　　　너를 얕잡아 보다
～他们　　　그들을 무시하다

제1장　17

[다른 사람에 의해~]

真叫人～　　　정말 사람으로 하여금 무시하게 하다
担心被人～　　남에게 무시당할까봐 걱정하다

◆ 예문

- 城里人常常看不起农村人。
  도시 사람은 늘 농촌사람을 무시한다.

- 她有自己的汽车，她看不起我的破自行车。
  그녀는 자기 차가 있다고 내 낡은 자전거를 무시한다.

- 他的衣服很破，他常常担心被别人看不起。
  그의 옷은 너무 낡아서, (그는) 남에게 무시당할까봐 늘 걱정한다.

보충

긍정형 看得起. 반어문, 가정문에 많이 쓴다.

예 문 你要是看得起我，你就不要说走。
네가 만약 날 존중한다면 간다는 말은 하지마.

他要看得起你，他还会当着那么多人的面说你的坏话吗?
그가 만약 널 존중했다면 그렇게 많은 사람들 앞에서 네 험담을 할 수 있었겠어?

你以为他们看得起你呀?
넌 그들이 널 존중한다고 생각하는거야?

4. 응용

★ 빈칸에 알맞은 단어 선택하기

A. 不用说   B. 来不及   C. 来得及   D. 看不起   E. 看得起   F. 说不定

1 今天我起晚了，_____吃早饭就来上班了。

2 （钱包不见了）别担心了，_____是妈妈帮你放好了呢。

3 他觉得自己很有钱，所以 _____没钱的人。

4 明天就要考试，现在才开始复习，_____吗？

5 你今天又起晚了，_____上课又要迟到了。

6 他还觉得自己挺不错，其实谁 _____他呀！

7 要想让别人_____，你就得努力干出个样子来。

제2절 用不着、不要紧、不敢当、不一定

1. 잰말놀이

bù xū yào shì   yòng bu zháo
不需要是 - 用不着   필요하지 않는 것은 – 할 필요 없다

bú tài yán zhòng   bú yào jǐn
不太严重 - 不要紧   그다지 심각하지 않으니 – 괜찮다

bié rén chēng zàn   bù gǎn dāng
别人称赞 - 不敢当   남이 칭찬하면 – (과분해서)몸둘 바를 모르다

bù néng kěn dìng   bù yí dìng
不能肯定 - 不一定   단정할 수 없으니 – 꼭……라 확정할 수 없다

2. 본문

A: 噢，眼睛发炎了。
　　음, 눈에 염증이 생겼군요.

B: 严重吗？需要手术吗？
　　심한가요? 수술해야 하나요?

A: 不要紧，用不着做手术。吃点儿药就行了。
　　괜찮아요, 수술할 필요 없습니다. 약 좀 드시면 괜찮아질 거에요.

B: 昨天有个大夫说，我得做手术，吓死我了。
　　어제 어떤 의사가 제가 수술해야 한다고 말해서 놀라 죽을 뻔 했거든요.

A: 这样的病，做手术不一定就能好。
　　이런 병은 수술해도 꼭 바로 낫지 않을 수도 있어요.

B: 这我就放心了。看病还是要找像您这样的专家！
　　그렇다면 안심이네요. 진찰은 역시 선생님 같은 전문가를 찾아야 한다니까요!

A: 啊，不敢当，不敢当。
　　아, 별말씀을요, 과찬이십니다.

3. 본문 해석

① 用不着 yòngbuzháo 필요치 않다, 할 필요 없다

◆ 함의

회화체에 쓰이며, 필요하지 않음을 나타낸다.

◆ 어구배합

[~동사/동사구]

~道歉　　　　사과할 필요 없다
~想　　　　　생각할 필요 없다
~请假　　　　휴가낼 필요 없다
~担心　　　　걱정할 필요 없다
~埋怨别人　　다른 사람을 원망할 필요 없다

[~的 +명사]

~的书　　　　필요 없는 책
~的家具　　　필요 없는 가구
~的人　　　　필요 없는 사람

◆ 예문

- 这里很安全，晚上睡觉，门都用不着关。
  이 곳은 매우 안전해서 밤에 잠 잘 때 문조차 닫을 필요가 없다.

- 我们是好朋友，你用不着跟我客气。
  우리는 좋은 친구이니 너는 나한테 체면 차릴 필요가 없다.

- 这么简单的问题，用不着去麻烦张老师，我告诉你吧。
  이렇게 간단한 문제로 장 선생님을 귀찮게 할 것 없어, 내가 알려 줄께.

> **보충**
>
> **긍정형** 用得着
>
> **예문** 有用得着我的地方你就说啊，别不好意思。
> 내가 필요한 곳이 있으면 말해, 미안해하지 말고.
>
> 这么一点事儿还用得着您亲自来一趟？
> 이렇게 작은 일로 당신이 직접 다녀갈 필요가 있겠어요?
>
> 天气这么好，你还带着伞，用得着吗？
> 날씨가 이렇게 좋은데도 너는 우산을 지니고 있는데 그럴 필요 있어?

② 不要紧 búyàojǐn 괜찮다, 심각하지 않다

◆ 함의

상황이 심각하지 않음을 나타낸다. 괜찮다는 뜻이다.

◆ 용법

단독으로 쓸 수 있다; 전환복문의 앞절에도 쓰일 수 있는데, 전체 복문은 뒤에 나오는 상황이 더욱 중요하고 더 심각함을 나타낸다.

◆ 어구배합

[앞절1~, 뒷절2]

他的病倒不要紧，可全厂的工作都乱了。
그사람의 병은 심각하지 않은데 전체 공장의 업무는 엉망이 되었다.

◆ 예문

- 现在你的汉语水平不高，汉字也写得不太好看，不过这不要紧，只要你努力学习，你很快就会赶上来的。
  지금 너의 중국어 수준은 높지 않고, 한자도 그다지 예쁘게 쓰지 못하지만 이런 것은 중요치 않아. 네가 열심히 공부하기만 하면 금방 따라잡을 수 있어.

- 队长叫我去泡温泉养病。我告诉他，我没有东西（食品炊具等等），所以不能去泡温泉。他说他可以借给我。我说我借了不一定还，他说不要紧。我就向他借了不少吃的和喝的。

  팀장님이 나에게 온천에 가서 병을 치료하라고 하셨다. 나는 그에게 나에겐 (음식, 취사도구 등의) 물건이 없어서 온천에 갈 수 없다고 말씀드렸다. 그는 나에게 빌려줄 수 있다고 말했고, 내가 빌려 가도 반드시 돌려드리지 않을 수도 있다고 말씀드렸더니 괜찮다고 하셨다. 그래서 나는 그에게서 먹을 것, 마실 것을 적지 않게 빌렸다.

- 你丢了一个笔记本不要紧哪，可那里边还有一个10万元的存折呢。那可是家里面全部的财产哪！

  네가 노트를 읽어버린 것은 괜찮지만, 그 안에 10만원이 든 예금통장도 있단 말이야, 그건 정말 집안의 전재산인데!

③ 不敢当　bùgǎndāng　별말씀을요, 천만에요, (과분해서)몸둘 바를 모르다, 황송합니다

◆ 함의

다른 사람이 자신에게 칭찬하거나 존경을 표시할 때 겸손함과 예의를 나타내는데, 의미는 "저는 평범하니 이러한 칭찬이나 경의를 감히 받아 드릴 수가 없습니다"라는 뜻이다.

◆ 용법

단독으로 자주 사용된다.

◆ 예문

- A：请坐这里，这是特意为您留的最尊贵的位置。
  B：实在不敢当。
  A: 여기 앉으세요, 특별히 당신을 위해 남겨둔 가장 높은 자리입니다.
  B: 정말 과분해서 몸둘 바를 모르겠습니다.

- A：您是著名的历史学家，您怎么看待这件事情？
  B：不敢当，不敢当。
  A: 당신은 저명한 역사학자이신데, 이 일을 어떻게 보십니까?
  B: (저명한 역사학자라니) 몸둘 바를 모르겠습니다.

④ 不一定　bùyídìng　반드시……인 것은 아니다, 반드시……할 필요는 없다

◆ **함의**

확정할 수 없다, 부정적인 의미를 나타내는 경향이 있다.

◆ **어구배합**

[～동사/동사구]

～愿意　　　꼭 원하지 않을 수 있다
～在北京　　꼭 베이징에 있지 않을 수 있다
～没看见　　꼭 못 본 것이 아닐 수도 있다

◆ **예문**

- 你别问她了，她也不一定知道那件事。
  그녀에게 묻지마, 그녀 역시 그 일을 반드시 알지 못할 수도 있어.

- 他们能不能考上大学还不一定呢。
  그들이 대학에 붙을 수 있을지 없을 지는 아직 확실하지 않은걸.

- 你向人家求婚，人家还不一定愿意呢。
  네가 나(그 사람)한테 프로포즈 한다고 해도, 내(그 사람이)가 꼭 원하지 않을 수도 있어.

4. 응용

★ 빈칸에 알맞은 단어 선택하기

A. 用不着   B. 用得着   C. 不要紧   D. 不敢当   E. 不一定

1 你们不用等我了，我最近很忙，_____能参加。

2 他把那些_____的报纸都扔了。

3 出去旅游，你还是带点儿感冒药吧，也许_____。

4 甲：你身体不舒服，还是在家多休息两天吧。
　乙：_____。我得赶紧把公司的事处理完。

5 甲：公司里的工作没有您可不行。
　乙：你这么说我可_____。

6 这台录音机你想用只管拿去用，_____跟他说。

 不得不、不一会儿、不是吗、没事儿

1. 잰말놀이

bì xū yào zuò　　bù dé bù
必须要做 - 不得不　　　　　반드시 해야 한다 – 하지 않으면 안 돼

shí jiān hěn duǎn　　bù yí huìr
时间很短 - 不一会儿　　　　시간이 아주 짧아 – 금방, 곧

biǎo shì fǎn wèn　　bú shì ma
表示反问 - 不是吗　　　　　반문을 나타낼 때 – 아닌가요?

méi yǒu wèn tí　　méi shìr
没有问题 - 没事儿　　　　　문제가 없을 때 – 괜찮아요

2. 본문

妈妈: 平时这孩子不爱吃面条，今天两大碗面条，他不一会儿就都吃完了。
평소에는 이 아이는 국수를 잘 안 먹는데, 오늘은 큰 그릇으로 두 그릇이나 금방 다 먹어치웠어요.

奶奶: 这孩子，不会撑坏吧，我真担心。
얘가 너무 배불러서 탈나진 않겠지, 걱정되는구나.

妈妈: 可不是吗？要是吃坏了肚子，可就得去医院了。
그러게 말이에요. 먹고 배탈나면 병원에 가야하는데.

爸爸: 来，我看看。——嗨，没事儿。不过，这孩子不懂事，以后我们不得不注意点儿，他喜欢吃，也不能让他随便吃。
자, 좀 보자. - 에이, 괜찮네. 그렇지만 애가 철이 없으니 앞으로 우리가 주의하지 않으면 안 되겠어. 개가 먹는 것을 좋아한다고 마음대로 먹게 해서는 안돼.

妈妈: 嗯，知道了。
네, 알겠어요.

3. 본문 해석

① 不得不　bùdébù　하지 않으면 안 된다

◆ 함의

좋아하지 않는 일에 대해서 반드시 해야 하거나 할 수밖에 없음을 나타낸다.

◆ 어구배합

[~동사/동사구]

~说　　　　말하지 않을 수 없다

~离开　　　떠나지 않을 수 없다

~同意签字　동의하고 싸인하지 않을 수 없다

◆ 예문

· 那个男人正在偷东西的时候被警察抓住了，他不得不承认自己犯了罪。
그 남자는 막 물건을 훔치고 있을 때 경찰에 의해 붙잡혔으니, 그는 자기가 죄를 저질렀다고 인정할 수밖에 없었다.

· 她说她并不喜欢这个工作，可是为了生活她不得不这样做。
그녀는 그녀가 이 일을 결코 좋아하지 않지만 생활을 위해서 어쩔 수 없이 이렇게 할 수밖에 없다고 말했다.

· 老师说他的文章写得太乱了，他不得不重新写了一遍。
선생님은 그의 글이 너무 엉망으로 쓰여졌다고 말씀하셔서, 그는 어쩔 수 없이 다시 한 번 새로 써야 했다.

② 不一会儿　bùyíhuìr　금방, 곧, 얼마 지나지 않아

◆ 함의

아주 짧은 시간이 지났음을 나타낸다.

◆ 용법

일반적으로 과거의 일을 나타내는 문장에 쓰인다.

◆ 예문

- 我看见他进了那个商店，不一会儿又出来了。
  나는 그가 저 상점에 들어가는 것을 보았는데, 잠시 후 또 나왔다.

- 他不一会儿就把房间打扫得干干净净。
  그는 잠깐 동안에 방을 아주 깨끗하게 청소했다.

- 他不一会儿就把作业做完了，妈妈都觉得有点奇怪。
  그는 금방 숙제를 다 마쳐서, 엄마도 좀 이상하다고 생각할 정도였다.

③ 不是吗 búshìma 아닌가요?

◆ 함의

반문을 나타내며, 강한 긍정으로, 그렇다, 바로 그렇다, 확실히 그렇다'의 의미이다.

◆ 어구배합

[대사, 부사~]

这~	이것 아닌가요?
那~	저것 아닌가요?
可~	왜 아니겠어요?
难道~	설마 아닌가요?

◆ 예문

- A: 我的手表哪儿去了，谁看见我的手表了？
  B: 这不是吗！
  A: 내 손목시계 어디 간거야, 누구 내 손목시계 본 사람?
  B: 이것 아니야

- A：老王又跟他老婆吵架了？
  B：可不是吗！
  A: 라오 왕은 또 부인하고 싸웠어?
  B: 그러게 말이야!

- 你今天借了钱，明天还得还，不是吗？
  너 오늘 돈 빌리고, 내일 또 갚아야 하지, 아니야?

④ 没事儿 méishìr 괜찮아요

◆ 함의

① 심각하지 않다, 괜찮다. ② 문제 없다, 상황이 매우 좋고 정상적이다. ③ 할 일이 없다, 한가하다.

◆ 용법 1

상대방의 사과나 감사에 응답할 때 자주 쓰인다.

◆ 예문

- "对不起。" "没事儿。"
  "미안합니다.""괜찮아요."

- 那天她比约定的时间晚了将近一个小时，一个劲儿地说"对不起"，我一个劲儿地说"没事没事"。
  그 날 그녀는 약속 시간보다 한 시간쯤 늦게 와서는 시종일관 "미안합니다"라고 말했고, 나는 줄곧 "괜찮아요, 괜찮아"라고 말했다.

◆ 용법 2

상대방에게 안부를 물어서 관심을 나타낼 수 있다.

◆ 예문

- 最近你好吗，没事儿吧？
  요즘 잘 지내요, 별일 없죠?

- 怎么样，没事儿吧？

  어때요, 괜찮죠?

◆ 용법 3

뒤에 다른 동사성 성분이 자주 온다.

◆ 예문

- 没事儿看会儿电视吧。

  별 일 없으면 TV 잠깐 봐.

- 没事儿来我家玩儿啊。

  별 일 없으면 우리 집에 놀러 와.

보충

긍정형 "没事儿了", 번거로운 일이 끝나고 상황이 정상적으로 회복되었음을 나타낸다.

예 문 能坚持过今天就没事了。

오늘만 버틸 수 있으면 괜찮아 질거야.

检查已经通过了，没事儿了。

검사에 이미 통과했으니 이제 괜찮다.

4. 응용

★ 빈칸에 알맞은 단어 선택하기

A. 不得不　　B. 不一会儿　　C. 不是吗　　D. 没事儿

1 我看见小王进了张经理的办公室，_____就出来了，很高兴的样子。

2 公司最近不景气，我们_____辞退一些职员，来节约开支。

3 你看，我把汽车停这儿，_____吧？

4 A：要过圣诞节了，我觉得还是寄电子贺卡好。
　B：可_____？寄电子贺卡又快又方便。

5 _____的话，多出来走走，对身体有好处。

제4절 算了、得了、有的是、没什么

1. 잰말놀이

tíng zhǐ xíng dòng　suàn le
停止行动 - **算了**　　　행동을 멈추는 것은 – 됐어

biǎo shì jié shù　dé le
表示结束 - **得了**　　　종말(끝)을 나타낼 때는 – 됐어, 관둬

hěn duō hěn duō　yǒu de shì
很多很多 - **有的是**　　아주 많을 때는 – 얼마든지 있다

bú tài yào jǐn　méi shénme
不太要紧 - **没什么**　　그다지 중요하지 않을 때는 – 별일 아니야

2. 본문

A: 我看这衣服款式不错，买下来**得了**。
　　내 생각에 이 옷 디자인이 꽤 괜찮은 것 같아, 사버려야겠어.

B: 可是价格太贵了，**算了**，我们再去别的地方看看吧。
　　근데 가격이 너무 비싸, 됐어, 우리 또 다른 데 가서 좀 보자.

A: 别的地方有同样款式的吗？
　　다른 데도 같은 디자인이 있을까?

B: **有的是**，不过又要麻烦你陪我多跑一段路了。
　　얼마든지 있지, 근데 나랑 같이 더 돌아다녀야 하니 너만 귀찮게 생겼네.

A: **没什么**，我们走吧。
　　뭐 상관 없어, 우리 가자.

3. 본문 해석

① 算了 suànle 됐어, 관둬

◆ 함의

더 이상 문제 삼지 않다. 그쯤 해두다.

◆ 용법

① 방금 진행되던 또는 진행되려고 하던 행위를 멈추며, 기분이 별로 좋지 않다는 의미를 담고 있다. ② 어떤 행동을 통해 귀찮은 일을 끝낼 수 있음을 나타낸다.

◆ 어구배합

[동사~]

把这个破盆子扔了算了。   이 낡은 대야를 버려버리고 말지
开除他算了。   그를 해고(제적, 제명) 해버리고 말지

◆ 예문

- 你要懒得送就算了，再见。
  데려다주기 귀찮으면 관둬, 안녕.

- A：我想跟你好好谈谈。 B：我不谈！ A：不谈算了。
  A: 나는 너와 잘 얘기하고 싶어. B: 난 얘기하기 싫어! A: 얘기하기 싫으면, 됐어.

- 这双鞋太难看了，扔了算了。
  이 신발은 너무 보기 싫으니 버려버려.

② 得了 déle 됐다, 그만둬

◆ 함의

'됐다, 다른 것은 필요없다'라는 의미를 나타낸다.

◆ 용법

반문구에 쓰일 수 있고, 문장의 맨 앞에 쓰일 수 있다.

◆ 어구배합

[문장(不就)~]

扔了~	버려버리면 돼
向他认个错~	그에게 잘못을 한번 인정하면 돼
你不对别人说不就~	다른 사람한테 말하지 않으면 되잖아

[~吧, 문장]

~吧　　됐어

我才不相信你呢。~吧我知道该怎么做。
난 너 안 믿거든. 됐어. 내가 어떻게 해야할지 알겠어

◆ 예문

- 你跟他要钱？你不如打他一顿得了。
  네가 그한테 돈을 달랜다고? 그를 한대 때리고 마는 게 더 낫겠다.

- 那儿没有座位，你坐这儿不就得了？
  그쪽에 자리가 없으면, 넌 여기 앉으면 되지 않겠어?

- 得了吧，别说那些没有用的话了。
  됐어, 그런 쓸데없는 말 그만해.

③ 有的是　yuǒdeshi　얼마든지 있다

◆ 함의

아주 많이 있음을 나타낸다.

◆ 어구배합

[명사/명사구~]

朋友~　　친구는 얼마든지 있다

| 毛病～ | 결점이 아주 많다 |
| 这种玩意～ | 이런 것은 얼마든지 있다 |

[～명사]

～耐心	있는 것은 인내심 뿐이다
～时间	가진 것은 시간 뿐이다
～力气	가진 것은 힘 뿐이다

◆ 예문

- 怎么会没办法，办法有的是，办法是人想出来的。
  어떻게 방법이 없겠어. 방법은 얼마든지 있어. 방법이란 사람이 생각해 내는 거야.

- 别着急嘛，以后有的是机会，为什么非要今天呢。
  조급해하지 마. 앞으로 기회는 얼마든지 있어. 왜 꼭 오늘이어야 하는데.

- 他有的是钱，还在乎这点儿吗？
  그는 가진 게 돈인데, 이 조금에 신경을 쓰겠어?

④ 没什么 méishénme 상관 없다

◆ 함의

① 단독으로 사용되며, 괜찮다, 중요하지 않다라는 뜻을 나타낸다.
② 다른 단어 앞에 쓰여서 "不, 没有"를 나타낸다. 어기가 비교적 부드럽다.

◆ 예문

- A：真对不起。B：没什么。
  A: 정말 죄송합니다. B: 뭐 괜찮아요.

- 他不理我本来也没什么，可是他不该当着那么多人的面说我的坏话。
  그가 나를 상대하지 않는 것은 본래 뭐 상관 없지만, 그렇게 많은 사람들 앞에서 내 욕을 해서는 안 되지.

- 当时他已经忘记了我叫什么，我对他也没什么印象了。
  그 때 그는 이미 내 이름이 무엇인지 잊었고, 나도 그에 대한 별다른 기억이 없었다.

- 我没什么文化，你说的太复杂了我也听不懂。
  전 배운 게 별로 없는데다, 당신이 설명하시는 게 복잡해서 저는 알아들을 수도 없습니다.
- 他觉得学习汉语没什么难的。
  그는 중국어를 배우는 것이 뭐 어려울 게 없다고 생각한다.

4. 응용

★ 빈칸에 알맞은 단어 선택하기

A. 算了   B. 得了   C. 有的是   D. 没什么

1 别担心，他_____有办法，这点儿小事还能难得住他？

2 我_____要说的，散会吧。

3 爸爸批评你两句，这_____吧？

4 别说了，他要10块钱，你就给他10块钱_____。

5 我想周末开一个派对，大家要都没时间的话，那就_____。

 看样子、了不起、感兴趣、不好意思

1. 잰말놀이

cāi cè gū jì   kàn yàng zi
猜测估计 - 看样子   추측하다, 짐작하다 – 보아하니

hěn bù píng cháng   liǎo bu qǐ
很不平常 - 了不起   아주 평범하지 않다 – 대단하다

xǐ huān mǒu shì   gǎn xìng qù
喜欢某事 - 感兴趣   어떤 일을 좋아하다 – 관심이 있다

júe de hài xiū   bù hǎo yì si
觉得害羞 - 不好意思   부끄러움을 느끼다 – 쑥스럽다

2. 본문

A: 啊，真了不起，这么一会儿您就钓上来三条鱼。看样子，您专门学过钓鱼吧。
와, 정말 대단하네요. 이렇게 금방 물고기를 3마리나 낚다니요. 보아하니 전문적으로 낚시하는 걸 배우셨나봐요.

B: 没学过，我只是对这个感兴趣。钓的时间长了自然会有点儿经验的。
배운 적은 없어요. 그냥 여기에 관심이 있어서 오래 낚시를 하다보니 자연스럽게 경험이 생긴거죠.

A: 您完全可以当我的老师了，我要跟您好好学学。
완전히 제 선생님 하셔도 되겠어요. 제가 제대로 좀 배워야겠어요.

B: 你这么说，真让我不好意思。
그렇게 말씀하시니 정말 쑥스럽네요.

3. 본문 해석

① 看样子 kànyàngzi 보아하니

◆ 함의

어떤 상황에 근거해서 짐작하고 추측하는 것을 말한다. 그다지 확실하지는 않다는 말투를 나타낸다.

◆ 예문

- 我请她进屋里来谈，她站着不动，看样子很生气。
  내가 방에 들어와서 얘기하자고 해도 그녀는 선 채 움직이지 않았다. 보아하니 화가 많이 난 것 같다.

- 他已经在家休息了三天了，还不见好，看样子得去医院。
  그는 이미 3일째 집에서 쉬는데도 여전히 낫지 않아서, 보아하니 병원에 가야할 것 같다.

- 看样子，这雨一时半会儿不会停，我们就别回去了吧。
  보아하니 이 비는 금방 그칠 것 같지가 않으니, 우리 돌아가지 말자.

② 了不起 liǎobuqǐ 대단하다, 굉장하다, 비범하다, 뛰어나다

◆ 함의

매우 평범하지 않아서 사람으로 하여금 놀라고 감탄하스럽게 여기도록 하는 것을 말한다.

◆ 어구배합

[부사~]

真~   정말 대단하다
很~   아주 굉장하다
太~了   너무 뛰어나다
确实~   확실히 비범하다

[～的+명사]

~的人	대단한 사람
~的事	굉장한 일
~的成绩	대단한 성적
~的才能	비범한 재능

◆ 부정형식

- 有什么了不起？
  뭐 대단할게 있다고?

- 没什么了不起。
  별로 대단할 것이 없다.

◆ 예문

- 大卫写的汉字很工整，很好看，虽然没有林丽写的那么流畅，但作为一个外国人，这已经是十分地了不起了。
  따웨이가 쓴 한자는 아주 반듯하고 보기 좋다. 비록 린리처럼 그렇게 시원스럽지는 않지만 외국인으로서 이만큼 쓴 것도 충분히 대단한 것이다.

- 你应该谦虚点儿，别老是觉得自己了不起。
  넌 좀 겸손할 필요가 있어, 항상 자신이 대단하다고 생각하지 좀 마.

- 他就是考试得了第一名，也没什么了不起嘛。
  그가 설령 시험에서 일등 했다고 해도 뭐 대단할게 없잖아.

③ **感兴趣** gǎnxìngqù 관심이 있다, 흥미를 느끼다

◆ 함의

재미있다고 생각하고, 주의를 기울이고 싶어하다.

◆ 어구배합

[对＋……]

对历史～	역사에 관심있다
对电脑～	컴퓨터에 관심있다
对唱歌～	노래하는 것에 흥미를 느끼다
对赚钱～	돈 버는 것에 흥미를 느끼다

[～的＋명사]

～的事	관심있는 일
～的电影	관심있는 영화
～的书	흥미를 느끼는 책
～的课	흥미를 느끼는 수업

◆ 예문

· 他感兴趣的是他身边的人怎么样了，这些人我不认识也不想了解。
그가 관심 있는 것은 그의 주변 사람들이 어떠하냐는 것인데, 이 사람들에 대해 난 알지도 못하고 알고 싶지도 않다.

· 我对科学发明很感兴趣，订了不少这方面的杂志。
난 과학발명에 매우 흥미를 느껴서 이쪽 방면의 잡지를 적지 않게 주문했다.

· 这个孩子对英语不感兴趣，一上英语课他就睡觉。
이 아이는 영어에 흥미를 느끼지 못해서 영어 수업만 하면 잔다.

④ 不好意思　bùhǎoyìsi　쑥스럽다

◆ 함의

① 창피하다고 느끼다. ② 미안하고 죄송하다고 느끼다.

◆ 어구배합

[～＋동사, 동사구]

～说　　　말하기 부끄럽다

～看	보기 창피하다
～拒绝	거절하기 미안하다
～去找他	그를 찾아가기 쑥스럽다

[동사, 부사+～]

觉得～	미안하다고 생각하다
感到～	부끄럽다고 느끼다
显得～	창피한 것처럼 보이다
有点儿～	좀 미안하다
真～	정말 죄송하다
很～	아주 쑥스럽다

[부정사+～]

别～	쑥스러워 하지마
不要～	창피해 하지마
没有～	쑥스러울 것 없다

◆ 예문

- 她说："真不好意思，已经下班了，又给您添了这么多麻烦。"
  그녀는 말했다: "정말 죄송해요, 이미 퇴근하셨는데 또 이렇게 번거롭게 해드려서요."

- 我喝酒喝得太多，吐了一床，等我醒来的时候，小曼已经替我收拾干净，安静地坐在我的旁边，这使我不好意思起来。
  나는 술을 너무 많이 마셔서 침대 가득 토하고 말았다. 깨어났을 때는 샤오만이 이미 나 대신 깨끗하게 치우고 내 옆에 조용히 앉아 있었는데, 이는 나로 하여금 일어나기 미안하게 했다.

- 他那么自私的人，还会不好意思？
  그처럼 그렇게 이기적인 사람이 미안해할 줄도 알아?

- 叫你讲你就讲吧，别不好意思了。
  말하라고 하면 말하면 돼, 부끄러워하지 말고.

4. 응용

★ 빈칸에 알맞은 단어 선택하기

A. 看样子　　　　B. 了不起　　　　C. 感兴趣　　　　D. 不好意思

1 生病了就请假休息，这有什么_____的，我帮你去说。

2 从考场出来，小张那么高兴，_____考得不错。

3 你不就是得了个第三名吗，有什么_____的?

4 中午我去游泳，你要_____的话，咱们一起去吧。

5 听说你对足球很_____，是吗?

연습 1

▪ 밑줄 친 부분이 나타내는 뜻을 바르게 나타낸 것을 고르시오.

1. 男人应该坚强，女人看不起那些爱哭的男人
   A.不喜欢看　　　　　　　　　　B.不仔细看
   C.觉得不值得尊重，不喜欢　　　D.不能看见

2. 小明看见狼来了，扔了手里的东西就往我们这里跑，他竟然忘了自己心爱的小兔子。想再回去抱小兔子，又觉得来不及了，狼已经站在小兔子的后边了。
   A.时间很少，不够用　　　　　　B.不能来
   C.跑得太快　　　　　　　　　　D.跑得太慢

3. 他害怕我们找他帮忙，其实我们已经把那个问题解决了，用不着找他了。
   A.不能用　　　　　　　　　　　B.不想用
   C.不需要　　　　　　　　　　　D.不能实现

4. 爷爷走路的时候突然摔倒了，妈妈赶紧去扶爷爷，关心地问道："爸，不要紧吧。"爷爷站起来说："不要紧。你看，好好的，我还能走。"
   A.不疼　　　　　　　　　　　　B.不紧张
   C.没关系　　　　　　　　　　　D.不严重

5. 我真后悔那时候不够大胆，没有向白丽说出我的感情，如果说了，说不定现在我的妻子就是她了。
   A.不敢说　　　　　　　　　　　B.不一定
   C.有可能　　　　　　　　　　　D.不可能

6. 女：李先生，别人都说您是这个医院里最好的大夫。
   男：不敢当，不敢当。
   A.表示害怕　　　　　　　　　　B.表示不同意
   C.表示谦虚、客气　　　　　　　D.表示高兴

7 一个男生和小文在湖边散步,他轻轻地揽着小文的腰,<u>不用说</u>他就是小文的男朋友。
  A.有可能　　　　　　　　　　B.不可能
  C.不要说　　　　　　　　　　D.很明显

8 明天你们不用等我,我<u>不一定</u>能来,不管我来不来,你们到8点就出发吧。
  A.一定不会　　　　　　　　　B.可能会
  C.不可能　　　　　　　　　　D.不能确定,可能不

9 王先生突然得了一种严重的病,他<u>不得不</u>住进了医院。
  A.不愿意　　　　　　　　　　B.只好
  C.不能够　　　　　　　　　　D.一定

10 我们坐下来开始喝酒,<u>不一会儿</u>,他就喝醉了,又是笑又是骂。
  A.过了不久　　　　　　　　　B.过了很久
  C.不是一会儿　　　　　　　　D.不是突然

11 她说她非常抱歉,因为迟到了。我说现在交通不好,反正我也不忙,等一会儿也没关系。她很<u>不好意思</u>地笑了。
  A.没有意思　　　　　　　　　B.意思不太好
  C.感到抱歉　　　　　　　　　D.觉得不舒服

12 这个猫的皮毛和眼睛还是都不错的,但是它的下巴太尖,像猴,不像猫。猫头猫脸应该是圆圆的,<u>不是吗</u>?
  A.表示反问　　　　　　　　　B.表示疑问
  C.表示怀疑　　　　　　　　　D.表示同意

13 我说:"我就放这桌子上了,怎么会没有了?这屋里就这么大地方。""<u>找不着算了</u>。"贾玲说,"没棋不下了。"
  A.可以了　　　　　　　　　　B.不要找了。
  C.想一想　　　　　　　　　　D.过去了。

14 咱们别走了，就在附近随便找个馆子吃了<u>得了</u>。
A.没有用　　　　　　　　　　B.得到了
C.可以了，不需要别的了　　　　D.浪费了

15 可能你会批评我，<u>没事儿</u>，你说吧，我就是为这个来找你的。
A.没有事情做　　　　　　　　B.没有责任
C.没关系　　　　　　　　　　D.很清闲

16 这时候，上来一个60多岁的老人，东看看西看看，<u>看样子</u>想找一个座位坐下。
A.观察别人　　　　　　　　　B.表示长相
C.表示希望　　　　　　　　　D.表示猜测、估计

17 李伦常常说他出身名门，家里<u>有的是</u>钱，就没处花，说要送我珍珠项链，说我长得太迷人了。
A.有很多　　　　　　　　　　B.有很大
C.有一部分是　　　　　　　　D.完全是

18 那时候，对于大多数农民来说，解决了温饱问题，就是一个<u>了不起</u>的胜利。
A.不可能　　　　　　　　　　B.很不平常，令人惊讶
C.很困难　　　　　　　　　　D.很重，不能搬动

19 你要是不肯找我爸去呢，这么办：我去找。反正我是他的女儿，丢个脸也<u>没</u>什么的。
A.没关系、不要紧　　　　　　B.没有脸
C.没有东西　　　　　　　　　D.没有钱

20 他的工作使他接触了很多女孩子，慢慢地他开始变得对女人很<u>感兴趣</u>。
A.感到高兴　　　　　　　　　B.感觉到兴趣
C.觉得有趣味有意思　　　　　D.想恋爱

제1절 　好容易、越来越、闹着玩、就是说
제2절 　谁知道、哪知道、开夜车、打交道
제3절 　闹笑话、碰钉子、出洋相、出难题
제4절 　打招呼、走后门、不象话、伤脑筋
제5절 　没说的、走弯路、有两下子、不在乎
练习二

 好容易、越来越、闹着玩、就是说

1. 잰말놀이

hěn bù róng yì　　hǎo róng yì
很不容易 - 好容易　　아주 쉽지 않다 – 가까스로, 겨우, 간신히

zhú jiàn biàn huà　　yuè lái yuè
逐渐变化 - 越来越　　점차 변화하다 – 갈수록 ~하다

bú shì rèn zhēn　　nào zhe wánr
不是认真 - 闹着玩　　진지하지 않다 – 장난으로 하다, 시늉만 하다

biǎo shì jiě shì　　jiù shì shuō
表示解释 - 就是说　　설명을 나타내다 – 즉 말하자면

2. 본문

现在国家的经济越来越不景气，他好容易才找到一份工作，所以特别珍惜，每天兢兢业业地做事，就是说，工作特别努力认真。因为他知道，在这个时候，万一失去了工作可不是闹着玩儿的。

지금 나라의 경제가 갈수록 좋지 않아서 그는 가까스로 일을 구했다. 그래서 대단히 소중히 여기며 매일 근면성실하게 일한다. 즉 말하자면 일을 아주 열심히 착실하게 한다는 것이다. 왜냐하면 그는 요즘 같은 때 만일 실직하게 되면 정말 웃을 일이 아닌 줄 알기 때문이다.

3. 본문 해석

① 好容易　hǎoróngyì　가까스로, 겨우, 간신히

◆ 함의

'好容易'와 '好不容易'의 뜻은 같다. 모두 많이 힘이 들고 쉽지 않다는 뜻을 나타낸다.

◆ 용법

뒤에 종종 '才'가 온다.

◆ 예문

- 我好容易才找到他家，可是没想到他又不在家。
  나는 가까스로 그의 집을 찾았는데 그가 또 집에 없을 줄은 생각지도 못했다.

- 李先生好容易才帮我修好，你又给我弄坏了。
  리선생이 가까스로 고쳐준 것인데, 네가 또 고장내버렸구나.

- 他好不容易才登上山顶，可天色已经很晚了，看不到什么风景了。
  그는 간신히 산 정상에 올랐지만, 날이 이미 어두워져서 아무 풍경도 볼 수 없었다.

② 越来越　yuèláiyuè　점점~해진다, 갈수록~하다

◆ 함의

어떤 상황의 정도가 점점 더 심해지는 것을 나타낸다.

◆ 용법

뒤에 종종 심리동사, 형용사성 성분이 온다.

◆ 어구배합

[~형용사]

~难　　갈수록 어려워진다
~黑　　갈수록 어두워진다

~便宜　　갈수록 싸진다
~漂亮　　갈수록 예뻐진다

[~심리동사]

~害怕　　갈수록 무섭다
~担心　　갈수록 걱정 된다
~相信　　점점 믿게 되다

◆ 예문

- 夏天来了，天气越来越热了。
  여름이 오니 날씨가 갈수록 더워진다.

- 你这个孩子，越来越不听话了。
  너 이 녀석, 점점 더 말을 안 들어.

- 我越来越喜欢游泳了。
  나는 갈수록 수영이 좋아진다.

③ 闹着玩儿　nàozhewánr　장난으로 하다, 재미삼아 하다, 시늉하다

◆ 함의

말하거나 일하는 것이 그저 재미만을 추구하여 태도가 진지하지 못해 듣는 사람 역시 진지할 필요가 없음을 나타낸다.

◆ 어구배합

[跟……]

跟人~　　　　다른 사람과 장난하다
跟我~　　　　나와 장난하다
跟同学们~　　학우들과 장난하다

[可不是~的]

상황이나 결과가 심각함을 나타낸다.

◆ 예문

- A：玛丽，这一回你得了奖学金，你得请客！
  A: 마리, 너 이번에 장학금 탔으니, 한 턱 내야지!

- B：好啊，你说怎么请？
  B: 좋아, 어떻게 낼까?

- A：请全班同学坐飞机去杭州旅游，怎么样？
  A: 반 전체 학생들이 비행기 타고 항주로 여행가게 해주는 거야, 어때?

- B：啊？我哪里有那么多钱。
  B: 뭐? 내가 그렇게 많은 돈이 어딨어.

- A：别紧张，跟你闹着玩儿的。
  A: 정색하지마, 농담한 거야.

- 那手枪别让孩子动，那可不是闹着玩儿的。
  그 권총 아이에게 만지게 하지마, 그건 장난할게 아니야.

④ 就是说 jiùshìshuō 즉 말하자면, 바꿔 말하면, 즉, 곧

◆ 함의

앞에 나온 말의 함의를 설명해주는 역할을 한다.

◆ 예문

- 为了完成这项研究任务，王教授辛勤工作了3600多个日夜，也就是说，用了整整十年的时间。
  이 연구 임무를 완성하기 위해서 왕교수는 3600 몇 십 일을 밤낮으로 부지런히 일했다. 즉 말하자면 꼬박 10년의 시간을 쓴 것이다.

- 人的身体里有70％是水分，这就是说，一个体重10公斤的儿童身上有7公斤水分。
  인간의 몸은 70%가 수분으로 되어 있다. 즉 말하자면, 이는 곧 몸무게가 10Kg인 아동은 몸에 수분이 7Kg이라는 것이다.

4. 응용

★ 빈칸에 알맞은 단어 선택하기

A. 好容易　　　　B. 越来越　　　　C. 闹着玩儿　　　　D. 就是说

1 别看这点儿小鱼，也是我花了半天时间_____才钓上来的。

2 别哭了，别哭了，我是跟你_____呢，你还当真哪。

3 爷爷年纪大了，身体_____不好，经常感冒。

4 我们的业务太多，您要的东西要3天以后，_____，到星期五才能出来。

5 你小心点儿，万一摔下去可不是_____的。

 谁知道、哪知道、开夜车、打交道

1. 잰말놀이

méi rén zhī dào　　shéi zhī dào
没人知道 - 谁知道　　　아는 사람이 없다 – 누가 알겠어?

méi yǒu xiǎng dào　　nǎ zhī dào
没有想到 - 哪知道　　　생각지 못했다 – 어떻게 알았겠어?

hěn wǎn bú shuì　　kāi yè chē
很晚不睡 - 开夜车　　　늦게까지 자지 않는다 – 밤샘하다

jiāo wǎng jiē chù　　dǎ jiāo dào
交往接触 - 打交道　　　교제하다 – 왕래하다, 사귀다

2. 본문

A: 小李，王丽是不是喜欢开夜车？
　 샤오 리, 왕리 밤새는 것 좋아하니?

B: 谁知道啊？我跟她打交道不多。你为什么问这个问题？
　 누가 알겠어? 난 그녀와 많이 내왕하지 않아. 그건 왜 묻는데?

A: 今天上午10点钟我给她打电话，哪知道她还没起床呢。
　 오늘 오전 10시에 그녀한테 전화했었는데, 그때까지 안 일어났을지 어떻게 알았겠어.

B: 哦，原来这样啊。这只能说明她喜欢睡懒觉。
　 아, 그랬구나. 그것만으로는 그녀가 늦잠자기 좋아한다는 것 밖에 알 수 없지.

3. 본문 해석

① 谁知道 shuízhīdào 누가 알겠어

◆ 함의

① 생각지 못했다. ② 모른다.

◆ 용법

앞에 인칭대사가 올 수 없다. 두 번째 뜻을 나타낼 경우 '내'가 모른다는 뜻만 나타낸다.

◆ 예문

- 她急急忙忙赶到飞机场，谁知道飞机已经起飞了。
  그녀는 아주 다급하게 서둘러 공항으로 갔지만, 비행기가 이미 이륙했을 줄 누가 알았겠는가.

- 他什么时候回来？谁知道他什么时候回来！
  그는 언제 돌아오냐고 그가 언제 돌아올 지 누가 알겠는가!

- 能不能找到满意的工作，谁知道呢。
  마음에 드는 일을 찾을 수 있을 지 없을 지 누가 알겠는가.

② 哪知道 nǎzhīdào 어떻게 알았겠어

◆ 함의

① 생각지 못했다. ② 모른다.

◆ 용법

두 번째 뜻을 나타낼 경우 앞에 '나, 너, 그, 그들(我\你\他\他们)' 등의 인칭대사가 올 수 있다.

◆ 예문

- 我本来打算给他介绍一个女朋友，哪知道他早就结婚了。
  나는 본래 그에게 여자친구를 소개시켜 줄 생각이었는데, 그가 일찌감치 벌써 결혼했을 줄 어떻게 알았겠는가.

- 你别去问他，电脑方面的事儿他哪知道啊？
  그에게 물어보지 마. 컴퓨터 쪽 일을 그가 어떻게 알겠어?
- 我哪知道她不吃猪肉啊？
  그녀가 돼지고기를 안 먹는다는 것을 내가 어떻게 알았겠어?

③ 开夜车　kāiyèchē　밤샘하다

◆ 함의

일이나 공부를 위해 밤에 늦게까지 잠을 자지 않고, 심지어 밤새도록 잠을 자지 않는 것을 말한다.

◆ 예문

- 方先生每天上午11点起床，因为他有开夜车的习惯。
  팡선생은 매일 오전 11시에 일어난다. 왜냐하면 그는 밤새하는 습관이 있기 때문이다.
- 为了准备考试，这个星期玛丽天天开夜车。
  시험준비 때문에 이번 주에 마리는 매일 밤을 샜다.
- 都几点了，你还开夜车呀？
  벌써 몇 신데. 아직도 안자고 밤샘을 하고 있니?

④ 打交道　dǎjiāodào　왕래하다, 사귀다, 교제하다, 접촉하다

◆ 함의

사람과 사람이 서로 왕래하고, 사람과 사물이 서로 접촉하는 것을 말한다.

◆ 어구배합

[跟······]

跟工人～　　노동자와 왕래하다
跟女人～　　여자와 교제하다
跟外国人～　외국인과 왕래하다

跟汽车~　　자동차를 다루다
跟计算机~　　컴퓨터를 다루다
跟文字~　　글을 다루다

◆ 예문

- 他不喜欢跟女人打交道。
  그는 여자와 내왕하는 것을 좋아하지 않는다.

- 我没有跟王先生打过交道，所以不了解他的性格。
  나는 왕선생과 교류한 적이 없어서 그의 성격을 잘 모른다.

- 你是公关小姐，得学会跟各种人打交道。
  당신은 홍보담당이니, 여러 부류의 사람과 왕래하는 법을 익혀야 합니다.

4. 응용

★ 빈칸에 알맞은 단어 선택하기

A. 谁知道　　B. 哪知道　　C. 开夜车　　D. 打交道

1　他不爱说话，最怕跟人_____。

2　你问我什么时候去上海出差，_____呢？我得听领导的安排。

3　再有三天就要期末考试了，小王天天_____。

4　我还以为他没去过首尔呢，_____他就在首尔工作。

5　这位老先生喜欢和年轻人_____，很多年轻人也都喜欢他。

제3절　闹笑话、碰钉子、出洋相、出难题

1. 잰말놀이

xíng wéi kě xiào　　nào xiào hua
行为可笑 - 闹笑话　　행동이 우스꽝스럽다 – 웃음거리가 되다

bèi rén jù jué　　pèng dīng zi
被人拒绝 - 碰钉子　　남에게 거절당하다 – 퇴짜 맞다

gǎn jué diū liǎn　　chū yáng xiàng
感觉丢脸 - 出洋相　　망신스럽다고 느끼다 – 추태를 보이다

ràng rén wéi nán　　chū nán tí
让人为难 - 出难题　　난처하게 만들다 – 애 먹이다

2. 본문

A: 昨天在饭店我闹了个笑话
　　나 어제 식당에서 웃음거리가 됐잖아.

B: 怎么回事儿？
　　무슨 일이 있었길래?

A: 我和几个朋友吃完饭，餐巾纸用完了，他们给我出难题，叫我喊服务员——其实我的汉语说得最不好。
　　친구들 몇몇이랑 밥을 다 먹었는데, 냅킨을 다 썼더라구. 근데 친구들이 나를 애먹이려고 나한테 종업원을 부르라는 거야. 사실 내가 중국어를 제일 못 하거든.

B: 你怎么办？
　　그래서 어떻게 했어?

A: 我不知道餐巾纸叫什么，他们告诉我那叫：卫生巾。我说：小姐，请给我们卫生巾。
　난 냅킨을 (중국어로) 뭐라고 하는지 몰랐는데 걔네들이 '卫生巾(생리대)'로 가르쳐 준 거야. 난 '아가씨, 卫生巾 좀 주세요.'라고 말했지.

B: 哈哈，你的朋友故意让你出洋相的。你碰钉子了吧？小姐怎么说？
　하하, 네 친구들이 고의로 널 망신시켰구나. 혼났겠는걸? 아가씨는 뭐라고 했어?

A: 小姐问我要什么，我说擦嘴用的纸，卫生巾。小姐脸红了，不过还是给我们拿了餐巾纸。
　아가씨가 내게 뭐가 필요하냐고 물어서 내가 입 닦을 종이, 卫生巾요 라고 말했어. 아가씨는 얼굴이 붉어졌지만 어쨌든 냅킨을 가져다 줬지.

B: 看来，还要好好学汉语啊。
　보아하니 중국어 공부 좀 더 열심히 해야겠다.

A: 是的。
　맞아.

3. 본문 해석

① 闹笑话　nàoxiàohuà　웃음거리가 되다

◆ 함의

말이나 행동이 적절하지 못해서 결과적으로 다른 사람을 웃게 만들고 자신도 창피하다고 느끼게 됨을 나타낸다.

◆ 어구배합

[闹∧笑话]

闹了一个笑话	웃음거리가 되다
闹了很多笑话	여러 번 웃음거리가 되다
闹个大笑话	큰 웃음거리가 되다
闹过笑话	웃음거리가 되었다

◆ 예문

- 在公众场合，不知道的事情就不要乱说，以免闹笑话。
  공공장소에서는 웃음거리가 되지 않도록 잘 모르는 일에 대해서는 함부로 말하지 말아야 한다.

- 昨天他第一次去女朋友家做客，他把女朋友的妈妈当成了女朋友的姐姐，闹了一个大笑话。
  어제 그는 처음으로 여자친구네 집에 초대받아 갔는데, 그가 여자친구의 어머니를 여자친구의 언니로 여겨 큰 웃음거리가 되었다.

- 这一次你别让他讲话了，一讲准得闹笑话。
  이번엔 그가 말하게 하지마, 말했다간 웃음거리가 될 게 틀림없어.

② 碰钉子　pèngdīngzi　퇴짜 맞다, 난관에 봉착하다

◆ 함의

다른 사람한테 거절 당하거나 냉대받아, 일 처리가 순조롭지 못하고 성공하지 못함을 나타낸다.

◆ 어구배합

[碰∧钉子]

碰一个钉子	한 번 퇴짜 맞다
碰了个大钉子	크게 퇴짜 맞다
碰了钉子	퇴짜 맞았다
碰过钉子	퇴짜 맞은 적이 있다.

◆ 예문

- 他满怀希望去借钱，没想到到处碰钉子。
  그는 희망을 가득 안고 돈을 빌리러 갔는데 가는 곳마다 퇴짜 맞을 줄은 생각도 못했다.

- 你不听我的话，这回碰钉子了吧。
  너 내 말 안 듣더니, 이 번에 된통 혼났지.

- 让他碰两回钉子，他就不那么骄傲了。
  그를 두어번 퇴짜 맞게 했더니, 더 이상 그렇게 오만하게 굴지 않더라구.

③ 出洋相　chūyángxiàng　추태를 보이다

◆ 함의

드러나는 모습 또는 행동이 이상하고 남에게 우습게 보이는 것을 말한다.

◆ 어구배합

[让……]

别让我~　　　　　　내 꼴을 우습게 만들지 마
让他出个洋相　　　　그가 추태를 보이게 하다

[出∧的洋相]

出王老师的洋相　　　왕선생님의 추태를 드러내다(왕선생님을 우습게 만들다)

◆ 예문

- 我这么胖，你们却叫我去表演芭蕾舞，这不是让我出洋相吗？
  나는 이렇게 뚱뚱한데 너희가 나보고 발레를 하라고 하면 그건 나더러 우스운 꼴을 보이라는 것 아니야?

- 你别出玛丽的洋相了，人家什么时候那样说过话？
  너 마리 꼴을 우습게 만들지 마. 걔가 언제 그렇게 말한 적 있니?

- 你出什么洋相啊，快把那件衣服脱下来。
  너 그게 무슨 꼴이니. 그 옷 빨리 벗어라.

④ 出难题　chūnántí　(고의로) 남을 애먹이다, 대답(해결)하기 어려운 문제(요구)를 내놓다

◆ 함의

이상한 요구를 해서 다른 사람이 들어주기 곤란하게 만들거나 일을 완성하지 못하게 하는 것을 말한다.

◆ 어구배합

[给……]

给我出难题　　　나를 애먹이다
给他出难题　　　그를 애먹이다

[出∧难题]

出一道难题　　　어려운 문제를 하나 내다

出个难题　　　　곤란한 요구를 하다

◆ 예문

- 李小姐不愿意跟小王结婚，所以给他出了不少难题。
리양은 샤오왕과 결혼하는 것을 원치 않아서 그를 적잖게 애먹였다.

- 请你不要给我出难题了，我实在没有那么大的能力。
저에게 어려운 요구를 하지 말아주세요. 전 정말 그런 큰 능력이 없어요.

- 领导让我给他写个总结报告，今天晚上就要用，这可是给我出了个大难题。
윗분이 나더러 총결산보고를 써달라고 하면서 오늘 저녁에 바로 써야 한다고 했는데, 이건 정말이지 나를 엄청 곤란하게 하는 것이다.

4. 응용

★ 빈칸에 알맞은 단어 선택하기

A. 闹笑话　　　B. 碰钉子　　　C. 出洋相　　　D. 出难题

1 我根本不会唱京剧，他们给我安排了京剧表演节目，这不是给我_____吗？

2 小丁不知道小王讨厌他，他主动帮助小王，结果还_____了_____。

3 我什么时候那样说过话？你别_____我的_____了。

4 他没什么知识，开会的时候一开口就_____。

5 他们结婚前，他老丈人没少给他_____。

 제4절 打招呼、走后门、不像话、伤脑筋

1. 잰말놀이

wèn hǎo tōng zhī　dǎ zhāo hu
问好通知 - **打招呼**　　안부 묻고 알리다 – 인사하다, 알리다

sī rén bàn shì　zǒu hòu mén
私人办事 - **走后门**　　사적으로 일처리를 하다 – 뒷거래하다

xíng wéi wú lǐ　bú xiàng huà
行为无礼 - **不像话**　　행동이 예의 없다 – 말이 안 된다

wèntí máfan　shāngnǎojīn
问题麻烦 - **伤脑筋**　　문제가 귀찮다 – 골머리를 썩이다

2. 본문

A: 小丽，怎么了？看你很发愁的样子，是不是有什么伤脑筋的事儿？
　　샤오리, 왜그래? 너 근심하는 것 보니, 무슨 골치 아픈 일 있는 거 아냐?

B: 可不是吗！这次出国进修，本来该我去，可是李南走后门，把我给挤掉了。
　　왜 아니겠어! 이번에 해외로 연수 나가는 것 원래 내가 가야 할 차례인데, 리난이 뒤로 손을 써서 나를 밀쳐낸거야.

A: 他怎么走后门？
　　걔가 어떻게 뒤로 손을 썼는데?

B: 他爸爸是处长，给我们单位的领导打了招呼，就把我挤掉了。
　　걔 아빠가 처장인데, 우리 부서장과 내통해서 나를 밀쳐낸 거야.

A: 真是的，太不像话了！
　　참나! 정말 말도 안 된다!

3. 본문 해석

① 打招呼 dǎzhāohu 인사하다, 통지하다, 알리다

◆ 함의

① 만났을 때 안부를 묻고, 호의를 나타내다. ② 어떤 상황을 통지하다.

◆ 어구배합

[跟（给）……]

打个招呼	인사를 하다
打了招呼	인사를 했다
打过招呼	인사를 한 적이 있다

◆ 예문

- 大山很热情，见人就打招呼，也不管认识不认识。
  따산은 매우 친절해서 사람을 보면 알건 모르건 관계없이 인사를 한다.

- 昨天在街上见到刘老师，我跟他打招呼，他没听见。
  어제 길에서 리우 선생님을 만났는데, 내가 인사했지만 선생님은 듣지 못하셨다.

- 你怎么也不打声招呼就把孩子带走了？
  넌 어째서 한 마디 말도 없이 애를 데려갔니?

② 走后门 zǒuhòumén 뒷거래를 하다, 로비하다, 연줄을 대다

◆ 함의

잘 아는 사람이나 친구등 사적인 관계를 통해서 불공평한 방법으로 일을 처리하는 것을 말한다.

◆ 어구배합

[走∧的后门]

走局长的后门	국장의 연줄을 대다
走你的后门	너의 연줄을 대다

[走∧后门]

走过后门　　　　뒷거래를 해봤다
走了一次后门　　 한 번 뒷거래 했다

◆ 예문
- 小芳不想走后门，她要靠自己的真本事考大学。
  샤오팡은 뒷문으로 들어가고 싶어하지 않고, 그녀 자신의 실력으로 대학시험을 보고자 한다.
- 他是局长，经常有人想走他的后门。
  그는 국장이라서 자주 사람들이 그에게 연줄을 대고자 한다.
- 我当了这么多年的市长，走后门的事从来都没干过。
  나는 이렇게 오랫동안 시장을 했어도 여태껏 뒷거래를 해본 적이 없다.

③ 不像话 búxiànghuà 말이 안 된다, 꼴 같지 않다, 돼먹지 못하다

◆ 함의
나쁘고, 옳지 않고, 일반적인 이치나 예의, 기준에 맞지 않음을 나타낸다.

◆ 용법
단독으로 사용되며, 주로 원망하거나 기분 나쁨을 나타낸다.

◆ 어구배합

[太、很、真～]

太～　　너무 말이 안 된다
很～　　매우 돼먹지 못하다
真～　　정말 꼴 같지 않다

◆ 예문
- 大家七嘴八舌，说小王太不像话，偷了别人的东西还打人。
  샤오왕은 정말 돼먹지 못하게, 다른 사람의 물건을 훔치고 게다가 남을 때리기까지 했다고 다들 왁자지껄 한 마디씩 해댔다.

- 客人大声说："这菜做得太不像话了，肉皮上还有几根猪毛！"
  손님이 큰 소리로 말했다."이 요리 너무 엉망이예요. 고기 껍질에 돼지털이 몇 가닥이나 그냥 있잖아요!"

- 什么，你不去？你这就不像话了。这是给你说媳妇儿！
  뭐, 너 안 간다고? 너 이건 말도 안돼. 너한테 중매를 서겠다는 건데!

④ 伤脑筋 shāngnǎojīn 골치를 앓다, 골머리를 썩이다, 애를 먹다

◆ 함의

일을 처리하기 어렵거나, 문제를 해결하기 쉽지 않아서 걱정하게 함을 나타낸다.

◆ 어구배합

[…… 때문에 골치를 앓다]

| 为他伤脑筋 | 그 때문에 골머리를 썩이다 |
| 为工作伤脑筋 | 일 때문에 골치를 앓다 |

[伤∧脑筋]

伤透了脑筋	너무 골머리를 썩였다
伤过脑筋	골치를 앓았었다
伤了一天脑筋	하루 동안 골머리를 썩였다

◆ 예문

- 他常常为自己的肥胖伤脑筋。
  그는 자주 자신의 비만 때문에 골머리를 썩는다.

- 不要为这点小事伤脑筋了，明天我帮你把它办了。
  이렇게 작은 일로 골치 아파하지 마, 내일 내가 그걸 처리해 줄게.

- 这个孩子生下来就经常生病，可让我伤了不少脑筋。
  이 아이는 태어나자마자 자주 아파서 나로 하여금 적잖게 골머리를 썩게 했다.

4. 응용

★ 빈칸에 알맞은 단어 선택하기

A. 打招呼　　　　B. 走后门　　　　C. 不象话　　　　D. 伤脑筋

1　小玲的身体越来越虚弱，父母为此_____透_____了。

2　熟人见了面应该先_____，这是基本的礼貌。

3　他到处乱扔垃圾，真是_____。

4　他通过_____当上了代表，大家都对他有意见。

5　你太_____了，怎么可以打人？

 제5절   没说的、走弯路、有两下子、不在乎

1. 잰말놀이

qíng kuàng hěn hǎo　méi shuō de
情况很好 - 没说的　　　상황이 아주 좋다 – 나무랄 데가 없다

bú tài shùn lì　zǒu wān lù
不太顺利 - 走弯路　　　그다지 순조롭지 못하다 – 우회하다

hěn yǒu běn shì　yǒu liǎng xià zi
很有本事 - 有两下子　　능력이 있다 – 수완이 뛰어나다

hěn bù guān xīn　bú zài hu
很不关心 - 不在乎　　　아주 관심 없다 – 마음에 두지 않다

2. 본문

A: 唉，我考HSK可是走了很多弯路，读课文，做模拟题，上补习班，都试过了，可是进步不明显。
에이, 내가 HSK 시험을 보느라 많은 헛걸음을 했어. 본문도 읽고, 모의고사 문제도 풀고, 학원도 다니고, 모두 해봤지만 나아진 게 별로 안 보여.

B: 我早就告诉你，要请一个好的家教，可你总是不在乎我的建议。
내가 진작에 너한테 말했잖아, 잘하는 과외선생님 한 명 모셔야 한다고. 그런데 넌 항상 내 말은 신경도 안 쓰지.

A: 可是，谁是好家教呢？
그런데, 누가 좋은 과외선생님인데?

B: 我认识一个李老师，辅导HSK很有两下子，他辅导的学生，进步都很快。
내가 리선생님이라고 하는분을 아는데, HSK를 가르치는데 실력이 보통이 아니셔. 그가 지도한 학생은 아주 빨리 실력이 향상돼.

A: 是吗，那你一定给我介绍介绍吧。
　　그래? 그럼 너 나한테 꼭 좀 소개 시켜 줘.

B: 没说的。明天我就替你联系。
　　말할 게 있나. 내일 내가 (너를 위해) 연락해 볼게.

3. 본문 해석

① 没说的　méishuōde　나무랄 데가 없다, 두말 할 필요가 없다

◆ 함의

상황이 좋고, 이치가 분명하여 더 말할 필요도 없고, 의심할 필요도 없음을 나타낸다. 어기가 확정적이다.

◆ 어구배합

[这、那、真~]

这~　　이것은 두말 할 필요가 없다
那~　　그것은 두말 할 필요가 없다
真~　　정말 두말 할 필요가 없다

◆ 예문

- 孙力："姚大发呀，老爷对你怎么样？"
  姚大发："没说的，比亲生父母都好！"
  쑨리: "아오따파야, 어르신이 너한테 어떻게 대하시든?"
  야오따파: "두말 할 필요가 없죠, 친부모보다 더 잘해 주세요!"

- 你要是在这里学习，那没说的。你要是在这儿跟朋友喝酒，请你另找别的地方。
  네가 만약 여기서 공부를 할거라면 두말 할 필요 없겠지만, 네가 만약 여기서 친구와 술을 마실거라면 다른 곳을 찾아봐 주길 바래.

- 她对我那感情真是没说的，可是我也有我的难处啊。
  그녀의 나에 대한 감정은 정말 더 말할 필요가 없겠지만 나도 나만의 고충이 있어.

② 走弯路　zǒuwānlù　우회하다, 돌아서 가다, 시행착오를 겪다

◆ 함의

상황을 이해하지 못했거나 일 처리가 순조롭지 못해서 많은 시간과 정력을 낭비하게 됨을 말한다.

◆ 어구배합

[走∧弯路]

走了弯路　　　　시행착오를 겪었다
走过弯路　　　　시행착오를 겪어봤다
走了不少弯路　　적지 않게 시행착오를 겪었다

◆ 예문

- 她太任性，在爱情方面走了不少弯路。
  그녀는 너무 제멋대로여서 연애문제에서 시행착오를 많이 겪었다.

- 听有经验的人的话可以少走弯路。
  경험이 많은 사람의 말을 들으면 시행착오를 줄일 수 있다.

- 年轻人走点弯路总是难免的，关键要会吸取教训。
  젊은 사람들이 시행착오를 좀 겪는 것은 피하기 어렵지만, 관건은 교훈을 얻을 수 있어야 한다는 점이다.

③ 有两下子　yǒuliǎngxiàzi　꽤 솜씨(재간)가 있다, 실력이 보통이 아니다

◆ 함의

능력과 수완이 아주 좋은 사람을 말한다.

◆ 어구배합

[真、很～]

真～　　정말 솜씨가 좋다
很～　　대단히 실력이 있다

◆ 예문

- 那电脑你这么快就修好了，你真有两下子！
  그 컴퓨터를 이렇게 빨리 고치다니, 너 정말 실력이 보통이 아니구나!

- 两万字的文章，他看一遍就能全记住，真有两下子。
  2만 자가 되는 글을 그는 한 번 보고 다 기억할 수 있으니, 정말 실력이 보통이 아니다.

- 老丁确实有两下子，我很佩服他。
  라오띵은 확실히 솜씨가 좋아서 난 정말 그에게 탄복한다.

④ 不在乎   búzàihu   마음에 두지 않다, 개의치 않다, 신경 쓰지 않다

◆ 함의

어떤 사람이나 일에 대해 중요하지 않아 어떻게 되든 상관없다고 여겨, 관심 없이 불성실하게 대하는 것을 말한다.

◆ 어구배합

[～+주서술어구]

～他来不来	그가 오든 안 오든 개의치 않다
～分数高低	점수가 높든 낮든 개의치 않다
～那个人是谁	그 사람이 누구든지 개의치 않다
～他说什么	그가 뭐라고 하든지 마음에 두지 않다

[～+명사]

～钱	돈에 개의치 않다
～别人的态度	다른 사람의 태도에 개의치 않다
～自己的地位	자신의 지위에 개의치 않다
～妻子	아내를 신경쓰지 않다

◆ 예문

- 外国男人真的不在乎自己的女人曾经有过什么样的历史吗？
  외국 남자들은 정말 자신의 여자가 예전에 어떤 과거를 가지고 있는 지에 대애 신경쓰지 않아?

- 我说王波，我采访有个习惯要做笔记，你在乎吗？他说我不在乎，我既然来了就不在乎了。随便你写什么文章，我都不在乎，只要你不用我的真名就是了。
나는 '왕보씨, 저는 취재할 때 필기하는 습관이 있는데 괜찮으신가요?'라고 했더니, 그는 개의치 않으며, 자신이 어차피 온 이상 신경 쓰지 않는다고 말했다. 그는 내가 마음대로 어떤 글을 써도 상관없는데 다만 자기 실명만 사용하지 않으면 된다고 했다.

4. 응용

★ 빈칸에 알맞은 단어 선택하기

A. 没说的   B. 走弯路   C. 有两下子   D. 不在乎

1 他常常想干什么就干什么，_____别人怎么说。

2 你真_____，这么快就把文章写好了？

3 你就听爸爸的话吧，免得_____。

4 这辆汽车质量_____，就是价格高得有点儿离谱！

5 在学习外语方面，我可是_____了不少_____。

연습 2

■ 밑줄 친 부분이 나타내는 뜻을 바르게 나타낸 것을 고르시오.

1. 昨天在宴会上，山本喝多了，<u>闹了不少笑话</u>。
   A. 讲了很多可笑的话　　　　　B. 做了很多可笑的事
   C. 一直笑话别人　　　　　　　D. 开了很多玩笑

2. 张力上午10点才起床，眼睛红红的，肯定是又<u>开夜车</u>了。
   A. 熬夜了　　　　　　　　　　B. 晚上开车了
   C. 晚上坐汽车了　　　　　　　D. 晚上很累了

3. 虽然我和他在同一个公司工作，可是从来没有跟他<u>打过交道</u>。
   A. 在一起走路　　　　　　　　B. 走交叉的路
   C. 在交通路口打架　　　　　　D. 交往、往来

4. 那几个调皮的学生净给新来的女老师<u>出难题</u>。
   A. 不做难题　　　　　　　　　B. 提出不能回答的问题
   C. 故意让人感到难办　　　　　D. 故意说问题太难

5. 我真的不会唱歌，你就别让我<u>出洋相</u>了。
   A. 打扮成洋人的样子　　　　　B. 拍照片
   C. 样子、行为很可笑　　　　　D. 出国学习

6. 你就放心去吧，我会提前跟那边的单位<u>打招呼</u>，让他们派人去车站接你。
   A. 问好　　　　　　　　　　　B. 写信
   C. 通知　　　　　　　　　　　D. 请求

7. 他觉得自己的计划很完美，高高兴兴地去找老李帮忙，没想到<u>碰了个钉子</u>。
   A. 头被钉子挂伤了　　　　　　B. 身体碰到了钉子上
   C. 遇到了困难　　　　　　　　D. 被无情地拒绝了

8 小丽漂亮热情，小华温顺体贴，他觉得在这两个女孩子之间决定取舍是件很伤脑筋的事。
A.伤心　　　　　　　　　　　　B.容易
C.头疼　　　　　　　　　　　　D.费时间

9 大家都知道李玲是走后门得到的这个出国机会，所以从心底对她有意见。
A.用不正当的手段　　　　　　　B.走简单的路
C.用简单的方法　　　　　　　　D.偷偷的

10 谢谢您及时的指点，否则，我们不知道还要走多少弯路呢。
A.走错误的路线　　　　　　　　B.走很长的路
C.浪费时间和精力　　　　　　　D.失败

11 你可真有两下子啊，我怎么都说不明白的问题，叫你一说大家就都懂了。
A.有两种办法　　　　　　　　　B.说了两遍
C.有办法、有能力　　　　　　　D.有很多朋友、熟人

12 是谁把垃圾扔到大街上的？太不像话了！
A.没有礼貌　　　　　　　　　　B.气得不想说话
C.没有好听的话　　　　　　　　D.不应该，不合理，让人觉得生气

13 他爱怎么说就怎么说吧，我不在乎。
A.没有听见　　　　　　　　　　B.不在家
C.觉得不重要　　　　　　　　　D.不认真

14 明天你就不用来上班了，也就是说，你被解雇了。
A.表示解释说明　　　　　　　　B.表示庆祝
C.表示马上说　　　　　　　　　D.表示再说一遍

15 这孩子真是长大了，越来越懂事了。
A.比过去更　　　　　　　　　　B.太
C.真　　　　　　　　　　　　　D.来到

16 你可一定要按时去看哪,这张票是我好容易才搞到的。
　　A.很容易　　　　　　　　B.比较容易
　　C.很不容易　　　　　　　D.不太容易

17 我还等着喝他们的喜酒呢,哪知道他们早就结婚了。
　　A.不知道　　　　　　　　B.没有想到
　　C.不知道在哪儿　　　　　D.怎么知道

18 唉,这次考试他能不能顺利通过,谁知道啊!
　　A.有人知道　　　　　　　B.没有人知道
　　C.某个人知道　　　　　　D.我想知道

19 你别在意,刚才我是跟你闹着玩的。
　　A.很想一起玩　　　　　　B.不想一起玩
　　C.不是认真的　　　　　　D.不是开玩笑的

20 我跟他是多年的老朋友了,关系没说的。
　　A.很好,没有任何问题　　　B.没有说过
　　C.没有说什么　　　　　　D.没有人说

제1절 可不是、可也是、别提了、就是了
제2절 吹了、不由得、无所谓、不见得
제3절 忍不住、对得起、这样一来、爱面子
제4절 炒鱿鱼、大锅饭、穿小鞋、不怎么样
제5절 爆冷门、半边天、泼冷水、定心丸
练习三

제1절 可不是、可也是、别提了、就是了

1. 잰말놀이

wán quán zhèng què　kě bú shì
完全正确 - 可不是　　　아주 정확하다 – 그렇고 말고

jī běn tóng yì　kě yě shì
基本同意 - 可也是　　　기본적으로 동의하다 – 그것도 그렇다

qíng kuàng bù hǎo　bié tí le
情况不好 - 别提了　　　상황이 좋지 않다 – 말도 마라

xíng le bà le　jiù shì le
行了罢了 - 就是了　　　됐다, 그만둬 – ~하면 그만이다

2. 본문

A: 玛丽，你们这次旅游玩得高兴吗？
　　마리, 너희 이번 여행 재밌게 놀았어?

B: 唉，别提了。
　　아휴, 말도 마.

A: 怎么，大卫惹你生气了？
　　왜, 따웨이가 널 화나게 했어?

B: 可不是吗？他的想法总是跟我不一样。
　　왜 아니겠어? 걔 생각은 항상 나랑 달라.

A: 他的脾气不太好，多让着他点儿就是了。
　　걔 성질이 그다지 좋지 않으니, 걔한테 많이 좀 양보하면 그만이야.

B: 他比我大，还是个男人，还得我让他！
　　나보다 나이도 많고 게다가 남자인데, 그래도 내가 양보해야 되니!

A: 可也是啊。那以后就别跟他一起出去了。
　　그것도 그러네. 그럼 앞으로 걔랑 같이 나가지마.

B: 我就是这样想的。
　　나도 바로 그렇게 생각해.

3. 본문 해석

① 别提了　biétíle　말도 마라, 말도 꺼내지 마라

◆ 함의

어떤 상황이 화자에게 불만족스럽고 난처해서, 이 화제에 대해 이야기 하고 싶지 않음을 나타낸다.

◆ 예문

- 我说：“哦，让她妈妈在家里陪她不就行了！” "她妈妈？唉，别提了，你不知道哇，我那老婆，一去跳舞，就什么都不管不顾了。"
  내가 말했다: "아, 걔 엄마더러 집에서 돌보라고 하면 되지 않아!" "걔 엄마? 아유, 말도 마라, 네가 몰라서 그래, 우리 집사람은 일단 춤추러만 가면 아무 것도 신경 안 써."

- 甲："你有什么倒霉事儿也说说，让我心里也平衡平衡。"
  乙："别提了，我都毕业好几年了，原来的同学都结了婚成了家，就我还连个男朋友都没有。"
  갑: "무슨 재수없는 일이 있었는지 얘기나 좀 해 봐, 내 마음도 좀 위로가 되게."
  을: "말도 마, 난 졸업한지 벌써 몇 년이나 되었어, 예전 친구들은 다 결혼해서 가정을 이뤘는데, 나만 아직 남자친구 조차 없다구."

> **보충**
>
> **긍정형** 别提有多……了
>
> 很……、非常……
> 얼마나 ~한지 말도 마. 매우~, 대단히~의 의미를 나타낸다.
>
> **예문** 听了这个消息，大家别提有多高兴了。
> 이 소식을 듣고 다들 얼마나 좋아했는지 말도 못한다.
>
> 在这个地方想找个理想的工作别提有多难了。
> 이 곳에서 이상적인 직업을 찾기란 얼마나 어려운지 말도 마라.

② ……就是了 jiùshìle ~하면 그만이다, ~하면 된다

◆ 함의

① (어떤 행위를 하면) 되다, 괜찮다, 난처해 하거나 걱정할 필요 없다.
② 실제 상황은 단지 ~에 불과할 뿐으로, '~에 불과하다'와 같은 의미를 나타낸다.

◆ 예문

- 白文氏："所以这事儿再不能跟第二个人说。"
  景　琦："真出了事儿，我顶着就是了！"
  바이원씨: "그러니까 이 일을 다시는 다른 사람에게 말하면 안 돼."
  싱지: "신싸로 일이 생기면 내가 책임지면 되갆이!"

- 甲："怕你还不起吧？"
  乙："还不起？我女儿有的是钱，我还钱就是了，先把我解开！"
  갑: "당신이 갚지 못할까 염려해서지?"
  을: "못갚는다고? 내 딸한테 돈은 얼마든지 있으니 내가 돈을 갚으면 될 거 아냐. 먼저 날 풀어줘!"

- 你那点小心眼儿我都知道，不好意思说你就是了。
  네 그 좁은 속은 내가 다 알아, 널 뭐라하기 뭐해서 그럴 뿐이지.

> **보충**
>
> **긍정형** "不就是了"는 반문의 어기이며 ①의 뜻과 같다. 종종 듣는 사람에 대해 만족스럽지 못한 감정을 나타낸다.
>
> **예 문** 我陪你去不就是了，你生什么气呀！
> 내가 너랑 함께 가면 될 거 아냐, 왜 화를 내고 그래!
> 孩子想要那个玩具，你给他买一个不就是了？
> 아이가 저 장난감을 갖고 싶어 하면, 당신이 걔한테 하나 사주면 되지 않아요?

③ 可不是 kěbúshì 그렇고말고, 왜 아니겠나, 그건 그렇다

◆ 함의

① 서술문에 쓰여 '확실히 그렇지 않다, 완전히 아니다'라는 뜻을 강조한다.
② 반문의 어기를 띠며, 상대방의 말에 동의를 나타낼 때, '확실히 그렇다, 정말 그렇다'라는 뜻이다.

◆ 예문

- 你们别小看她，人家可不是为了钱来做这份工作的，人家是作家，已经写了很多作品，还出了书。
  너희들 그녀를 얕잡아 보지마, 그녀는 돈 때문에 여기 와서 이런 일을 하는 게 아니야. 그녀는 작가이고, 이미 여러 작품을 썼고, 책까지 냈어."

- 我跟阿兰相好，可不是三年五年了。
  내가 아란과 서로 친하게 지낸 것은 한 두해 된 일이 아니다.(오래 되었다.)

- 甲：天这么冷，他还在那儿等她，真是够痴情的。
  乙：可不是嘛！
  갑: 날씨가 이렇게 추운데, 그는 아직도 거기서 그녀를 기다리다니, 정말 푹 빠졌구만.
  을: 누가 아니래!

- 甲: 我觉得咱们不能再忍让了, 否则咱们的工作就没法正常进行了。

  乙: 可不是呗!

  갑: 내 생각에 우리는 더 이상 참고 양보하면 안 돼. 그렇지 않으면 우리 일이 정상적으로 진행될 수가 없어.

  을: 그렇고 말고!

④ 可也是 kěyěshì   그것도 그렇군, 그러게요

◆ 함의

① 단독으로 사용하며, '是'를 강하게 읽는다. 생각을 해 본 이후에 어떤 의견이나 이치가 맞다고 생각하게 됨을 나타낸다.

② 뒤에 다른 성분이 따라오며, '可'를 약하게 읽는다. '그렇다'를 나타내며 가벼운 전환어기를 띤다.

◆ 예문

- 刘大根说: "你也不想想, 我要是有那么多钱, 还用请你吗?"

  王小二说: "可也是, 你要是有那么多钱就不用找我了。"

  리우따껀 왈: "너도 참 생각이 짧구나. 내가 그렇게 많은 돈이 있었으면 너한테 부탁하겠니?"

  왕샤오얼 왈: "그것도 그래. 네가 만약 그렇게 많은 돈이 있었으면 날 찾을 필요가 없지."

- 甲: 早就过时间了, 他们肯定不来了, 还等什么?

  乙: 可也是啊, 那咱们回去吧。

  갑: 벌써 시간이 지났어. 그들은 틀림없이 안 올 거야. 뭘 더 기다려?

  을: 그것도 그렇군. 그럼 우리 돌아가지.

- 老卢: 你不感兴趣的话我把钱捐别人。

  小林: 别, 别, 别, 就算你有你自己的打算, 可也是好事, 我同意!

  라오후: 네가 관심 없다면 난 돈을 다른 사람에게 기부할거야.

  샤오린: 그러지 마. 그러지 말어. 너만의 생각이 있다 하더라도 그 역시 좋은 일이니. 나는 동의해!

- 你别看不起人, 别忘了, 我可也是北京大学毕业的。

  너 사람 무시하지마. 난 그래도 베이징 대학 졸업했다는 것 잊지말라고.

4. 응용

★ 빈칸에 알맞은 단어 선택하기

A. 可不是　　　B. 可也是　　　C. 别提了　　　D. 就是了

1 我_____为了你才来参加这个会议的，我是为了学习。

2 你问我们俩现在的关系啊，唉，_____，早就分手了。

3 A：你把书都放书架上，桌面不就有地方了？
　B：_____啊，我怎么就没想到呢？

4 A：小王有什么事儿吧，看起来很不高兴。
　B：_____吗，一天都没见他笑过。

5 你别再说了，我马上按你的要求做_____。

 吹了、不由得、无所谓、不见得

1. 잰말놀이

shì qíng shī bài   chuī le
事情失败 - 吹了   일이 실패했을 땐 – 망쳤다, 틀어지다

gǎn qíng liú lù   bù yóu de
感情流露 - 不由得   감정이 드러날 땐 – 자신도 모르게 저절로

hěn bú zhòng yào   wú suǒ wèi
很不重要 - 无所谓   아주 중요하지 않다 – 개의치 않다, ~라고 할 것이 없다

bù néng què dìng   bú jiàn dé
不能确定 - 不见得   확정할 수 없다 – 꼭 그렇지는 않다

2. 본문

我跟小叶谈了三年的恋爱，到后来还是吹了。每次看到我们一起照的照片，我都不由得想起跟她在一起的日子。冷静地想想，恋爱失败无所谓谁对谁错，两个性格不合的人没有成为一家人，这不见得是坏事。
나는 샤오예와 3년 동안 연애했지만, 나중에 결국 헤어졌다. 매번 우리가 함께 찍었던 사진을 볼 때마다 나는 나도 모르게 그녀와 함께 보낸 시간들을 떠올린다. 냉정하게 생각해보면, 연애에 실패한게 누가 누구에게 잘못했다고 할 수는 없다. 성격이 서로 맞지 않는 두 사람이 한 가족이 되지 못한 것이 꼭 나쁜 일인 것만은 아니니까.

3. 본문 해석

① 吹了 chuīle 틀어지다, 실패하다, 끝내다, 헤어지다

◆ 함의

일이 성공하지 못함을 나타낸다. 종종 연애하는 남녀가 서로의 관계가 좋지 않게 되거나 헤어지게 됨을 나타낸다.

◆ 예문

- 刚才朋友打电话告诉我他已经跟那个女孩吹了。
  방금 친구가 전화해서 그가 이미 그 여자와 헤어졌다고 나한테 알려줬다.
- 他们谈了两年，都快要结婚了，不知道为什么又吹了。
  그들은 2년을 사귀고 막 곧 결혼하려 했었는데, 어쩌다 또 헤어졌는지 모르겠다.
- 由于资金紧张，老刘的两大笔生意都吹了。
  자금이 빠듯하여 라오리우의 큰 거래 두 건이 모두 무산되었다.

② 不由得 bùyóude 저절로, 자연히, 저도 모르게

◆ 함의

(어떤 원인 때문에) 자연스럽게 어떤 감정, 태도, 생각 혹은 동작이 생겨나게 되어 통제하거나 막을 수 없게 됨을 나타낸다.

◆ 어구배합

[～+동사]

～想起   저절로 생각나다
～怒气冲冲   저도 모르게 노발대발하다
～出了一身汗   저절로 온 몸에 땀이 나다
～跳了起来   자신도 모르게 뛰게 되다

◆ 예문

- 后来，越想越觉得这事儿办得巧妙，我不由得对这位白先生产生了敬佩之意。
  그 후, 생각할수록 이 일이 절묘하게 처리되었다는 생각이 들었고, 나는 저절로 바이 선생님께 존경하는 마음이 생겨났다.

- 看到这个小孩把那么大的石头搬了起来，老师不由得暗暗吃惊。
  이 아이가 그렇게 큰 돌을 옮기는 것을 보고, 선생님은 자신도 모르게 내심 놀랐다.

- 大家都高高兴兴各回各家了，屋里就剩下我自己，我心里不由得涌起一种说不清的孤独。
  모두들 즐겁게 각자의 집으로 돌아갔다. 방 안에 나 혼자 남겨져 있게 되자 마음 속에서 나도 모르게 말 못할 고독감이 밀려왔다.

③ 无所谓 wúsuǒwèi 개의치 않다, 상관 없다

◆ 함의 1

중요하지 않다, 관심이 없다

◆ 어구배합

[~的 +명사]

~的态度	개의치 않는 태도
~的样子	상관 없다는 모습
~的口气	개의치 않는 말투
~的问题	상관 없는 문제

[주어/동사구~]

他~	그는 개의치 않는다
老师~	선생님은 개의치 않는다
开不开会~	회의를 하든 하지 않든 상관 없다
请假不请假~	휴가를 신청하든 말든 상관 없다

◆ 예문

- 小王遇到了那么大的困难，还是一副无所谓的样子，真是奇怪。
  샤오왕은 그렇게 큰 곤란에 처하고도 여전히 개의치 않는 모습이니 정말 희한하다.

- 当不当市长对金先生来说无所谓，可金夫人却不这么看。
  시장이 되든 되지 않든 간에 김씨는 상관 없다지만 부인은 결코 그렇게 생각하지 않는다.

◆ 함의 2
아무것도 아니다, 어떤 상황과 관계 없다.

◆ 어구배합

[～형용사구/동사구]

～厉害不厉害　　무섭든지 말든지 개의치 않다
～幸福不幸福　　행복하건 행복하지 않건 상관 없다
～赞成不赞成　　찬성하든 찬성하지 않든 상관 없다

◆ 예문

- 猪没有人的感情，所以它的生活无所谓幸福不幸福。
  돼지는 사람의 감정이 없으므로 그 생활은 이른바 행복하다 행복하지 않다 할 것이 없다.
- 他根本不知道这件事情，无所谓关心不关心。
  그는 이 일을 전혀 모르기 때문에 이른바 관심 있다 없다할 것이 없다.

◆ 용법
'无所谓'의 앞뒤에 보통 긍정과 부정이 연달아 나온다.

◆ 예문

- ～同意不同意、～漂亮不漂亮、～合适不合适、～失败不失败
  穿什么不穿什么～、来不来～、看见没看见～、知道不知道～
  동의하든 동의하지 않든 상관 없다, 예쁘건 예쁘지 않건 상관 없다, 알맞건 알맞지 않건 상관 없다, 실패하든 실패하지 않든 상관 없다, 뭘 입고 있든 입고 있지 않든 상관 없다, 오든 오지 않든 상관 없다, 봤든 못 봤든 상관 없다, 알든 모르든 상관 없다

④ 不见得　bújiàndé　꼭 그렇지는 않다, 반드시 ~한 것은 아니다

◆ 함의

확실한 것은 아니고, 확정할 수 없다. 말하는 사람이 어떤 상황에 대해 부정할 때 쓰이며, 완곡한 어투이다.

◆ 예문

- 一下子挣那么多钱不见得就是好事。
  한번에 그렇게 많은 돈을 번 것이 꼭 좋은 일만은 아니다.

- 把事情的真相跟他说了，他也不见得一定反对。
  네가 일의 진상을 그에게 말한다면 그도 꼭 반대하지는 않을 것이다.

- 如果有你那样的机会，小李现在的成绩不一定比你差。
  만약 너 같은 그런 기회가 있었다면 샤오리의 지금 성적이 반드시 너보다 못하지는 않을 것이다.

4. 응용

★ 빈칸에 알맞은 단어 선택하기

A. 吹了　　　　B. 不由得　　　　C. 无所谓　　　　D. 不见得

1 我们现在老了，对那些名利也_____了，有机会还是给年轻人吧。

2 你要想请他你就请吧，但是他_____愿意来。

3 他们俩早就_____，你还不知道啊？

4 这部电影很感人，很多人看着看着都_____流下了眼泪。

5 你是_____，可这对我们可是很重要的呀。

제3절 忍不住、对得起、这样一来、爱面子

1. 잰말놀이

bù néng rěn nài　　rěn bu zhù
不能忍耐 - 忍不住　　　참을 수 없다 - 견딜 수 없다

hé lǐ dài rén　　duì de qǐ
合理待人 - 对得起　　　도리에 맞게 사람을 대하다 - 떳떳하다

yǐn chū jié guǒ　　zhè yàng yì lái
引出结果 - 这样一来　　　결과를 끌어내다 - 이렇게 하여

guò fèn zì zūn　　ài miàn zi
过分自尊 - 爱面子　　　지나치게 자존심을 내세우다 - 체면을 따지다

2. 본문

晚上12点了，隔壁宿舍的人还在放摇滚音乐，吵得我们睡不着。同屋小李是个爱面子的人，他不好意思去说，我忍不住去敲了隔壁的门，提醒他们注意。敲了几下，那边的声音马上小了许多。这样一来，我们就可以安稳睡觉了。我觉得，遇到问题不能总是忍让，应该积极去解决，这样才对得起自己。

밤 12시가 되었는데도 옆방 기숙사 사람은 여전히 록 음악을 틀어놓아 시끄러워서 우리는 잠이 오지 않았다. 룸메이트 샤오리는 체면을 중시하는 사람이어서 말하러 가기 멋쩍어 했다. 나는 참지 못하고 옆방 문을 두드려 그들에게 주의를 주었다. 몇 번을 두드리자 그 소리는 곧바로 많이 작아졌다. 이렇게 하여 우리는 편안하게 잠들 수 있었다. 나는 문제를 만났을 때 항상 참고 양보만 해서 안되며 적극적으로 해결해야하며 그래야 자신에게 떳떳할 수 있다고 생각한다.

3. 본문 해석

① 忍不住　rěnbúzhù　견딜 수 없다, 참을 수 없다

◆ 함의

자신을 통제할 수 없고, 계속해서 참을 수 없음을 나타낸다.

◆ 어구배합

[~동사구]

~哭了	참지 못하고 울었다
~问了一句	참을 수 없어 한 마디 물었다
~走了过去	견디지 못하고 지나쳐 갔다
~上台表演了一个节目	참지 못하고 무대에 올라가 프로그램을 공연했다

[주어~了]

我~了	나는 견딜 수 없었다
他~了	그는 참을 수 없었다
大家~了	모두들 견딜 수 없었다
老板~了	사장님은 참을 수 없었다

◆ 예문

- 他承认自己是世上最有运气的人，上帝把这么美丽、温柔的女子送给他做妻子。他忍不住地笑了出来。
  그는 자신이 세상에서 가장 운이 좋은 사람임을 인정했다. 하느님께서 이렇게 아름답고 상냥한 여인을 그에게 아내로 주셨기 때문이다. 그는 웃음이 터져나오는 것을 참을 수 없었다.

- 白玲忍不住说出了自己的想法。
  바이링은 참지못하고 자신의 생각을 말해버렸다.

- 看到别人都喝酒喝得那么痛快，老李再也忍不住了。
  다른 사람이 모두 그렇게 신나게 술을 마시는 것을 보자, 라오리도 더 이상 참을 수 없었다.

② 对得起　duìdeqǐ　떳떳하다, 면목이 서다, 낯이 서다, 미안할 것이 없다

◆ 함의

"对不起"의 긍정형식으로 어떤 행위가 이치에 부합하고 예의에 맞음을 나타낸다.

◆ 용법

의문 어기에 많이 사용되며 서술 어기에도 쓸 수 있다.

◆ 예문

- 你就这样离开他，你对得起张大哥吗？
  네가 이렇게 그를 떠난다면 장형에게 미안하지 않겠어?

- 你每天不来学校上课，对得起你的父母吗？
  네가 매일 수업하러 학교에 나오지 않으면 부모님께 미안하지 않니?

- 我们专程把他送到家，也算对得起他了。
  우리는 특별히 그를 집에까지 바래다 주었으니 그에게 떳떳하다고 할 수 있다.

③ 这样一来　zhèyàngyìlái　이렇게 하여, 이렇게 되면, 이와 같다면

◆ 함의

전체 형식은 A,B 두 상황을 연결하는 것이다. A는 이미 존재하거나 곧 발생할 상황이고, B는 A로 인해 생겼거나 발생할 수 있는 결과이다. '这样'은 A를 지칭하며 '이러한 상황에서는'이라는 의미이다.

◆ 예문

- 王亮从来不吃家常的饺子或炒菜，这样一来他倒是真攒了点钱
  왕량은 지금껏 사람들이 늘 먹는 만두나 무슨 요리 같은 것을 먹은 적이 없다. 이렇게 하여 그는 정말 돈을 좀 모았다.

- 十里八村都知道刘老根要招工了。这样一来，刘老根的麻烦就来了，不少乡里有头有脸的人物，都要把自己的亲戚介绍到刘老根的厂里去挣钱。
  가까운 주변 마을에서 모두 리우라오껀이 직원을 모집한다는 것을 알았다. 이렇게 되자 리우라오껀은 성가신 일들이 바로 생겼다. 마을에서 명망이 있는 적지 않은 사람들이 자신의 친척을 라오리우껀의 공장에서 일해서 돈을 벌 수 있도록 소개하려고 하였기 때문이다.

- 你借了别人的东西从来不还，这样一来，谁还愿意再借给你呀？
  너는 다른 사람의 물건을 빌린 후 이제까지 제대로 돌려준 적이 없다. 이러니 누가 너에게 다시 빌려주려고 하겠니?

④ 爱面子 àimiànzi 체면을 중시하다, 체면을 차리다

◆ 함의

표면적인 자신의 존엄성을 매우 중시하고 아껴서 손상을 받을까 늘 걱정하는 것을 말한다.

◆ 어구배합

[매우, 너무, 특별히+~]

很~	매우 체면을 중시하다
太~	너무 체면 차리다
特别~	유달리 체면을 중시하다

[~的 +명사]

~的老人	체면을 중시하는 노인
~的女人	체면 차리는 여자
~的孩子	체면을 중시하는 아이

◆ 예문

- 小李很爱面子，有了困难也不好意思对别人说。
  샤오리는 체면을 매우 중시해서 어려운 일이 생겨도 다른 사람에게 말하길 겸연쩍어 한다.

- 当着大家的面承认错误，对爱面子的人来说太困难了。
  여러 사람들과 직접 얼굴을 마주하고 잘못을 인정하는 것은 체면을 따지는 사람에게는 너무 어렵다.

- 向老朋友借钱有什么不好意思的，你就那么爱面子？
  오랜 친구한테 돈 빌리는 게 뭐 부끄럽다고, 네가 그렇게 체면을 중시해?

◆ 주의

그 밖에 *체면을 잃다, 망신 당하다: 표면적인 자존심이 손상됨을 나타낸다. 예를 들면 다음과 같다.

- 他妻子常常批评他，让他在朋友面前很丢面子。
  그의 아내는 자주 그를 질책하여 그가 친구들 앞에서 망신을 당하게 한다.

- 学了两个小时，连一句简单的英语都没有学会，他觉得很没面子。
  두 시간을 배웠는데도 간단한 영어 한 마디도 못 배우다니, 그는 정말 망신스럽다고 느꼈다.

4. 응용

★ 빈칸에 알맞은 단어 선택하기

A. 忍不住　　　　B. 对得起　　　　C. 这样一来　　　　D. 爱面子

1 看到妈妈做的饭菜，我就_____流口水。

2 你有那么多的困难为什么不对领导说出来呢？别那么_____好不好？

3 他已经买到了大房子，_____，他就可以有自己的一间书房了。

4 看见不公平的事我都_____要说。

5 你这样做_____父母吗？

제4절 炒鱿鱼、大锅饭、穿小鞋、不怎么样

1. 잰말놀이

jiě gù zhí yuán   chǎo yóu yú
解雇职员 - 炒鱿鱼   직원을 해고하니 – 자르다

dà jiā yí yàng   dà guō fàn
大家一样 - 大锅饭   모두 똑 같으니 – 평균분배

hěn bù shū fu   chuān xiǎo xié
很不舒服 - 穿小鞋   아주 불편하니 – 못살게 굴다

qíng kuàng bù hǎo   bù zěn me yàng
情况不好 - 不怎么样   상황이 좋지 않으니 – 별로다

2. 본문

A: 小丁，你们公司最近怎么样？
　　샤오띵, 너희 회사 요즘 어때?

B: 不怎么样。别的单位都改革了，我们还是大锅饭，大家都干的没劲。
　　그리 좋지 않아. 다른 회사들은 구조조정 했는데, 우리는 여전히 공동 분배이다 보니 모두들 일하는 데 힘이 안 나.

A: 你们不会给领导提建议吗？
　　너희는 상사에게 건의 못 해?

B: 谁敢啊，我们的领导给人穿小鞋是行家。
　　누가 감히, 우리 상사는 남 못살게 구는데 전문가야.

A: 是吗？
　　그래?

B: 那当然了。昨天有个工人提意见，就被炒了鱿鱼呢。
　　그야 당연하지. 어제 한 직원이 건의했다가 바로 잘렸잖아.

3. 본문 해석

① 炒鱿鱼　chǎoyóuyú　자르다, 해고하다, 파면하다

◆ 함의

해고하다, 어떤 사람을 제명하다, 고용관계를 청산하다. 간단히 '炒'라고만 할 수도 있다.

◆ 어구배합

[炒＋人的＋鱿鱼]

炒你的鱿鱼　　　　　너를 자르다
炒工人的鱿鱼　　　　직원을 자르다
炒老板的鱿鱼　　　　사장을 자르다
[被～]　　　　　　　해고 당하다

◆ 예문

- 我万万没有想到，我也会被老板炒鱿鱼，原因是我常常星期天请假不加班，影响了其他员工的情绪。
나는 내가 사장에게 잘릴 거라고 결코 생각지 못했다. 원인은 내가 자주 일요일에 초과근무를 하지 않고 휴가를 내서 다른 직원들의 사기에 영향을 미쳤다는 것이다.

- 我们老板横竖看不上我，有事儿没事儿总找我的麻烦，我一气之下把公司给炒了，我不干了！
우리 사장은 어찌됐건 나를 눈에 차지 않아 한다. 일이 있건 없건 항상 나를 귀찮게 해서 나는 홧김에 회사를 때려 치웠다. 나는 그만둘거야.

- 什么？你才干了两天他就炒了你的鱿鱼，到底是怎么回事？
뭐? 겨우 이틀 일했는데 그가 너를 해고했다니, 대체 어떻게 된 일이야?

② 穿小鞋　chuānxiǎoxié　못살게 굴다, 괴롭히다, 물 먹이다, 골탕 먹이다

◆ 함의

상사가 비공개적으로 하급자를 못 살게 굴고, 암암리에 남을 힘들게 만드는 것을 말한다.

◆ 어구배합

[给……]

给我~ 나를 못살게 굴다
给不送礼的人~ 선물을 보내오지 않은 사람을 괴롭히다
给不尊敬他的人~ 그를 존경하지 않는 사람을 물 먹이다

[给∧小鞋穿]

给张先生小鞋穿 장씨를 못살게 굴다
给李小姐小鞋穿 리양을 괴롭히다
给他小鞋穿 그를 골탕 먹이다

◆ 예문

- 李处长是个混蛋，就因为上次我没有答应的无礼要求，后来他总是给我小鞋穿。
  리 처장은 망할 놈이다. 지난 번 내가 그의 무례한 요구에 응하지 않았다는 이유로 그 후 계속 나를 못살게 군다.

- 你这样不给院长面子，你就不怕以后他给你穿小鞋？
  너 이렇게 원장 체면을 봐주지 않으면, 앞으로 그가 너를 괴롭힐게 걱정되지도 않니?

- 他不听话不要紧，给他穿几回小鞋他就明白了。
  그가 말을 듣지 않아도 상관없다. 몇 번 물먹이면 확실히 알게 될 테니까.

③ **大锅饭** dàguōfàn 공동식사, 평균분배

◆ 함의

균능한 분배 제도를 비유한 말로, 일이 많고 적음에 관계없이 모두의 보수가 똑같다.

◆ 어구배합

[동사+~]

吃~ 똑같이 대우하다
打破~ 평균 분배를 타파하다
讨厌~ 평균 분배를 싫어하다

喜欢～   평균 분배를 좋아하다

◆ 예문

- 我们吃大锅饭吃了二十多年了，想改革不容易呀。
  우리가 똑같이 대우 받은 지도 20여 년이 되니 바꾸려 해도 쉽지가 않다.

- 有能力的人最不能忍受的就是吃大锅饭。
  능력 있는 사람이 제일 참지 못하는 것이 바로 똑같이 대우받는 것이다.

- 你要是觉得大锅饭好吃，你就想错了，这里没有大锅饭！
  네가 만약 똑같이 대우받는 게 좋다고 생각했다면 네가 잘못 생각한거야. 이 곳에는 평균 분배란 없어!

④ 不怎么样 bùzěnmeyàng 그리 좋지 않다, 보통이다

◆ 함의

좋지 않다, 만족스럽게 하지 않다.

◆ 예문

- 我花了这么多钱，你唱的歌却不怎么样，你说我能高兴吗?
  내가 이렇게 많은 돈을 썼는데, 네가 부르는 노래가 그다지 좋지 않으니, 내가 기분이 좋을 리가 있겠어?

- 班里的气氛本来就不太活跃，又摊上一个不怎么样的老师，所以干什么都没意思。
  반 분위기가 원래 그다지 활기차지 않았는데, 그저 그런 선생님까지 보태지니 뭘 해도 재미없다.

- 他每天只吃挂面、馒头、鸡蛋，生活得不怎么样。
  그는 매일 겨우 말린 국수, 찐빵, 계란 같은 것만 먹으며 그저 그렇게 산다.

4. 응용

★ 빈칸에 알맞은 단어 선택하기

A. 炒鱿鱼　　　　B. 大锅饭　　　　C. 穿小鞋　　　　D. 不怎么样

1 昨天买了本书，封面挺好看的，回来却发现内容_____。

2 她们的领导小心眼儿，谁提意见就给谁_____。

3 他们都吃惯_____了，这一改革，很多人还不习惯。

4 他有技术，不用担心找不到工作，在哪儿干的不顺心就_____老板的_____。

5 我有意见就是要说，我不怕他给我_____。

제5절 爆冷门、半边天、泼冷水、定心丸

1. 잰말놀이

tū rán yǒu míng　bào lěng mén
突然有名 - 爆冷门　　　갑자기 유명해지니 – 이변

nǚ rén qī zǐ　bàn biān tiān
女人妻子 - 半边天　　　여자 아내들은 – 하늘의 반쪽

ràng rén sàng qì　pō lěng shuǐ
让人丧气 - 泼冷水　　　낙담하게 하는 것은 – 냉수 끼얹기

jiào rén fàng xīn　dìng xīn wán
叫人放心 - 定心丸　　　안심하게 하는 것은 – 진정제

2. 본문

A: 这次歌唱比赛，我们的半边天爆了个大冷门，得了全市第一名。
　　이번 노래 자랑에서 우리 여자들이 큰 이변을 일으켜 시 전체에서 1등을 했어요.

B: 真不容易。刚开始准备的时候，很多人给泼冷水呢，说她们不行。
　　정말 쉽지 않은 일이예요. 막 준비하기 시작했을 때만해도 많은 사람들이 그녀들은 안 된다고 찬물을 끼얹었는데 말예요.

A: 不过还是您指导得好啊。有您给她们指导，大家就像吃了定心丸，练习起来都很带劲儿。
　　하지만 역시 선생님께서 지도를 잘 해 주셔서예요. 선생님께서 그녀들을 이끌어주시니 모두 안정제를 먹은 듯 힘차게 연습할 수 있었어요.

B: 主要还是她们自己努力的结果啊。
　　중요한 것은 역시 그녀들 스스로 노력한 결과라는 것이죠.

3. 본문 해석

① 爆冷门 bàolěngmén 의외의 결과, 뜻밖의 결말, 이변

◆ 함의

평소에 중시받지 못한 사람이나 사물이 갑자기 큰 성적을 거두어 모두를 놀래키는 것을 말한다.

◆ 어구배합

[爆＋了个＋冷门]

◆ 예문

- 这次运动会很奇怪，净爆冷门。
  이번 운동회는 매우 신기하게도 모두 뜻밖의 결과가 나타났다.

- 在全市唱歌比赛中，最有希望得奖的人没有获得一等奖，没有什么名气的王欢得了一等奖，真是爆了个大冷门。
  전체 시 노래 자랑에서 가장 수상 가능성이 있어 보이는 사람이 1등을 하지 못하고, 명성도 없는 왕환이 1등을 했다. 정말 큰 이변이다.

- 他的水平就那样了，别指望他爆冷门。
  그의 실력은 그 정도니 그가 이변을 일으킬 것이라고 기대하지 마라.

② 半边天 bànbiāntiān 하늘의 반쪽, 신시대의 여성

◆ 함의

여성을 가리키는 말로도 쓰이는데, 여성도 남자와 마찬가지로 중요함을 나타낸다. 어떤 때는 아내들만을 가리키기도 한다. '여성이 사회의 절반을 감당할 수 있다'라고 자주 말한다.

◆ 예문

- 女同志们，我感谢你们为公司做出的巨大贡献，你们是公司的半边天哪！
  여성직원 여러분, 저는 여러분이 회사를 위해 이뤄내 주신 큰 공헌에 감사드립니다. 여러분들은 회사의 절반입니다!

- 洗衣服的事咱们不行，还是让半边天们显显身手吧。

  옷을 빠는 일은 우리들은 안 됩니다. 역시 여성 여러분들이 솜씨를 뽐내게 합시다.

- 他家的半边天可厉害了，那简直是南霸天（一个很不讲理的坏人）。

  그의 와이프는 대단하다. 완전 폭군이다(말이 안 통하는 나쁜 사람).

③ 泼冷水 pōlěngshuǐ 찬물을 끼얹다, 흥을 깨다

◆ 함의

말을 할 때 경고조로 하거나 다른 사람을 깎아내려서, 다른 사람이 일을 하려고 하는 사기를 낮추는 것을 비유한다.

◆ 어구배합

[给～]

给我～	나에게 찬물을 끼얹다
给你～	너에게 찬물을 끼얹다
给他们～	그들에게 찬물을 끼얹다

[泼∧冷水]

泼一盆冷水	찬물 한 대야를 끼얹다
泼了点冷水	찬물을 좀 끼얹다
泼什么冷水	무슨(왜) 찬물을 끼얹나

◆ 예문

- 我计划自己造一架飞机，很多朋友对我的计划泼冷水，说这太不现实了。

  나는 스스로 비행기 한 대를 제작하려고 계획했더니, 많은 친구들이 너무 비현실적이라면서 내 계획에 찬물을 끼얹었다.

- 小忆对我说："你那篇小说我认真看了，构思太平淡。"我本来期望从她口中听到一些赞美的话，没想到她却泼了我一盆冷水。

  샤오이가 내게 말했다: "네 소설 내가 열심히 보았는데 말이야, 구상이 너무 평범해." 나는 그녀의 입에서 칭송하는 말이 나올 거라 기대했었는데, 생각지도 않게 그녀는 내게 찬물을 끼얹었다.

- 我丈夫那人做什么都爱冲动，有时候就得给他泼点儿冷水，叫他清醒清醒。
내 남편은 무슨 일을 할 때 충동적으로 해서, 어떤 때는 그에게 찬물을 좀 끼얹어 그로 하여금 정신이 좀 들게 해야한다.

④ 定心丸 dìngxīnwán 진정제, 안정제

◆ 함의

사람의 걱정하고 의심하는 마음을 없애주어서 안심할 수 있게 하는 것을 비유한다.

◆ 어구배합

[동사+~]

吃了一颗~	진정제 한 알을 먹다
给了一个~	진정제 한 알을 주다
是一粒~	한 알의 진정제이다

◆ 예문

- 这个新政策等于给了农民一颗定心丸，他们不用担心种粮食会吃亏了。
이 새로운 정책은 농민들에게 한 알의 진정제를 주는 것과 같다. 그들은 곡식을 심어 손해를 볼수 있을거라는 걱정을 할 필요가 없게 되었다.

- 有您这句话我们就放心了，这是给我们吃了一粒定心丸啊。
당신의 이 말씀 때문에 저희는 안심할 수 있습니다. 이는 우리에게 한 알의 진정제를 먹이신 것입니다.

- 你就给他个定心丸吧，别让他睡不着觉。
너는 그가 잠 못 자지 않도록 진정제를 줘라.

4. 응용

★ 빈칸에 알맞은 단어 선택하기

A. 爆冷门　　　B. 半边天　　　C. 泼冷水　　　D. 定心丸

1　我们能不能成功关你什么事儿，少给我们_____！

2　他笨得不行，你还指望他_____？唉，我看算了吧。

3　有你做保证，我们就吃了_____了，不会再担心了。

4　孩子喜欢自己动手是好事儿，你别总_____好不好？

5　你们真厉害，工作完成得这么快这么好，不愧是_____哪！

연습 3

■ 밑줄 친 부분이 나타내는 뜻을 바르게 나타낸 것을 고르시오.

1. 小孩子是不能骗的，你要是骗了他，等他长大一旦明白过来，你要付出代价的。这代价<u>不见得</u>是报复，而是你在他心里的形象毁灭了。这比你死了还糟糕！
   A. 看不见　　　　　　　　　B. 不可能
   C. 不一定　　　　　　　　　D. 肯定不

2. 她说要是生了男孩子倒<u>无所谓</u>，如果生了女孩子她就要看看赵家的态度，现在什么时代了，还轻视妇女？
   A. 没什么关系　　　　　　　B. 不重要
   C. 不可怕　　　　　　　　　D. 不高兴

3. 他说他把洗衣机留给你就足以<u>对得起</u>你了。
   A. 对等　　　　　　　　　　B. 想得起来
   C. 符合情理、礼貌　　　　　D. 正确

4. 白灵看见了徐先生白亮亮的屁股，又看见了威严的徐先生惊慌的样子，<u>忍不住</u>呵呵笑起来。
   A. 不能控制　　　　　　　　B. 不能忍受
   C. 不忍心　　　　　　　　　D. 没有耐心

5. 本来以为报名的人不会太多，谁知道一下子报了90多名，<u>这样一来</u>，还得安排新的教学计划。
   A. 都一起来　　　　　　　　B. 在这种情况下
   C. 来这里看看　　　　　　　D. 在这里学习

6. 他发现新来的秘书外语水平<u>不怎么样</u>。
   A. 不好　　　　　　　　　　B. 不错
   C. 不会　　　　　　　　　　D. 不知道

7 一开始小林爱面子，总觉得如果说自己什么都不能办，也让家乡人看不起，就答应试一试，但往往试一试也是白试。
  A.喜欢表面的东西   B.不切合实际
  C.很重视自己的表面上的尊严   D.坚强

8 这次考试，阿里爆了一个冷门，成绩是全年级第一，这让同学和老师都感到惊奇。
  A.表现很突出，引起大家注意   B.做别人不做的事
  C.把冷清的局面打破了   D.大家都没有想到

9 不认识啊，这是我们家的半边天。
  A.重要人物   B.喜欢热闹的人
  C.女人   D.男人

10 在深圳，边打工、边求学是很艰辛的，老板随时会炒你的鱿鱼。
  A.开除、辞退   B.扣除工资
  C.给吃不好的饭菜   D.吓唬、威胁

11 你这样跟老板说话，你就不怕以后他给你穿小鞋？
  A.穿很小的鞋   B.暗中刁难
  C.批评   D.欺负

12 过去工人们吃惯了大锅饭，现在要改革，很多人没有什么技术，所以很担心。
  A.大家一起吃饭   B.用很大的锅做饭
  C.平均分配   D.吃很多饭

13 你是领导，你公开给大家说清楚，让大家吃个定心丸，才好安下心继续干嘛。
  A.一种药   B.一种食物
  C.一种让人放心的东西   D.一种让人安静的东西

14 看到这张照片，玛丽不由得想起了在南开大学留学时的生活。
  A.不能   B.很突然
  C.没有理由   D.不能控制

15 甲：这次考试你觉得难吗？
乙：唉，别提了。

A.拿不起来了　　　　　　　　B.不要问这个问题了
C.不记得了　　　　　　　　　D.别人提问过了

16 你要是觉得这个位置不满意，没关系，再换一个就是了。

A.就是好的　　　　　　　　　B.就可以了，就行了
C.就正确了　　　　　　　　　D.正是这样

17 甲：他说他病了，不能参加我们的活动。我看他准是有别的原因。
乙：可不是嘛。

A.可能不是　　　　　　　　　B.就是这样
C.确实不是　　　　　　　　　D.完全不对

18 甲：让妈和孩子坐车，咱俩步行吧？
乙：你就不怕把我累着？
甲：可也是。那你跟他们坐，我自己走？

A.也有道理　　　　　　　　　B.但是
C.同样是　　　　　　　　　　D.可能正确

19 你以为他们还是情人哪，他们俩早就吹了。

A.吹牛了　　　　　　　　　　B.分手了
C.逃走了　　　　　　　　　　D.生气了

20 我们利用课余时间查资料、买材料、做试验、请教专家，希望能做出一个出色的小机器人。谁知道李佳的妈妈说我们是胡闹，还净给我们泼冷水。

A.用水弄湿　　　　　　　　　B.说别人不会成功
C.破坏别人的东西　　　　　　D.拿冷水给人喝

제4장

제1절　随大流、侃大山、马后炮、铁饭碗

제2절　跑龙套、走过场、敲边鼓、犯不上

제3절　一风吹、去你的、钻空子、真是的

제4절　一锅粥、顾不得、好样的、又来了

제5절　看起来、好说、据悉、要命、老实说

练习四

单元练习（一）

 随大流、侃大山、马后炮、铁饭碗

1. 잰말놀이

méi yǒu zhǔ jiàn　suí dà liú
没有主见 - 随大流（溜）　　주견이 없으니 - 대세를 따르다

suí biàn liáo tiān　kǎn dà shān
随便聊天 - 侃大山　　자유롭게 얘기나누어 - 수다떨다

shì hòu cōng ming　mǎ hòu pào
事后聪明 - 马后炮　　일이 지나간 뒤 똑똑해지니 - 뒷북을 치다

wěn dìng gōng zuò　tiě fàn wǎn
稳定工作 - 铁饭碗　　안정적인 직업 - 철밥통

2. 본문

他们的那个单位很奇怪，大家都是铁饭碗，没有人担心会失业，做什么事情也不用自己动脑筋，只要随大流就行了，上了班也没什么工作，很多人就聚在一起侃大山。我想这样的单位不会一直存在，早晚得解散。
最近，政府改革，果然解散了他们那个单位，看来我的想法没错，我不是放马后炮，我早就看出来会有这样的结果的。
그들의 그 회사는 정말 이상하게 모두들 철밥통이다. 누구도 직업을 잃을까 걱정하지 않고, 무슨 일을 하든 스스로 머리를 쓸 필요 없이 대세를 따르기만 하면 그만이다. 출근해서도 별다른 일이 없고, 많은 사람이 함께 모여 수다를 떤다. 나는 이런 회사는 계속해서 존재할 수 없고 조만간 해체되어야 한다고 생각했다.
최근 정부에서는 구조조정을 실시했고, 과연 그들의 회사는 해체되었다. 보아하니 내 생각이 틀리지 않았다. 나는 뒷북을 치는 것이 아니라 진작에 이러한 결과가 있을 줄 알았다.

3. 본문 해석

① 侃大山　kǎndàshān　수다떨다, 잡담하다, 한담하다

◆ 함의

고정된 화제가 없이 자유롭게 수다떨다. 간단하게 '砍(侃)'이라고도 할 수 있다.

◆ 예문

- 孙明来到小饭馆，看到小伟和众人正在侃大山，自己就在旁边坐下了。
  순밍은 작은 식당에 도착했는데, 샤오웨이가 여러 사람들과 수다 떨고 있는 것을 보고 자신은 옆쪽에 앉았다.

- 老李没什么本事，不过侃大山是他的长项。
  라오리는 별다른 능력이 없는데, 수다 떠는 것 만큼은 그의 특기이다.

- 你做点儿正经事好不好，和那帮人整天侃大山，有什么意思？
  제대로 된 일을 좀 하는 게 어때, 그런 무리들과 하루종일 수다만 떠는게 무슨 의미가 있니?

② 马后炮　mǎhòupào　뒷북 치는 것, 사후약방문, 행차 뒤의 나팔

◆ 함의

자신의 의견을 말해야 할 때는 말하지 않다가 일의 결과가 나온 다음에야 원래의 의견을 말하는 것을 비유한다

◆ 어구배합

[放、是~]

放~　　뒷북을 치다
是~　　뒷북 치는 것이다

◆ 예문

- 我已经把事情办好了，你才说可以帮忙，这不是马后炮吗？
  내가 이미 일을 다 처리했는데, 넌 이제서야 도와줄 수 있다고 말하니, 뒷북 치는 거 아니니?

제4장　107

- 甲：我早就知道李玲不会来参加这样的聚会，你们还请她。

  乙：你少放马后炮吧，当时你怎么不说？

  갑: 리링이 이런 모임에 올리가 없다는 걸 난 진작에 알았는데 너희는 그런데도 그녀를 초대했구나.

  을: 뒷북 좀 그만 쳐라. 그때는 왜 말 안 했는데?

- 马后炮我见多了，现在说这有什么用啊？

  뒷북 치는 거 내가 많이 봤어. 지금 말하는게 무슨 소용이야?

③ 随大流 suídàliú 대세를 따르다, 남이 하는 대로 덩달아하다

◆ 함의

대다수의 사람들이 행동하고 말하는 것에 따라 자신도 그렇게 행동하고 말하는 것으로, 일을 하거나 말을 하는데 자신의 특징이 없거나 자신의 개성을 드러내지 않음을 비유한다.

◆ 예문

- 既然大家都同意去桂林，咱们俩也随大流吧，去桂林。

  기왕에 다들 꾸이린에 가기로 동의했으니 우리 둘도 대세를 따라 꾸이린에 가자.

- 我们单位的人大部分都给他送了礼物，我也只好随大流，送了他一张画。

  우리 회사 사람들 대부분이 다 그에게 선물을 보내서. 나 역시 할 수 없이 대세를 따라 그에게 그림 한 장을 보냈다.

- 他做什么事都随大流，所以40多岁了，工作也还是没什么起色。

  그는 일을 할 때 늘 남이 하는 대로 덩달아 한다. 그래서 40살이 넘었는데도 일하는 게 나아지는 기미가 없다.

④ 铁饭碗 tiěfànwǎn 철밥통, 확실한 직업, 평생직업[주로 국영기업체 직원이나 공무원을 가리킴]

◆ 함의

매우 안정적이고 믿을만한 일이어서 실직할 가능성이 없음을 비유한다.

◆ 어구배합

[동사~]

抱~　　철밥통을 얻다

端~　　철밥통을 들다

砸~　　철밥통을 깨트리다

丢~　　철밥통을 잃다

是~　　철밥통이다

◆ 예문

- 当公务员可是铁饭碗哪，我真羡慕你。
  공무원은 철밥통이잖아. 난 정말 네가 부럽다.

- 我们端的是铁饭碗，谁也不担心没有饭吃。
  우리가 들고 있는 것은 철밥통이라 누구도 먹을 밥이 없을까 걱정하지 않는다.

- 现在想找个铁饭碗不容易呀，主要得靠自己。
  지금은 철밥통을 찾는 게 쉽지 않아. 중요한 것은 자신에게 달려있어.

보충

泥饭碗
질그릇: 매우 안정적이지 못해서 쉽게 실직할 수 있는 직업을 비유한다.
金饭碗
금밥그릇: 일반 사람은 얻을 수 없는 임금이 매우 높은 직업을 비유한다.

4. 응용

★ 빈칸에 알맞은 단어 선택하기

A. 随大流   B. 侃大山   C. 马后炮   D. 铁饭碗

1 你别什么都抢着说，我看，咱们还是_____吧。

2 当公务员可是_____，好多人都想当呢。

3 我们那口子下了班什么正经事儿也不做，就喜欢_____。

4 你少放_____吧，当初我们没出问题的时候，你怎么不说？

5 现在啊，技术就是_____，别的都不可靠。

 跑龙套、走过场、敲边鼓、犯不上

1. 잰말놀이

cì yào jué sè　　pǎo lóng tào
次要角色 - 跑龙套　　　부차적인 역할만 하니 – 자질구레한 일을 하다

jiǎ zhuāng zuò shì　　zǒu guò chǎng
假装做事 - 走过场　　　하는 체만 하니 – 겉치레만 하다

bāng máng shuō huà　　qiāo biān gǔ
帮忙说话 - 敲边鼓　　　도와서 말해주니 – 역성 들다

bù zhí bù gāi　　fàn bú shàng
不值不该 - 犯不上(着)　　가치도 없고 해서도 안되니 – 할 만한 것이 못되다

2. 본문

A: 这次公开招聘秘书又是走过场，其实他们早就内定了录取李玲。最可气的是老丁，我抗议领导走过场，他却一直在旁边敲边鼓！
이번에 공개적으로 비서를 뽑은 일도 또 형식적으로 한거야. 사실 일찌감치 리링을 채용하기로 내정되어 있었다니까. 제일 분통터지는 것은 라오띵이야. 내가 상사에게 겉치레로 그런 것이라고 항의하고 있는데, 그는 줄곧 그 옆에서 역성을 들고 있더라니까!

B: 老丁那个人你还不知道？他就是个跑龙套的，你犯不着跟他生气。
라오띵 그 사람을 넌 아직도 모르니? 그는 자질구레한 일만 하는 사람일 뿐이야. 그 사람 때문에 화낼 필요가 없어.

3. 본문 해석

① 跑龙套 pǎolóngtào 자질구레한 일을 하다, 잡일을 하다, 단역을 맡다

◆ 함의

본래 경극에서 수종, 병졸역을 맡아 하는 것을 가리키는데, 지금은 종종 다른 사람의 지도 아래서 그다지 중요하지 않은 자질구레한 일을 하는 것을 비유한다.

◆ 예문

- 你有问题去找我们的头儿说吧，别找我，我是个跑龙套的。
  문제가 있으면 우리 대장에게 가서 말해. 나 찾지 말고. 난 자질구레한 일을 하는 사람이니까.

- 他呀，跑个龙套还可以，正经事可指望不上。
  걔는, 자질구레한 일은 그나마 좀 하는데, 제대로 된 일 하기는 바라지도 못 해.

- 导演，您就给我个机会吧，我跑跑龙套也行啊。
  감독님, 제게 기회를 좀 주세요. 단역이라도 괜찮습니다.

② 敲边鼓 qiāobiāngǔ 역성 들다, 편을 들다, 두둔하다

◆ 함의

한 가지 일을 하는데 있어 다른 사람이 중요한 역할을 할 때 자신은 옆에서 도와주는 일을 하는 부차적인 역할을 하는 것을 비유한다.

◆ 예문

- 老陈和小许他们在打牌。"出老K！"小胖子在后边给老陈敲边鼓，伸手去抓牌，"黑桃老K！"老陈说："哎哎，你别动手好不好！"
  라오천과 샤오쉬 그들은 카드놀이를 하고 있었다. "킹 나와라!" 뚱보가 뒤에서 라오천의 편을 들면서 손을 뻗어 카드를 집고, "스페이드 킹!"이라고 했다. 라오천은 "아야, 손대지 좀 마!"라고 했다.

- 我哪里会做什么生意，只不过敲敲边鼓，给人家参谋参谋而已。
  제가 무슨 사업을 할 줄 알겠어요. 그냥 옆에서 도우면서, 조언이나 할 따름이죠.

- 我们听李姐说话呢，你少敲边鼓行不行？
  우리는 리언니가 말하는 것 듣고 있는 중이니까 넌 역성 좀 그만둘래?

③ **走过场**　zǒuguòchǎng　겉치레만 하다, 형식만 갖추다, 피상적으로 하다

◆ 함의

어떤 일을 하는데 있어서 진짜로 실제 결과가 있기 위해서 하는 것이 아니라 단지 하는 시늉만 하는 것을 비유한다.

◆ 어구배합

[走∧过场]

走了走过场　　　겉치레만 좀 했다
走一个过场　　　한 차례 형식만 갖추다
走了过场　　　　형식적으로 했다
走一下过场　　　한차례 겉치레 하다

◆ 예문

- 这一回公开招聘只是走个过场，其实要录取的人早就定了。
  이번 공개 모집은 형식적인 것에 불과하다. 사실 채용될 사람은 진작에 정해졌다.

- 他向我道歉也是走走过场罢了，他内心根本不想承认错误。
  그가 나에게 사과하는 것도 겉치레일 뿐이다. 그는 마음 속으로 전혀 잘못을 인정하고 싶어하지 않아.

- 这次执法大检查一定要认真发现问题解决问题，不许走过场。
  이번 대대적인 법 집행 조사에서 반드시 철저하게 문제점을 발견하고 문제점을 해결해야 할 것이다. 형식적인 것에 그쳐서는 안 된다.

④ **犯得上/犯不上**　fàndeshàng/fànbushàng　~할 만하다, ~할 가치가 있다[긍정의 형태는 주로 반어문에 쓰인다] / ~할 만한 것이 못되다, ~할 가치가 없다

◆ 함의

마땅하지 않거나 가치가 없음을 나타낸다.

◆ 어구배합

[犯得上 + 동사구 + 吗？]

~跟他一般见识吗？	걔랑 똑같이 굴 필요가 있어?
~找他吗？	그를 찾을 만한 가치가 있어?
~说假话吗？	거짓말 할 가치가 있어?

[犯不上 + 동사구]

~生气	화낼 만한 것이 못되다
~跟他说	그에게 말할 것이 못되다
~请他的客	그에게 한 턱 낼 가치가 없다
~道歉	사과할 만한 것이 못되다

◆ 예문

- 这回本来就没我的事，可却让我跟着受处分，犯得上吗？
  이번엔 원래부터 나랑 관계없는 일인데도 나까지 따라서 처벌 받으라고 하는데 그럴 필요가 있나요?

- 小丁安慰小于说："这事儿谁都没干过，都是摸索着来，出点错很正常，犯不上跟自己过不去。"
  샤오띵은 샤오위를 위로하며 말했다: "이 일은 누구도 해본 적이 없고 다 모색 해보는 것이니 착오가 좀 발생하는 것은 정상이야. 너 스스로를 못살게 굴 필요가 없어."

- 我是靠自己的本事吃饭，犯不上看他的脸色。
  난 내 자신의 능력으로 밥먹고 살아가는 것이니까 그의 눈치를 볼 필요가 없다.

4. 응용

★ 빈칸에 알맞은 단어 선택하기

A. 跑龙套   B. 走过场   C. 敲边鼓   D. 犯不上   E. 犯得上

1 这次大检查一定要认真细致，发现问题解决问题，不能_____。

2 他能力不大，不能担任重要的任务，只适合_____。

3 他只是你的一般朋友，关心他可以，但你也_____在医院天天陪着他吧。

4 这件事跟我没关系，你_____找我吗？

5 他自己会表达自己的意见，你少_____。

6 这项工作一定要认认真真地落实，防止_____。

 一风吹、去你的、钻空子、真是的

1. 잰말놀이

wán quán xiāo shī　　yì fēng chuī
完全消失 - 一风吹　　완전히 소실될 땐 – 다 날려 버리다

biǎo shì bù mǎn　　qù nǐ de
表示不满 - 去你的　　불만을 나타낼 땐 – 그만 둬! 저리가!

chèn jī dé lì　　zuān kòng zi
趁机得利 - 钻空子　　기회를 노려 이익을 얻을 땐 – 기회를 타다

biǎo shì tǎo yàn　　zhēn shì de
表示讨厌 - 真是的　　싫어함을 나타낼 땐 – 참나!

2. 본문

A: 晓玲的男朋友不在身边，你每天跟晓玲那么亲近，是不是想钻空子啊？
　　샤오링의 남자친구가 곁에 없다고 너 매일 샤오링과 너무 친하게 지내는 것 같은데, 기회를 엿보려고 하는 거 아냐?

B: 去你的吧，胡说什么呢？
　　관둬, 무슨 헛소리야?

A: 我说的不对吗？不过我可知道人家两个关系可很好啊，我担心她男朋友一回来，你的所有努力就一风吹了。
　　내가 틀린 말 했어? 난 걔네 둘 관계가 아주 좋다고 알고 있어. 내가 걱정하는 건 그녀의 남자친구가 돌아왔을 때 너의 모든 노력이 한번에 날아가 버릴까봐서지.

B: 你这人真是的！没有的事儿净瞎说。
　　너 진짜! 있지도 않은 일을 마구 지껄이는구나.

3. 본문 해석

① 一风吹 yìfēngchuī 다 없애버리다, 전부 청산하다, 한번에 날려 보내다

◆ 함의

어떤 추상적인 사물이 완전히 소실되어 존재하지 않게 됨을 나타낸다.

◆ 예문

- 因为出了这点儿问题，我们过去所有的成绩就都一风吹了，这公平吗？
  이만한 문제 때문에 우리들이 과거에 이룬 모든 업적이 한번에 다 날아가다니, 이게 공평한 거야?

- 说吧，你要不给我说老实话，咱们的关系就一风吹。
  말해 봐, 네가 만약 나에게 솔직히 말하지 않으면 우리의 관계는 끝장날거야.

- 说起来让人伤心，就因为这件事，我们那么多年培养起来的感情就一风吹了。
  말하자면 가슴 아픈데, 바로 이 일 때문에 우리들이 그렇게 수년 동안 키워왔던 감정이 한번에 날아갔다.

② 钻空子 zuānkòngzi 기회를 타다, 약점을 노리다[주로 폄의로 쓰임]

◆ 함의

어떤 사람, 어떤 사물의 결점, 약점을 이용하여 얻지 말아야 할 편의와 이익을 얻는 것을 비유한다.

◆ 어구배합

[钻∧空子]

钻了个空子	기회를 틈타다
钻法律的空子	법률의 약점을 노리다
钻制度的空子	제도의 약점을 노리다
钻她的空子	그녀의 약점을 노리다

제4장 117

◆ 예문

- 我们公寓看门的阿姨特别认真，没有证件，谁也别想钻空子。
  우리 아파트에서 문을 지키는 아주머니는 특히 열심이셔서 신분증이 없이는 누구도 빈틈을 노릴 생각을 말아야 한다.

- 唉，是我没有说清楚，又让你钻了个空子。
  에이, 내가 분명하게 말하지 않아서 또 너로 하여금 기회를 엿보게 했구나.

- 你就别做梦了，现在法律很严密，没有什么空子可钻。
  너 꿈도 꾸지마, 지금 법률은 매우 치밀해서 어떤 틈도 노릴 수가 없어.

③ 去你的 qùnǐde 저리가, 꺼져, 그만둬, 입닥쳐

◆ 함의

상대방이 방금 한 말이 싫어서 기분이 좀 나쁜 것을 나타낸다.

◆ 용법

일반적으로 친한 사이에서 농담할 때 이렇게 말하곤 한다.

◆ 어구배합

[~ 吧]

去你的　　저리 가
去你的　　꺼져
去你的　　시끄러워

◆ 예문

- 甲：你是不是看上李老师了？哟，脸红了。
  乙：去你的。
  갑: 너 리 선생님에게 반했지? 어, 얼굴 빨개졌네.
  을: 시끄러워.

④ **真是的** zhēnshide 정말이지! 진짜! 참나! [황당하거나 어이없음을 강조함]

◆ 함의
① 어떤 행위에 대해 화남을 나타낸다. 그 행위가 도리에 맞지 않다고 여긴다.
② 어떤 사람의 말에 동의하여 그가 말한 게 맞다고 생각함을 나타낸다.

◆ 예문
- 你也真是的，孩子把根铅笔丢了，你值得发那么大的火吗？
  너도 참나! 아이가 연필 좀 잃어버렸다고 그렇게 크게 화낼 필요가 있어?
- 他每天把办公室里弄得乱糟糟的，也不整理，真是的！
  그는 매일 사무실을 너저분하게 어지럽히고 정리도 하지 않는다. 정말이지!
- 甲：哎，小丽，你怎么啦？不舒服吗？脸色这么难看。
  乙：哎呀，真是的，你怎么啦？
  갑: 야, 샤오리, 왜그래? 불편해? 안색이 이렇게 안 좋아.
  을: 아이고, 참나! 너 왜그래?

4. 응용

★ 빈칸에 알맞은 단어 선택하기

A. 一风吹　　　B. 去你的　　　C. 钻空子　　　D. 真是的

1. 我看你还是小心点儿吧，小心坏人_____。
2. 那么多年的感情就这么_____，我确实是不甘心。
3. 老李_____，又把我的电脑弄坏了。
4. _____吧，别净说废话。
5. 唉，我们的工作没做好，又被他_____了个_____。

제4장　119

 제4절   一锅粥、顾不得、好样的、又来了

1. 잰말놀이

cáo zá hùn luàn　　yì guō zhōu
嘈杂混乱 - 一锅粥　　　시끌벅적하고 어지럽다 – 엉망진창

bù néng kǎo lǜ　　gù bu dé
不能考虑 - 顾不得　　　고려할 수 없다 – 돌볼 겨를이 없다

hěn hǎo hěn bàng　　hǎo yàng de
很好很棒 - 好样的　　　매우 좋고 뛰어나다 – 멋지다, 장하다

biǎo shì tǎo yàn　　yòu lái le
表示讨厌 - 又来了　　　싫어함을 나타낸다 – 또 그런다

2. 본문

A: 昨天我们上体育课的时候，女同学玛丽突然摔倒，昏了过去，大家都吓坏了，乱成了一锅粥。这时大卫也顾不得许多了，马上给玛丽做人工呼吸。他真是好样的，一会儿就把玛丽救醒了。
어제 우리가 체육 수업을 하고 있을 때 여학생 마리가 갑자기 쓰러져서 의식을 잃었어. 모두들 깜짝 놀라서 난리가 났었지. 이 때 따웨이는 이것저것 따질 겨를도 없이 즉시 마리에게 인공호흡을 했어. 그는 정말 대단하게도 잠깐 만에 마리를 구해서 깨어나게 했단다.

B: 你是不是真的爱上大卫了？
너 정말 따웨이를 사랑하게 된 것 아니야?

A: 哎，你又来了！
에이, 너 또 그런다!

3. 본문 해석

① 一锅粥　yìguōzhōu　엉망진창, 뒤죽박죽

◆ 함의

광경이 시끌벅적하고 혼란스러움을 형용한다.

◆ 예문

- 到了开饭的时间，这个临时餐厅里乱成了一锅粥，孩子叫女人喊老人咳嗽，空气里充满了奇怪的气味儿。
  배식 시간이 되자 이 임시 식당 안은 엉망진창이 되었다. 아이들은 소리지르고, 여자들은 고함치고, 노인들은 기침하고, 공기는 이상한 냄새로 가득찼다.

- 听说市长要来这里检查工作，办公室里顿时忙成了一锅粥。
  시장이 업무를 살피러 이 곳에 올 거라는 것을 듣고 사무실은 곧바로 바빠져 뒤죽박죽이 되었다.

- 李老师上课的时候突然晕倒了，孩子们吓得哭成了一锅粥。
  리선생님이 수업할 때 갑자기 쓰러지셔서, 아이들이 놀라서 우는 통에 엉망진창이 되었다.

② 顾不得　gùbudé　돌볼 겨를이 없다, 생각조차 못하다

◆ 함의

어떤 원인 때문에 어떤 일, 어떤 사람을 고려하거나 돌볼 수 없음을 나타낸다.

◆ 어구배합

[～+동사구, 명사, 대사]

～说话	말할 겨를이 없다
～吃早饭	아침밥을 먹을 겨를이 없다
～跟你打招呼	너와 인사할 겨를이 없다
～洗手	손 씻을 겨를이 없다
～面子	체면을 생각할 겨를이 없다
～妈妈	엄마를 돌볼 겨를이 없다

~老师   선생님을 생각할 겨를이 없다
~他   그를 돌볼 겨를이 없다
~我们   우리를 돌볼 겨를이 없다
~你   너를 생각할 겨를이 없다

◆ 예문

- 他忙着帮顾客装东西，汗水流到了脸上也顾不得擦。
  그는 바쁘게 손님을 도와 물건을 담느라 땀이 얼굴에 흐르는데도 닦을 겨를이 없다.

- 一看表已经七点五十了，我顾不得吃早饭就跑来了，总算没有迟到。
  시계를 보니 이미 7시 50분이어서, 나는 아침 먹을 겨를도 없이 뛰어와서 결국 지각은 하지 않았다.

- 把王小姐从水里救出来的时候，她已经昏迷了，我也顾不得许多了，马上跟她嘴对着嘴做人工呼吸。
  왕양을 물에서 구조해 내었지만 그녀는 이미 정신을 잃었다. 나는 이것저것 생각할 겨를도 없이 즉시 그녀에게 입을 대고 인공호흡을 했다.

③ 好样的　hǎoyàngde　장하다, 훌륭하다

◆ 함의

특정인이 우수하고 뛰어남을 나타낸다.

◆ 용법

칭찬하는 어기를 나타낸다.

◆ 예문

- 打排球，我们班的女生个个都是好样的。
  배구를 하면 우리 반 여학생 한 명 한 명이 모두 대단하다.

- 这么短的时间你们就把任务完成了，好样的！
  이렇게 짧은 시간에 너희들이 임무를 완성하다니, 장한 녀석들!

- 孩子，你又考了个第一？好样的！
  얘야, 너 또 시험에서 일등했구나? 장한 것!

④ 又来了 yòuláile 또 그런다

◆ **함의**

그다지 좋아하지 않는 상황 또는 행위가 또 출현하게 됨을 나타낸다.

◆ **용법**

단독으로 사용하면 책망하는 어기를 지닌다.

◆ **예문**

- 甲：我还是搬回去住吧，在这儿总麻烦你，我觉得……
  乙：看你，又来了！
  갑: 나 아무래도(살던 곳으로) 되돌아가서 살래. 여기서는 항상 너에게 폐를 끼치니까. 내 생각에는……
  을: 얘 좀 봐, 또 그런다!

- 甲：小丽，你年龄不小了，该找个对象了。
  乙：妈—— 你又来了！
  갑: 샤오리, 너 나이가 적지 않으니 이제 결혼 상대를 찾아야지.
  을: 엄마—— 또 시작이시네요!

4. 응용

★ 빈칸에 알맞은 단어 선택하기

A. 一锅粥   B. 顾不得   C. 好样的   D. 又来了

1 你儿子真是_____，这次考试又得了第一名。

2 你看你_____，请你以后不要再提这件事好不好？

3 那个路口发生了交通事故，不到10分钟，人和车都挤成_____了。

4 听说商店着火了，他_____穿大衣就跑了出去。

5 我这两天很忙，也_____辅导孩子学习了。

 第5节 看起来、好说、据悉、要命、老实说

1. 잰말놀이

biǎo shì cāi xiǎng　kàn qǐ lái
表示猜想 - 看起来　　　추측하는 것을 나타내는 것은 - 보아하니

méi yǒu wèn tí　hǎo shuō
没有问题 - 好说　　　　문제가 없는 것은 - 걱정할 필요 없다

tīng bié rén shuō　jù xī
听别人说 - 据悉　　　　다른 사람이 말하는 것을 들은 것은 - 듣자하니

qíng kuàng yán zhòng　yào mìng
情况严重 - 要命　　　　상황이 심각한 것은 - 죽을 지경이다

biǎo shì chéng shí　lǎo shí shuō
表示诚实 - 老实说　　　진실됨을 나타내는 것은 - 솔직히 말하면

2. 본문

A: 据悉，读研究生学位要全面收费了，真要命！
듣자하니 대학원 학위과정은 전부 돈을 다 받는대, 정말 죽을 맛이군!

B: 怎么，这跟你有关系吗？
왜, 그게 너랑 상관 있어?

A: 是啊，我本来准备报考研究生呢，这一收费，看起来，我是上不成了。
응, 원래 나 대학원 시험에 응시하려 했는데, 이렇게 학비를 받으니 보아하니 난 못 다닐거 같애.

B: 别担心，学费的事儿好说，我可以帮助你。
걱정하지 마, 학비 일은 문제 없어, 내가 널 도와줄 수 있어.

A: 谢谢你。但老实说，我家里的人也不太同意我考研。我还要好好想想再决定。
고마워. 그런데 솔직히 말하면 우리 가족들은 내가 대학원 시험을 보는 것에 그다지 동의하지도 않아. 더 잘 생각해보고 다시 결정해야겠어.

3. 본문 해석

① 好说 hǎoshuō 쉽게 상의할 수 있다, 걱정할 필요 없다

◆ 함의

어떤 일이 쉽게 해결되어 문제와 번거로움이 없는 것을 나타낸다.

◆ 어구배합

[명사구/동사구+~]

工资~	월급은 걱정할 필요 없다
房子~	집은 걱정할 필요 없다
工作~	일은 걱정할 필요 없다
房租~	집세는 걱정할 필요 없다
我们俩~	우리 둘은 걱정할 필요 없다
家里~	집에는 쉽게 상의할 수 있다
养家~	가족을 부양하는 것은 걱정할 필요 없다
开公司~	회사를 차리는 것은 걱정할 필요 없다
转学~	전학하는 것은 걱정할 필요 없다

◆ 예문

- 甲: 我想知道房租是多少。

  乙: 你先搬过来住吧, 房租好说。

  갑: 방세가 얼마인지 알고 싶습니다.

  을: 우선 이사들어와 사세요, 방세는 걱정말고요.

- 甲: 您一个人在家, 吃饭怎么办呢?

  乙: 吃饭好说, 我去单位食堂就行了。

  갑: 당신은 혼자 집에 계시는데 식사는 어떻게 하시나요?

  을: 밥 먹는 것은 걱정할 필요가 없어요, 회사 식당에 가면 되거든요.

② 据悉 jùxī 아는 바로는, 아는 바에 의하면 ~라고한다

◆ 함의

우리가 아는 상황에 근거하여; 듣자하니

◆ 용법

서면어이며, 신문과 뉴스에서 자주 사용된다.

◆ 예문

- 据悉，有超过半数的投资者对这里的投资环境表示满意。
  아는 바로는, 절반이 넘는 투자자가 이곳의 투자 환경에 대해 만족감을 드러냈다.

- 据悉，原定于今晚八点举行的新闻发布会因故取消。
  알려진 바에 의하면, 원래 오늘 저녁 8시에 거행되기로 정해졌던 기자 회견이 사정상 취소되었다고 한다.

- 据悉，人民币近期不会升值。
  아는 바로는, 인민폐가 가까운 시일 내 평가절상 되지 않을 것이다.

③ 要命 yàomìng 죽을 지경이다, 귀찮아 죽겠다; 엄청, 아주, 몹시

◆ 함의

단독으로 사용되거나 서술어로 쓰여 상황이 매우 좋지 않아서 고민되고 불만족스러움을 나타낸다; 보어로 쓰여 정도가 매우 강함을 나타낸다.

◆ 어구배합

[동사/형용사+得~]

累得~	엄청 피곤하다
疼得~	몹시 아프다
麻烦得~	아주 귀찮다
脏得~	엄청 더럽다
苦得~	아주 쓰다

◆ 예문

- 又是开会，要命！
  또 회의라니, 죽겠구만!

- 哎呀，又停电了，真要命！
  아이고, 또 정전되었네, 정말 죽을 지경이다

- 这衣服脏得要命，你怎么还不洗洗呀？
  이 옷은 몹시 더러운데 넌 왜 아직도 좀 안 빠는거야?

④ 看起来 kànqǐlái 보아하니, 보기에 ~하다

◆ 함의

① 어떤 상황에 대한 추측을 말하며, '看来'라고도 말할 수 있다.
② 무언가를 볼 때, 단지 겉모습만으로 판단하는 것을 말한다.

◆ 예문

- 这台复印机坏了，看起来，我们还得另想办法。
  이 복사기는 고장났다. 보아하니 우리는 또 다른 방법을 생각해내야 할 것 같다.

- 这么闷热，看起来，这天还得下雨。
  이렇게 후덥지근한 걸 보아하니 이 날씨가 아무래도 비가 올 것 같다.

- 他看起来很健康，其实他每天都要吃药。
  그는 보기에는 매우 건강해 보이지만 사실 매일 약을 먹어야 한다.

⑤ 老实说 lǎoshíshuō 솔직히 말하면, 사실대로 말하면

◆ 함의

마음 속의 말을 하거나 사실대로 말하는 것을 나타낸다.

◆ 예문

- 老实说，我也觉得他那个房间有点儿奇怪。
  솔직히 말하면, 내 생각에도 그의 그 방이 좀 이상하다.

- 老王不来正好，老实说，我还真怕他来参加我们的婚礼。
  라오왕이 안 오면 딱 좋다. 솔직히 말해서 난 그가 우리 결혼식에 올까봐 정말 걱정된다.

- 我以后来这里的机会不多了，老实说，永远不来了。
  내가 앞으로 이곳에 올 기회는 많지 않아, 솔직히 말하면, 영원히 오지 않을 것이다.

4. 응용

★ 빈칸에 알맞은 단어 선택하기

A. 看起来　　　B. 好说　　　C. 据悉　　　D. 要命　　　E. 老实说

1 老丁住院了，病得很厉害，_____至少得住个十天半月的。

2 她妈妈不同意她跟王海结婚，_____，我也觉得他们俩不太合适。

3 只要你答应陪我去，别的什么问题都_____。

4 她妹妹跟网友见面的时候被人拐卖了，你说_____不_____？

5 这辆车_____还不错，其实质量很差。

6 _____，中国政府决定对受灾国家无偿援助2亿美元。

연습 4

■ 밑줄 친 부분이 나타내는 뜻을 바르게 나타낸 것을 고르시오.

1. 小广场上停着很多出租汽车，司机们都聚在一起侃大山，没人招呼我。
   A.随便聊天   B.做游戏
   C.吵架   D.劳动

2. 你别理老张，他就喜欢放马后炮。
   A.事后发表见解   B.在背后偷偷议论
   C.说别人的坏话   D.下象棋

3. 他们都是做大事的人，我就跟着跑个龙套，我算老几呀。
   A.跑得很快   B.表演节目
   C.做不重要的事情   D.跟在龙的后边

4. 毛县长笑着说："金书记，这次开会您主讲，我敲边鼓！"
   A.在旁边敲鼓   B.在旁边小声说话
   C.在旁边帮忙   D.在旁边鼓掌

5. 如果一个人干什么都随大流，那么他注定不会有大的成就。
   A.大家做什么自己也做什么 B.顺着河流走路
   C.向别人请教   D.按普通的方式做事

6. 现在搞点改革真是难哪，谁打破铁饭碗，谁就得罪人！
   A.用铁做的饭碗   B.不会失业的工作
   C.工资很高的工作   D.一直从事的事业

7. 其实她过去帮你做过很多事情，现在就因为说错一句话，她为你所做的一切都一风吹了，她会怎么想？
   A.完全消失了，不存在了   B.刮了一阵风
   C.像吹风一样是假的   D.一种机器

8. 这个消息一登出去，马上引起了热烈的反响，社会新闻部办公室内忙成了一锅粥。
   A.形容场面很混乱　　　　　　　B.形容不干净
   C.大家都抢着吃饭　　　　　　　D.大家都忙着做饭

9. 村长的人选早就确定了，这一次选举只是走个过场。
   A.在会场走一圈　　　　　　　　B.做一下样子
   C.经过一个程序　　　　　　　　D.经过一个场所

10. 妙云做什么事都喜欢自作主张，一点儿也不考虑后果。我真为她担心呀，万一让坏人钻了空子——唉！
    A.利用、占便宜　　　　　　　　B.占用时间
    C.从空白地方经过　　　　　　　D.钻进房间

11. 他下飞机以后，听说你病得很厉害，他顾不得回家就赶到医院来了。
    A.没能考虑　　　　　　　　　　B.不顾
    C.不关心　　　　　　　　　　　D.不能照顾

12. 他是个不懂事的孩子，你犯不上跟他生气。
    A.不应该　　　　　　　　　　　B.不值得
    C.不能够　　　　　　　　　　　D.不能跟在后边

13. 甲：谁不知道你是我们系的大美人儿啊。
    乙：去你的，胡说什么呀。
    A.你走吧　　　　　　　　　　　B.表示责备
    C.表示担心　　　　　　　　　　D.你的话不重要

14. 他把我的书弄丢了，连一声对不起也不说，真是的！
    A.真的是这样　　　　　　　　　B.真不对
    C.表示责怪　　　　　　　　　　D.表示失望

15 只要你们产品的质量好，价格好说。
A.可以说出来　　　　　　　　B.可以肯定
C.容易商量　　　　　　　　　D.可以随便

16 据悉，人民币汇率在近期不会做出较大调整。
A.听说　　　　　　　　　　　B.根据熟悉的人说
C.大家知道　　　　　　　　　D.有证据

17 那孩子真要命，居然拿着他爸爸的手枪跟小朋友玩。
A.情况可怕　　　　　　　　　B.保护生命
C.要死了　　　　　　　　　　D.打死别人

18 你把那个难题给解决了？ 真是好样的。
A.好办法　　　　　　　　　　B.有本事
C.好看　　　　　　　　　　　D.好榜样

19 李丽今天又说又笑的，看起来，是跟老公又和好了。
A.站起来看看　　　　　　　　B.看的时候
C.表示猜测　　　　　　　　　D.表示高兴

20 现在是比过去挣得多了，可是每天从早忙到晚，老实说，我还真怀念过去的清闲日子。
A.说心里话　　　　　　　　　B.很老实
C.有人说　　　　　　　　　　D.老想说

21 我早就告诉你别提这件事了，看你又来了！
A.又回来了　　　　　　　　　B.又提那件事
C.又说话　　　　　　　　　　D.又告诉

단원 연습 1

1 빈칸을 채우시오.

1. 山本喜欢开___车，白天没有精神，上课的时候常常___笑话。

2. 多听别人的意见可以少走弯___，别老是什么也不___乎。

3. 你可是越___越不象话了，怎么能当众出老师的___相。

4. 虽然我和李部长是好朋友，但是我不能替你跟他___这个招呼，因为他从来不容忍走___门的事。

5. 我好___易才把房间打扫干净，你看你一会儿就给我弄得乱七八糟。

6. 那件事你可要认真对待，出了问题可不是闹着___儿的。

7. 谦虚的人能少走___路，骄傲的人迟早要___钉子。

8. 我的女朋友非得让我考取博士研究生才肯跟我结婚，这可是给我___了一个难题，真让我___脑筋。

9. 大家以为这一回他该认输了，哪___道他还真有___下子，居然把世界拳王都打败了。

10. 我们是老朋友了，用不___客气，你要是老这么客气，我可不___当。

11. 我看你呀，越来越害羞了，有什么不___意思的，你就实事求是地对医生说吧。

12. 平时，老刘就对侃大___感___趣，没什么真本事，你还指望他爆冷___，不是我给你泼冷水，肯定没戏。

13. 这些天单位领导又说要改革，要打破铁___碗，我看又是___过场，你犯___着发愁。

14. 我批评小李的时候，你少敲___鼓，她那么爱___子的一个人，肯定会受不了的。

2 빈칸에 들어갈 말을 보기에서 고르시오.

1. 得快点儿找，不快点儿找的话，碰上坏人，把孩子给卖了，咱们还对得___哥哥和嫂子吗？
   A. 上　　　　　　B. 起　　　　　　C. 过　　　　　　D. 了

2. 本来，强子家里有房子，他父母也乐意让我们过去住，但是这样___，要么我这套房子空着，要么夫妻各居一处，两种选择都不大妥当。
   A. 来说　　　　　B. 那样　　　　　C. 一来　　　　　D. 情况

3. 老孙怀疑这话是老张告诉了老处长，两个人谈话，别人怎么会传出去？但这事又不好调查，只是从心里觉得老张这人不___样，出卖同志。
   A. 那么　　　　　B. 这　　　　　　C. 好　　　　　　D. 怎么

4. 我就是一个跑___套的，您有事儿别找我，去跟我们经理说吧。
   A. 虎　　　　　　B. 狼　　　　　　C. 龙　　　　　　D. 狗

5. 你别老是说领导的不是，小心他给你穿___鞋。
   A. 小　　　　　　B. 大　　　　　　C. 皮　　　　　　D. 破

3 문제를 읽고 답을 고르시오.

1. 男：咱们先别吵，等孩子把姥姥叫来了再说吧。
   女：姥姥来不来还不一定呢。
   问：女的是什么意思？
   A. 不知道姥姥来不来　　　　B. 姥姥可能不来
   C. 姥姥一定不来　　　　　　D. 姥姥会来

2. 女：你休息一会儿吧，别累着。
   男：我累点儿不要紧，怎么着也得在天黑以前把它弄好。
   问：男的现在怎么样？
   A. 不觉得累　　　　　　　　B. 累死了
   C. 有点儿累　　　　　　　　D. 一点儿也不累

3. 女：张明撞车的事儿弄清楚了吗？
   男：弄清了，他们不得不承认责任不在张明。
   问："他们"对撞车的事儿是什么看法？
   A.不承认张明有责任　　　　　B.只好承认张明有责任
   C.不承认张明没责任　　　　　D.只好承认张明没责任

4. 男：小刘，你的车我修好了，可以开了。
   女：你真有两下子啊，谢谢了。
   问：女的觉得男的怎么样？
   A.很有本事　　　　　　　　　B.修了两次
   C.很辛苦　　　　　　　　　　D.很善良

5. 女：听说了吗，张扬又离婚了。
   男：怎么回事儿啊，这离婚可不是闹着玩的。
   问：男的认为离婚怎么样？
   A.是小事儿　　　　　　　　　B.是大事儿
   C.可以玩儿　　　　　　　　　D.不可以吵闹

6. 男：小李，假期过得怎么样？
   女：唉，别提了。
   问：女的是什么意思？
   A.很累　　　　　　　　　　　B.过得不太好
   C.过得不错　　　　　　　　　D.想谈论别的

7. 女：你想让孩子报考哪所大学？
   男：只要他喜欢就行，我无所谓了。
   问：男的是什么意思？
   A.不知道　　　　　　　　　　B.没有决定
   C.没有关系　　　　　　　　　D.没说什么

8. 男：我早就知道他们俩过不到一块儿，怎么样，离婚了吧？
   女：这马后炮放的。
   问：女的是什么态度？

A.肯定　　　　　　　　　　　B.否定
C.怀疑　　　　　　　　　　　D.同意

9. 男：想发财啊，那你就嫁个富翁吧。
   女：去你的。
   问：女的是什么意思？
   A.很生气　　　　　　　　　　B.不太高兴
   C.很高兴　　　　　　　　　　D.很不相信

10. 女：你爱人真能干，把家里收拾得这么干净。
    男：要不怎么说是半边天呢？
    问：男的认为他爱人怎么样？
    A.有一点儿能力　　B.有一半能力　　C.很重要　　　　D.不重要

제2단원

성어(成语)

제1절　聚精会神、实事求是、无可奈何、千方百计
제2절　成千上万、无论如何、粗心大意、兴高采烈
제3절　画蛇添足、一路顺风、总而言之、万古长青
제4절　自相矛盾、自始至终、一技之长、一言一行
제5절　接二连三、朝三暮四、七嘴八舌、三番五次
练习五

 # 聚精会神、实事求是、无可奈何、千方百计

1. 잰말놀이

tè bié zhuān xīn　　jù jīng huì shén
特别专心 - 聚精会神　　　　매우 집중 – 정신을 한 곳에 집중하다

fú hé shí jì　　shí shì qiú shì
符合实际 - 实事求是　　　　실제에 부합 – 실사구시

méi yǒu bàn fǎ　　wú kě nài hé
没有办法 - 无可奈何　　　　방법이 없다 – 어찌해 볼 도리가 없다

xiǎng jìn bàn fǎ　　qiān fāng bǎi jì
想尽办法 - 千方百计　　　　생각할 수 있는 방법은 다 하다 – 갖은 방법을 다 쓰다

2. 본문

晚上11点了，丈夫还在聚精会神地看书。妻子打扮得漂漂亮亮的，千方百计想引起他的注意，又是给他倒茶水，又是给他捶背，他还是没有明白妻子的意思。最后妻子无可奈何地先去睡觉了。实事求是地说，妻子感到很失望。
밤11시가 되었는데도 남편은 아직도 열중해서 책을 보고 있었다. 아내는 예쁘게 꾸미고 갖은 방법을 동원하여 그의 주의를 끌어보려고, 차도 따라주고 등도 두드려 주었지만 그는 여전히 아내의 뜻을 알아차리지 못했다. 결국 아내는 더 어찌하지 못하고 먼저 자러 갔다. 사실대로 말하자면 아내는 매우 실망했다.

3. 본문 해석

① 聚精会神　jùjīnghuìshén　정신을 집중하다, 전념하다, 열중하다

◆ 함의

일을 할 때 매우 전념하고, 주의력을 집중하는 것을 말한다.

◆ 어구배합

[～地+동사]

～地看　　집중해서 보다
～地听　　전념해서 듣다
～地写　　열중해서 쓰다

◆ 예문

- 马林把报纸翻过一面，仰着脖子聚精会神地看，目不斜视。
  마린은 신문 한 면을 펼치더니 목을 뺀 채 열중해서 보면서 곁눈질 조차 하지 않는다.
- 我走进院子，见她正坐在一个小板凳上，腿上放着一个小小的笔记本，聚精会神地思考着什么。
  내가 뜰로 들어서자, 그녀가 등받이 없는 나무 의자에 앉아 다리에 작은 노트 하나를 올려놓은 채, 골똘히 무엇인가를 생각하고 있는 모습이 보였다.
- 袁大人吃饭聚精会神，旁若无人。
  위엔 어르신은 식사 할 때 마치 옆에 아무도 없는 것처럼 온정신을 쏟으신다.

② 实事求是　shíshìqiúshì　실사구시, 사실을 토대로 진리를 탐구하다

◆ 함의

말을 하거나 일을 처리할 때 실제 상황에 근거하고, 사실에 벗어나지 않음을 나타낸다.

◆ 예문

- 王先生从来都实事求是，所以我们都很信任他。
  왕선생은 지금까지 늘 실사구시하기 때문에 우리는 모두 그를 신임한다.

- 我们定计划一定要实事求是，否则，最后吃亏的是我们自己。
  우리는 계획을 정할 때 반드시 실사구시 해야한다. 그렇지 않으면 마지막에 손해 보는 것은 우리 자신이 된다.

- 实事求是地说，小李的工作能力比你强。
  사실에 근거해서 말하면, 샤오리의 업무 능력은 너보다 뛰어나다.

③ **无可奈何** wúkěnàihé 어찌 해볼 도리가 없다, 방법이 없다

◆ 함의

어떤 사람, 어떤 일에 대해 도리가 없거나 좋은 방법이 없어서 어떻게 행동해야 할지 모르다.

◆ 어구배합

[对~]

对他~	그에게 어찌 해볼 도리가 없다
对这种状况~	이런 상황에 대해 어찌 해 볼 도리가 없다
对大家的抱怨~	여러분의 원망에 대해 어찌해 볼 도리가 없다

[~地 +동사]

~地摇了摇头	어찌할 수 없이 고개를 흔들다
~地叹气	어찌할 수 없이 한숨짓다
~地离开了天津	어찌할 수 없이 톈진을 떠났다

◆ 예문

- 看着东西被坏人抢走，他心里很痛苦，但又无可奈何。
  물건을 나쁜 사람들이 뺏어가는 것을 보면서 그는 마음 속으로 괴로웠지만 어찌해 볼 도리가 없었다.

- 本来他不愿意收这个学生，但各方面都给他施加压力，最后他无可奈何地答应了。
  원래 그는 이 학생을 받고 싶지 않았지만 여러 곳에서 그에게 압력을 가하여 결국 어쩔 수 없이 허락하고 말았다.

- 这个孩子特别调皮，父母对他也无可奈何。
  이 아이는 장난이 아주 짓궂어서 부모도 그에게 어찌해 볼 도리가 없다.

④ 千方百计 qiānfāngbǎijì 갖은 방법을 다 써보다

◆ **함의**

가지각색의 방법을 써서 어떤 일을 하다.

◆ **어구배합**

[～（地)+동사구]

～地打听　　　　　　백방으로 수소문하다

～找你　　　　　　　갖은 방법을 다 써서 너를 찾다

～出国留学　　　　　갖은 방법을 다 써서 외국에서 유학하다

～地买到两张票　　　갖은 방법을 다 써서 표 두 장을 사다

◆ **예문**

- 他千方百计要辞掉现在的工作，就是因为他不愿意跟女老板在感情上发展得太深

  그가 갖은 방법을 다 써서 지금의 일을 그만두려는 것은 여사장과 감정적으로 더 깊이 발전하고 싶지 않아서이다.

- 凡她没弄清楚的事情，就要千方百计地打听到；她这种习惯常常使别人觉得奇怪。

  그녀는 확실히 처리되지 않은 일에 대해서는 갖은 방법을 다 써서 알아보려고 한다. 그녀의 이런 습관은 종종 다른 사람이 그녀를 이상하게 생각하도록 하곤 한다.

- 我千方百计挽留她，到最后她还是走了。

  나는 백방으로 그녀를 붙잡았지만 그럼에도 불구하고 결국 그녀는 떠나버렸다.

4. 응용

★ 빈칸에 알맞은 단어 선택하기

A. 聚精会神　　B. 实事求是　　C. 无可奈何　　D. 千方百计

1 他们_____劝我同意跟小李结婚，可是没有感情怎么结婚嘛。

2 他_____地叹了一口气说："我也没办法了。"

3 那个孩子真不错，不管做什么都能_____。

4 希望你_____，知道什么就说什么，不要害怕。

5 我_____给你创造良好的学习条件，你怎么就不知道珍惜呢？

제2절 成千上万、无论如何、粗心大意、兴高采烈

1. 잰말놀이

hěn duō hěn duō　　chéng qiān shàng wàn
很多很多 - 成千上万　　아주 아주 많다 – 수 천 수 만

bù guǎn zén yàng　　wú lùn rú hé
不管怎样 - 无论如何　　어떠하든 간에 – 어떻게 해서든지

hěn bù xiǎo xīn　　cū xīn dà yì
很不小心 - 粗心大意　　아주 조심하지 않다 – 덜렁대다

tè bié gāo xìng　　xìng gāo cǎi liè
特别高兴 - 兴高采烈　　유달리 기뻐하다 – 신바람 나다

2. 본문

A: 昨天晚上的灯火晚会你看了吗？广场上成千上万的人一起联欢，大家都兴高采烈地跳舞唱歌，真是太热闹了。
너 어젯밤 불꽃놀이 봤어? 광장에 수천 수만의 사람들이 함께 모여 즐겼어. 다들 매우 흥겹게 춤추고 노래하고, 정말 떠들썩했다니까.

B: 是吗？可惜我没有去看。
그래? 아깝게도 난 못 가봤어.

A: 没事儿，当时的录像后天还要在电视上播出，你还有机会看。
괜찮아, 당시 녹화 영상이 모레면 TV에서 방영한다고 하니, 넌 볼 수 있는 기회가 아직 있어.

B: 那，后天你无论如何要提醒我啊，我这人粗心大意，怕记不住。
그럼 모레 네가 무슨 일이 있어도 나한테 알려줘, 난 덜렁대는 사람이라 기억하지 못할까 걱정돼.

A: 放心吧，到时候我提醒你。
안심해, 그때 되면 내가 너한테 알려줄게.

3. 본문 해석

① 成千上万 chéngqiānshàngwàn 수 천 수 만의, 수많은, 대단히 많은

◆ 함의

수량이 대단히 많음을 나타낸다.

◆ 예문

- 报名的人成千上万，而最后能被录用的只是少数。
  지원한 사람은 수천 수만이었지만 마지막에 채용된 사람은 단지 소수에 불과했다.

- 高速公路上出了事故，很快成千上万辆汽车都被阻塞在路上。
  고속도로에 사고가 나서 금방 수 천 수 만 대의 차들이 도로 위에서 막히게 되었다.

- 那时候政府一声令下，成千上万的青年学生就都离开城市到农村去了。
  그 때 정부의 한 마디 명령 아래 수 천 수 만 명의 청년 학생들이 모두 도시를 떠나 농촌으로 갔다.

② 无论如何 wúlùnrúhé 무슨 일이 있어도, 어찌 되었든 간에, 어쨌든

◆ 함의

어떠하다 해도, 어떠한 다른 여건의 영향을 받든지 어떤 한 결과나 결론은 변하지 않음을 나타내어서, 어떤 사실이나 결론을 강조하는데 쓰인다.

◆ 예문

- 无论如何，你要等到天亮再走。
  무슨 일이 있어도 넌 날이 밝기를 기다렸다가 가라.

- 看在我的面子上，无论如何再给他最后一次机会吧！
  내 체면을 봐서라도 어쨌든 그에게 마지막으로 기회를 한 번 더 주자!

- 今生无论如何，我会尽自己最大的努力，将自己做到最好。
  현세에서 어떻게 해서든지 내 스스로 최대한의 노력을 기울여 자신을 가장 최고로 만들어야 한다.

③ 粗心大意　cūxīndàyì　세심하지 못하다, 부주의하다, 경솔하다, 덜렁대다

◆ 함의

건성건성 세심하지 못하게 일하는 것을 말한다.

◆ 예문

- 复杂的任务不能交给粗心大意的人去完成。
  복잡한 임무는 덜렁대는 사람에게 완성하게 해서는 안 된다.

- 你也太粗心大意了，这么明显的问题你都没有看出来。
  너도 참 세심하지 못하구나, 이렇게 확연한 문제도 발견하지 못하다니.

- 也怪我粗心大意，怎么就没想到王玲就是学绘画出身的呢？
  또한 내가 부주의한 탓이지. 왕링이 회화전공 출신이라는 것을 어째서 생각하지 못했을까?

④ 兴高采烈　xìnggāocǎiliè　매우 기쁘다, 신바람 나다, 매우 흥겹다

◆ 함의

사람의 행동에서 나타나는 유달리 기뻐하는 모습을 형용한다.

◆ 어구배합

[～地＋动]

～地说　　　신이 나서 말하다
～地跳舞　　흥겹게 춤추다
～地跑过来　신나게 달려오다

◆ 예문

- "我评上'优秀服务员'了！"她兴高采烈地对我说。
  "내가 '우수 직원'으로 평가되었어!" 그녀는 매우 들떠서 나에게 말했다.

- 看你那兴高采烈的样子，一定有什么好事吧。
  네가 신바람나 하는 모습을 보니 틀림없이 무슨 좋은 일이 있구나.

- 第二天早晨，我们背上行李唱着歌兴高采烈地出发了。
  이튿날 아침, 우리는 짐을 메고 노래를 부르며 매우 흥겹게 출발했다.

4. 응용

★ 빈칸에 알맞은 단어 선택하기

A. 成千上万　　　B. 无论如何　　　C. 粗心大意　　　D. 兴高采烈

1 你把那么重要的事情交给小丁去办，你放心吗？他可是个_____的人。

2 看你_____的样子，准是有什么好事儿了吧？

3 我最近搬家了，新房子，你_____要来我的新家看看啊。

4 你呀，_____的人都买彩票，中奖哪有那么容易啊。

5 今天的事儿就不说了，不过以后你可不能再_____了。

 画蛇添足、一路顺风、总而言之、万古长青

1. 잰말놀이

méi yǒu bì yào　　huà shé tiān zú
没有必要 - **画蛇添足**　　그럴 필요 없다 – 쓸데없는 짓을 하다

shùn lì píng ān　　yí lù shùn fēng
顺利平安 - **一路顺风**　　순조롭고 평안하다 – 가는 길 내내 순조롭다

biǎo shì zǒng jié　　zǒng ér yán zhī
表示总结 - **总而言之**　　총결을 나타내다 – 요컨대

yǒng yuǎn cún zài　　wàn gǔ cháng qīng
永远存在 - **万古长青**　　영원히 존재하다 – 오래도록 변치 않다

2. 본문

> A: 喂，玛丽，你好吗？虽然昨天晚上我们已经告别过了，可我现在还想再跟你说一声再见。这不会是画蛇添足吧？
> 여보세요, 마리, 괜찮아? 비록 어젯밤에 우리가 이미 작별인사를 했지만, 난 지금 너에게 안녕이라고 다시 한 번 더 말하고 싶어. 쓸데없는 짓은 아니지?
>
> B: 大卫，你别想得太多。
> 데이빗, 너무 많은 것 생각하지마.
>
> A: 飞机马上要起飞了，我的心情很复杂，总而言之，我忘不了你对我的感情，愿我们的友谊万古长青。
> 비행기 이제 곧 이륙하려고 해서, 내 마음이 너무 복잡해. 결론적으로 말하자면 나에 대한 너의 감정을 잊지 못할 거야. 우리의 우정이 영원토록 변하지 않았으면 좋겠어.
>
> B: 我也不会忘记你的，祝你一路顺风。多保重吧。
> 나도 널 잊지 못할거야. 가는 길 순조롭길 바래. 건강 조심하고.
>
> A: 谢谢，我会想你的。
> 고마워, 네가 그리울거야.

3. 본문 해석

① 画蛇添足   huàshétiānzú   뱀을 그리는데 다리를 그려 넣다, 쓸데없는 짓을 하다, 재주를 피우려다 일을 망치다, 사족을 가하다

◆ 함의

(어떤 일을 마친 후에 다른 것을 하다) 어떤 동작행위가 쓸데없고 불필요함을 형용한다.

◆ 예문

- 你告诉她我不在家就可以了，何必画蛇添足，又告诉她我来上海了！
  넌 그녀에게 내가 집에 없다고만 알려주면 될 일을 구태여 쓸데없이 내가 상하이에 왔다는 것까지 알려줬구나!

- 这个房间本来布置得很美，你再挂上这么一幅画儿，真是画蛇添足。
  이 방은 본래 아름답게 꾸며져 있었는데, 네가 이 그림을 더 거는 바람에 정말 사족을 더한 게 되어버렸어.

- 什么事都要恰到好处，你别画蛇添足。
  무슨 일이든 꼭 알맞게 해야지 사족을 더하는 것처럼 하지 말아야 한다.

② 一路顺风   yílùshùnfēng   가는 길 내내 순조롭다, 하는 일 모두 순조롭다

◆ 함의

모든 여정 내내 순조롭고 평안하다.

◆ 용법

송별할 때 자주 쓰이는 축원의 말이다.

◆ 예문

- 祝你一路顺风！
  가는 길 내내 순조롭길 바래!

- 一路顺风啊！
  가는 길 내내 순조롭기를!

- 好，那就祝他一路顺风吧。
  좋아, 그럼 그가 하는 일이 모두 순조롭길 빌어주자!

③ 总而言之 zǒngéryánzhī 결론적으로 말하자면, 요컨대, 총괄적으로 말하면

◆ 함의

대체로, 완전히, 전면적으로.

◆ 용법

단독으로 쓰여서 앞에서 한 말을 매듭짓고 뒤에 간결하고 짧은 결론을 도출한다.

◆ 예문

- 民间各种各样的说法很多，总而言之，说坐月子就是要在床上睡三十天到四十五天。
  민간에 여러 견해들이 많지만, 요컨대 산후조리를 한다라고 할 때 산후조리라는 것은 결국 침대에 30~45일 정도 누워 있어야 하는 것을 말한다.

- 事后，张大民向邻居解释，他说的是气话。他明白厕所是干什么用的，总而言之不是睡觉用的。
  사건이 끝나고 나서, 짱따민은 이웃에게 그가 한 말은 화가 나서 한 말이었다고 해명했다. 그는 화장실이 뭐 하는 데 쓰이는 곳인지 정확히 알았는데, 어쨌건 잠자기 위한 곳은 아닌 것이다.

- 总而言之，没有正式学历的，我们暂时不考虑录用。
  요컨대, 정식 학력이 없는 사람들에 대해 우리는 일단 채용을 고려하지 않고자 한다.

④ 万古长青 wàngǔchángqīng 영원토록 변하지 않다

◆ 함의

영원히 생명력이 있고, 영원히 쇠락하지 않음을 형용한다.

◆ 용법

아름다운 축원의 말을 할 때 많이 사용된다.

◆ 예문

· 我们的友谊万古长青！
  우리 우정 영원히 변치 말자!

· 世界和平事业万古长青。
  세계 평화 사업이 영원히 계속 되기를.

4. 응용

★ 빈칸에 알맞은 단어 선택하기

A. 画蛇添足   B. 一路顺风   C. 总而言之   D. 万古长青

1 人家已经把问题解决的很好了，你就别_____了吧。

2 我已经说了很多了，_____我赞成你的决定。

3 快上车吧，祝你_____啊！

4 愿我们的爱情之树_____。

5 _____你不应该这样做。

 自相矛盾、自始至终、一技之长、一言一行

1. 잰말놀이

qián hòu bù fú　　zì xiāng máo dùn
前后不符 - 自相矛盾　　　앞뒤가 맞지 않다 – 서로 모순된다

yì zhí bú biàn　　zì shǐ zhì zhōng
一直不变 - 自始至终　　　줄곧 변하지 않다 – 시종일관

jì shù jì néng　　yí jì zhī cháng
技术技能 - 一技之长　　　기량과 능력 – 자기만의 뛰어난 솜씨

měi gè yán xíng　　yì yán yì xíng
每个言行 - 一言一行　　　모든 말과 행동 – 말 한마디 행동 하나하나

2. 본문

昨天开座谈会的时候，小伟的爸爸一会儿说学技术的人没出息，一会儿又说学习一技之长很重要，这不是自相矛盾吗？小伟自始至终也没听明白爸爸到底是什么意思。家长的一言一行都会影响到孩子的成长，所以，父母在孩子面前说话、做事一定要注意影响。

어제 좌담회에서 샤오웨이의 아빠는 금방 기술을 배우는 사람은 장래성이 없다고 했다가, 또 금방 한 가지 자기만의 뛰어난 기술을 배우는 것은 중요하다고 했는데, 이건 서로 모순되는 것 아닌가? 샤오웨이는 시종일관 아빠 말씀이 도대체 무슨 의미인지 이해하지 못했다. 학부모의 말 한 마디 행동 하나가 모두 아이들의 성장에 영향을 줄 수 있기 때문에 부모는 아이 앞에서 말을 하거나 일을 할 때 반드시 그 영향에 대해 주의를 기울여야만 한다.

3. 본문 해석

① 自相矛盾 zìxiāngmáodùn 서로 모순, 자가당착, 자체모순

◆ 함의

한 사람이 말을 할 때 앞뒤가 일치하지 않거나 말한 것과 행한 것이 달라서 자체가 서로 모순이 되는 것을 말한다.

◆ 어구배합

[～的 +명사]

～的说法   모순된 견해
～的做法   모순된 방법
～的理论   모순된 이론

◆ 예문

- "我一分钱都不会给你, 但我愿把所有的一切都交给你。"他说。我怎么想都感到他自相矛盾。"
  "난 한 푼의 돈도 너에게 주지 않을 것이지만 난 모든 것을 너에게 주기를 원해."라고 그가 말했다. 난 어떻게 생각해도 그가 모순된다고 느꼈다.

- 我们天天都在教学生要助人为乐, 公而忘私。怎么临到头了, 反而提倡见死不救？这不是太自相矛盾了？
  우리는 매일 학생들에게 남을 돕는 것을 기쁘게 생각하고 공적인 이익을 위해 사적인 이익을 버리라고 가르쳤다. 그런데 어떻게 결정적인 순간이 닥치자 도리어 죽어가는 것을 보고도 구하지 말라고 제창할 수 있는가? 이건 너무 자가당착이 아닌가?

- 你的话自相矛盾, 你让我怎么相信你？
  너의 말은 자기모순이야. 어떻게 나보고 널 믿으라는 거니?

② 自始至终 zìshǐzhìzhōng 시종일관, 처음부터 끝까지

◆ 함의

시작부터 끝날 때까지 줄곧.

◆ 용법

이미 발생한 일을 서술할 때 많이 쓴다.

◆ 어구배합

[~+동사구]

~保持着那个姿势　　시종일관 그 자세를 유지하다

~没有说一句话　　시종일관 한 마디도 하지 않다

~不明白他要干什么　　시종일관 그가 무엇을 하려고 하는지 이해하지 못하다

◆ 예문

- 这个家伙的脸上，自始至终挂着嘲讽的微笑。
  이 녀석의 얼굴에 시종일관 비웃는 미소가 걸려있다.

- 你明知道，你若问我，我会把一切真相都告诉你，可你没问，自始至终也没问过一句。
  넌 만약 내게 묻는다면 내가 모든 진상을 네게 알려줄 것을 분명히 알고 있음에도 넌 묻지 않았지, 시종일관 한 마디도 물은 적이 없어.

- 我自始至终也不明白，他为什么要那样对待我。
  난 처음부터 끝까지 그가 왜 나를 그렇게 대했는지 이해할 수 없었다.

③ 一技之长 yíjìzhīcháng 한가지 특기, (자기만의)뛰어난 재주, 장기

◆ 함의

사람이 배워서 얻은 것으로 돈을 벌고 생계를 도모할 수 있는 기술, 능력을 가리킨다.

◆ 어구배합

[동사+~]

有~   한 가지 기술이 있다
没有~   장기가 없다
是~   뛰어난 재주이다

◆ 예문

- 孩子你虽然不能上学了，但你不能就这样浪费掉年轻的好时光，应该学个一技之长，将来会有所作为的。
  애야, 네가 비록 학교는 다닐 수 없지만 젊은 시절을 이렇게 낭비해 버리면 안 돼. 한 가지 특기를 익혀야지. 앞으로 써먹을 데가 있을 테니.

- 他的妻子下岗了，由于没有一技之长，想再找工作比较困难。
  그의 아내는 실직했는데, 자신만의 특기가 없어서 다시 일자리를 찾고 싶어도 쉽지가 않다.

- 修理手表也是一技之长嘛，我看应该去学学。
  손목시계를 고치는 것도 한 가지 기술이잖아. 내가 보기엔 배워볼만 해.

④ 一言一行 yìyányìxíng 일언일행, 말 한마디 행동 하나

◆ 함의

말 한 마디 한 마디, 동작, 행위 하나하나를 말한다.

◆ 예문

- 她觉得这个老人很像她的爷爷，不但长得像，而且一言一行都很像。
  그녀는 이 노인이 자신의 할아버지와 매우 닮았다고 생각했다. 얼굴 모습 뿐만 아니라 말 한 마디 행동 하나하나가 모두 아주 비슷했다.

- 你们已经长大了，你们要学会对自己的一言一行负责，不能老拿"不是故意的"请求别人原谅。
  너희는 이미 다 컸으니 자신의 말 한마디 행동 하나하나에 대해 책임질 줄 알아야 해. 늘 "고의가 아닙니다"라고만 하면서 다른 사람의 양해를 구해선 안 돼.

- 当外交官，在公共场合，你的一言一行都代表着国家的形象，所以应该特别小心。
  외교관으로서 공적인 자리에서 당신의 말한마디행동하나하나가 모두 국가의 이미지를 대표하니 반드시 각별히 조심해야 합니다.

4. 응용

★ 빈칸에 알맞은 단어 선택하기

A. 自相矛盾   B. 自始至终   C. 一技之长   D. 一言一行

1 当老师的在学校要注意自己的_____。

2 请你不要_____，刚才你可是表示反对来着，这会儿怎么又赞成了？

3 还是学个_____吧，别天天上网玩儿游戏。

4 他说的跟做的不一样，常常_____。

5 昨天开会，赵老师_____都没说一句话。

 接二连三、朝三暮四、七嘴八舌、三番五次

1. 잰말놀이

lián xù fā shēng　jiē èr lián sān
连续发生 - 接二连三　　연속해서 발생할 땐 – 잇따라

zhǔ yì duō biàn　zhāo sān mù sì
主意多变 - 朝三暮四　　생각이 자꾸 바뀔 땐 – 조삼모사

duō rén shuō huà　qī zuǐ bā shé
多人说话 - 七嘴八舌　　여러 사람이 말할 땐 – 왁자지껄하다

duō cì chóng fù　sān fān wǔ cì
多次重复 - 三番五次　　여러 번 중복될 땐 – 누차, 거듭

2. 본문

小马是个朝三暮四的人，一会儿想学绘画，一会儿想学唱歌，一会儿又想学外语，结果什么也没有学好，接二连三地失败了。大家七嘴八舌地议论他，说他不该朝三暮四。其实我也三番五次地劝过他，不要轻易改变兴趣，但是他就是不听。

샤오마는 변덕스러워 갈피를 잡을 수 없는 사람이다. 한동안 회화를 배우고 싶어했다가 한동안 노래 부르는 것을 배우고 싶어했다가 또 한동안은 외국어를 배우고 싶어했지만 결국 아무것도 제대로 배우지 못하고 잇따라 실패했다. 모두들 이러쿵저러쿵 떠들어대며 그가 변덕스럽지 않아야 한다고들 했다. 사실 나도 누차 그에게 가벼이 취미를 바꿔서는 안 된다고 타일렀지만 그는 기어코 말을 듣지 않는다.

3. 본문 해석

① 接二连三 jiē'èrliánsān 잇따라, 몇 번 연이어서, 연속적으로, 끊임없이

◆ 함의

어떤 상황, 행위가 연속적으로 여러 번 출현하며 간격이 매우 짧은 것을 말한다.

◆ 용법

일반적으로 그다지 좋지 않은 상황, 행위를 가리킨다.

◆ 어구배합

[~동사/동사구]

~地传来   끊임없이 전해오다
~发生   잇따라 발생하다
~丢失   연속적으로 잃어버리다

◆ 예문

- 这样在孩子那幼小的心灵里接二连三留下阴影，肯定会影响她整个身心的健康成长。
  이런 식으로 아이의 어린 마음에 잇따라 앙금이 남겨지면, 그녀의 전체 심신의 건강한 성장에 틀림없이 영향을 미칠 것이다.

- 孩子们跑到那段拐弯道时，接二连三地摔倒了。
  아이들은 그 커브 구간을 뛰어갈 때 잇달아 넘어졌다.

- 孩子死了，丈夫病了，最近她又失业了，这接二连三的打击使她对生活失去了信心。
  아이는 죽고, 남편은 병들고, 최근 그녀도 일자리까지 잃었다. 이러한 잇따른 충격은 그녀로 하여금 삶에 대한 믿음을 잃게 하였다.

② 朝三暮四 zhāosānmùsì 조삼모사, 변덕스러워 갈피를 잡을 수 없다

◆ 함의

사람의 흥미가 정해지지 않고 변화하는 것을 많이 가리키며 부정적인 의미를 지닌다.

◆ 예문

- 小林一个月换了四个男朋友，像她这样朝三暮四的女孩儿谁敢娶啊。
  샤오린은 한 달에 네 명의 남자친구를 바꿨다. 그녀 같이 변덕이 심한 여자를 누가 감히 결혼하려 하겠는가.

- 在选择工作上，他有点儿朝三暮四，所以我也不敢轻易帮忙。
  직장을 선택하는데 그는 좀 변덕스러워서 나도 감히 쉽게 도와주지를 못하겠다.

- 老刘这个人朝三暮四，干什么事都长久不了。
  라오리우 이 사람은 변덕이 심해 무슨 일을 하든지 오래가지 못한다.

③ 七嘴八舌 qīzuǐbāshé 제각기 떠들다, 의견이 분분하다

◆ 함의

많은 사람들이 분분하게 말하면서 어떤 일에 대해 논의하여 상황이 좀 어수선함을 나타낸다.

◆ 예문

- 我刚住进来不到一下午，那些妇女就七嘴八舌地向我诉苦：这里的护士态度不好，房间也不打扫，热得要命也没有空调等等。
  내가 입원해 들어온 지 한 나절 오후도 안 되어 그 아주머니들은 왁자지껄하게 나에게 이 곳의 간호사는 태도가 나쁘고 방도 깨끗하지 않고 더워 죽겠는데 에어컨도 없다는 등등의 하소연을 하였다.

- 会议还没有开始，大家已经七嘴八舌议论开了。
  회의가 아직 시작되지도 않았는데 모두들 이미 떠들썩하게 논의를 하기 시작했다.

- 林丽跟丈夫离婚了，邻居们七嘴八舌，说什么的都有。
  린리가 남편과 이혼한 것에 대해, 이웃들은 이러쿵저러쿵 떠들며 안 하는 소리가 없다.

④ 三番五次 sānfānwǔcì 누차, 여러번, 수차례

◆ 함의

어떤 행위가 반복해서 여러 번 출현하는 것을 나타낸다.

◆ 어구배합

[～동사/동사구]

～批评　　누차 지적하다
～提醒　　여러 번 일깨우다
～找　　　여러 번 찾다
～检查　　수 차례 검사하다

◆ 예문

- 警察局怀疑张君有犯罪行为，三番五次地派人到他家调查。
  경찰서에서는 장쥔이 범죄행위가 있다고 의심하여 누차 사람을 그의 집으로 보내 조사했다.

- 有的人为了得到那间新房子，三番五次找老李请求照顾。
  어떤 사람은 그 새집을 얻기 위해서 누차 라오리를 찾아가 잘 봐달라고 부탁했다.

- 我三番五次给你打电话，你都不在家，急死我了。
  나는 수차례 네게 전화했는데 네가 집에 없어서 애가 타 죽을 뻔했다.

4. 응용

★ 빈칸에 알맞은 단어 선택하기

A. 接二连三　　B. 朝三暮四　　C. 七嘴八舌　　D. 三番五次

1　像你这样_____的，哪个女孩会喜欢你呀？

2　你_____地打喷嚏，是感冒了吧？

3　今天上午小杨_____打电话找你，可能有什么急事儿。

4　一个一个说行不行？你们_____的，我听谁的？

5　他不想做的事儿，你_____催他也没用。

연습 5

■ 밑줄 친 부분이 나타내는 뜻을 바르게 나타낸 것을 고르시오.

1. 咱们说话得<u>实事求是</u>，你什么时候见我跟李大嫂一起喝酒了？
   A.根据实际情况　　　　　　B.寻找正确的
   C.真正的　　　　　　　　　D.不开玩笑

2. 石油是动植物的残骸被埋在地下，经过<u>成千上万</u>年的变化而形成的。
   A.成为一万　　　　　　　　B.变成一千
   C.一千和一万　　　　　　　D.很多很多

3. 他因为<u>粗心大意</u>把刚取出来的一万元现金给弄丢了。
   A.觉得自己了不起　　　　　B.粗心、不细心
   C.没有注意　　　　　　　　D.心里不高兴

4. 山本拿着一张报纸在<u>聚精会神</u>地看。
   A.很有精神　　　　　　　　B.精神很集中，特别专心
   C.很善于动脑筋　　　　　　D.一边看一边思考

5. 我们要<u>千方百计</u>改善城市的环境。
   A.很多人一起　　　　　　　B.用很多钱
   C.用很快的速度　　　　　　D.想各种办法

6. 各种办法都用过了，丈夫的病情却不见好转，她<u>无可奈何</u>地等待着最坏的结果到来。
   A.心里不愿意，但是却没有办法　　B.什么都不知道
   C.不明白　　　　　　　　　D.不知道有多少

7. 年轻人在客厅里<u>兴高采烈</u>地唱歌跳舞，老人在书房里独自坐着。
   A.声音很高　　　　　　　　B.动作很激烈
   C.特别不礼貌　　　　　　　D.非常高兴

8 昨天下午我们开会讨论公司的发展计划，王主任自始至终都没有说一句话。
  A.从开始到最后一直　　　　　　B.终于坚持到最后
  C.连续不断地　　　　　　　　　D.自己来到最后边

9 金全礼如实相告："您是省委书记，老找您怕影响不好，没事我不找您！"
  许年华点点头："那你今天找我什么事？"
  金全礼说："今天没什么事，就是来看看您！"
  许年华笑了，说："自相矛盾，你自相矛盾老金！我知道你今天找我什么事！"
  A.不会说话　　　　　　　　　　B.说的话没有道理
  C.说话前后明显不一致　　　　　D.说假话

10 这个结果已经很好了，你又何必画蛇添足？
  A.画很难看的画儿　　　　　　　B.做没有必要的事儿
  C.给蛇画两只脚　　　　　　　　D.追求更好的结果

11 明天的会很重要，无论如何你要准时参加。
  A.不知道该怎么办　　　　　　　B.不要谈论怎么样
  C.不管怎么样，一定　　　　　　D.不管像什么

12 总而言之，只要对孩子的发展有好处，我们就应该支持。
  A.总之　　　　　　　　　　　　B.大体上说
  C.大家都认为　　　　　　　　　D.总是说

13 愿我们两国人民的友谊之树万古长青。
  A.自古以来都是绿色的　　　　　B.永远充满生命力
  C.长得特别高大　　　　　　　　D.又古老又年青

14 祝你们一路顺风！
  A.整个旅途都顺利　　　　　　　B.在路上遇到很好的风
  C.顺着风走路　　　　　　　　　D.找到一条顺利的路

15 虽然他们生活很困难，但还是送孩子去学器乐，他们希望孩子能学会<u>一技之长</u>，可以在未来的社会中活得好一点。
　　A.优点长处　　　　　　　　　　B.一种技能
　　C.当领导　　　　　　　　　　　D.生活能力

16 在小丽的眼里，那位先生是那么有魅力，他的<u>一言一行</u>都让小丽动心。
　　A.说一句话，走一步路　　　　　B.说话和走路
　　C.每一句话，每一个动作　　　　D.说一句话做一个动作

17 小王今天肚子疼，上班的时候<u>接二连三</u>往厕所跑，老板都有点儿生气了。
　　A.第二次和第三次连在一起　　　B.两次加上三次
　　C.连续不断、多次　　　　　　　D.做事情不利索

18 你相信他会永远爱你？男人有几个不是<u>朝三暮四</u>的？
　　A.早上吃三个晚上吃四个　　　　B.早上要三个晚上要四个
　　C.一天需要很多个　　　　　　　D.很容易变化、改变

19 我本来不想去参加她的婚礼，可是禁不住她<u>三番五次</u>打电话邀请，最后我还是去了。
　　A.反复多次　　　　　　　　　　B.一共八次
　　C.很认真地　　　　　　　　　　D.一直

20 母亲的到来，很快引起了战友们的注意，他们围在母亲周围，<u>七嘴八舌</u>地问这问那的。
　　A.说很多话　　　　　　　　　　B.说很奇怪的话
　　C.说不应该说的话　　　　　　　D.很多人都说话

제1절　乱七八糟、按劳分配、暴风骤雨、半途而废
제2절　百花齐放、百家争鸣、不相上下、不正之风
제3절　层出不穷、诚心诚意、从容不迫、大公无私
제4절　大有可为、大同小异、发扬光大、川流不息
제5절　得不偿失、不由自主、发愤图强、格格不入
练习六

 乱七八糟、按劳分配、暴风骤雨、半途而废

1. 잰말놀이

fēi cháng hùn luàn　　luàn qī bā zāo
非常混乱 - 乱七八糟　　　　매우 혼란스럽다 – 엉망진창

gōng zī hé lǐ　　àn láo fēn pèi
工资合理 - 按劳分配　　　　임금이 합리적이다 – 노동에 의한 분배

fēng yǔ měng liè　　bào fēng zhòu yǔ
风雨猛烈 - 暴风骤雨　　　　비바람이 맹렬하다 – 사나운 바람과 모진 비

méi yǒu wán chéng　　bàn tú ér fèi
没有完成 - 半途而废　　　　완성되지 못하다 – 중도에 그만두다

2. 본문

本来我们实行按劳分配的制度是很好的，现在这改革来得像暴风骤雨，把原来的制度改得乱七八糟，很多人都觉得不适应，我看哪，这种改革肯定会半途而废的，不会成功。
본래 우리가 시행한 노동에 의한 분배 제도는 매우 좋은데, 지금 이 개혁은 사나운 폭풍우처럼 몰아쳐서 원래의 제도를 엉망진창으로 바꿔놓아 많은 사람들이 모두 적응되지 않는다고 여긴다. 내가 보기엔 이런 개혁은 틀림없이 중도에 그만둘 것이어서 성공할 수 없을 것이다.

3. 본문 해석

① 乱七八糟　luànqībāzāo　엉망진창, 뒤죽박죽, 아수라장

◆ 함의

혼란하고 질서와 조리가 없는 것을 나타낸다.

◆ 용법

도덕적이지 않고 영예롭지 않은 좋지 않은 일도 가리킨다.

◆ 예문

- 她的房间乱七八糟，根本不像一个女孩子住的地方。
  그녀의 방은 엉망진창으로 도무지 여자애가 사는 곳 같지가 않다.

- 孩子们把我办公室里雪白的墙壁画得乱七八糟，我能不生气？
  아이들이 내 사무실의 새하얀 벽에 엉망진창으로 그림을 그려놨으니 내가 화를 안 낼 수 있겠어?

- 他那些乱七八糟的事情，我们不说也罢。
  그의 그 형편없는 일들에 대해서는 우리가 말 안 해도 된다.

② 按劳分配　ànláofēnpèi　노동에 의한 분배

◆ 함의

노동에 따라서 임금이나 보수를 주는 것을 말한다.

◆ 예문

- 按劳分配是整个社会的基本原则。
  노동에 의한 분배는 전체 사회의 기본 원칙이다.

- 不实行按劳分配，怎么能调动大家的积极性？
  노동에 의한 분배를 실행하지 않고 어떻게 모두의 적극성을 불러일으킬 수 있겠는가?

- 你就好好干吧，我们这里是按劳分配，多劳多得。
  자네는 열심히 하기나 해, 우리 이 곳은 노동에 의해 분배하니 많이 일하면 많이 받을 걸세.

③ 暴风骤雨　bàofēngzhòuyǔ　사나운 바람과 모진 비

◆ 함의

거센 바람과 세찬 비를 말한다.

◆ 용법

갑자기 닥쳐 온 충격이나 시험을 비유하는 데 자주 쓰인다.

◆ 예문

- 这架飞机在黄海上空突然遇到了暴风骤雨，只好临时返航了。
  이 비행기는 황해 상공에서 갑자기 폭풍우를 만나 어쩔 수 없이 임시로 귀항했다.

- 暴风骤雨式的大批判，使他非常害怕，以致每天睡不着觉。
  마치 폭풍우같이 세찬 비판은 그를 매우 두렵게 만들어 매일 잠을 못 자는 지경에까지 이르게 되었다.

- 经过暴风骤雨的考验，这支年轻的队伍更坚强更成熟了。
  폭풍우의 시련을 거쳐 이 젊은 팀은 더 강해지고 더 성숙해졌다.

④ 半途而废　bàntúérfèi　일을 중도에 그만두다, 도중에 포기하다

◆ 함의

일이 겨우 절반만 진행되고 멈추어지는 것을 말한다.

◆ 예문

- 本来我们的研究进展得很顺利，后来"文化大革命"开始了，这项研究也就半途而废了。
  원래 우리들의 연구는 순조롭게 진행되고 있었는데 이후에 "문화대혁명"이 시작되면서 이 연구도 중도에 그만두게 되었다.

- 随着李书记的调走，广场的建设也半途而废了。
  리서기가 전근가게 됨에 따라 광장의 건설도 중도에 그만두고 말았다.

- 我们一定要把这本书写完出版，不能半途而废。
  우리는 반드시 이 책을 다 써서 출판해야하지 중도에 포기해서는 안된다.

4. 응용

★ 빈칸에 알맞은 단어 선택하기

A. 乱七八糟   B. 按劳分配   C. 暴风骤雨   D. 半途而废

1 你们那些_____的事儿别跟我说，我没有兴趣。

2 汉语学到这种程度不容易，你一定要坚持啊，千万别_____。

3 他是经过_____考验的，还会怕这点儿小困难？

4 给他那么多工资，是因为他干得多，我们是_____，这没有什么奇怪的。

5 哎呀，我刚收拾好的房间又让你给弄得，_____，真是的！

제2절 百花齐放、百家争鸣、不相上下、不正之风

1. 잰말놀이

gè zhǒng fēng gé　bǎi huā qí fàng
各 种 风 格 - 百花齐放　　　각종 풍격 – 온갖 꽃이 일제히 꽃피우다

gè zhǒng zhǔ zhāng　bǎi jiā zhēng míng
各 种 主 张 - 百家争鸣　　　각종 주장 – 여러 학파들이 자유롭게 논쟁하다

chā bié bú dà　bù xiāng shàng xià
差 别 不 大 - 不相上下　　　차이가 크지 않다 – 막상막하

huài de fēng qì　bú zhèng zhī fēng
坏 的 风 气 - 不正之风　　　나쁜 풍조 – 부정부패, 비리

2. 본문

A: 现在的文学界挺乱的，什么样的作品都有，什么样的怪主张都有。
　　지금 문학계는 너무 혼란스러워, 별의별 작품이 다 있고, 별의별 괴이한 주장들이 다 있어.

B: 那不是乱，那是百花齐放，百家争鸣。
　　그건 혼란스러운 게 아니지, 그것은 온갖 꽃들이 함께 피고 서로 다른 학파들이 자유롭게 논쟁하는 것이지.

A: 我看有些作品质量不相上下，可是评论家的意见却很不相同。
　　내가 보기엔 일부 작품의 질이 막상막하인데도 평론가들의 의견은 전혀 달라.

B: 这很正常啊。
　　그건 매우 정상적인 거야.

A: 但是我听说，有些作家跟评论家有私人关系，所以评论家的意见有不公正的地方。
그런데 내가 듣기에 일부 작가들은 평론가와 사적인 관계가 있어서 평론가들의 의견이 불공정한 데가 있다던데.

B: 要是这样的话，那可是不正之风啊，我们应该反对。
만약 그렇다면 그건 정말 비리잖아, 우리가 반대해야지.

3. 본문 해석

① 百花齐放 bǎihuāqífàng 온갖 꽃이 일제히 피다, 갖가지 풍격이 함께 발전하다

◆ 함의

각종 꽃이 모두 함께 피다.

◆ 용법

자주 각종 풍격의 예술이 모두 함께 존재하는 것에 비유된다.

◆ 예문

- 我们的文学不应该一枝独秀，我们希望出现百花齐放的局面。
  우리는 우리의 문학이 하나가 홀로 출중하기 보다는 여러 장르가 함께 발전하는 상황이 나타나길 바란다.

- 当北方还是隆冬的时候，这里已经是满目绿色，百花齐放了。
  북방이 아직 한겨울일 때 이 곳은 이미 눈에 보이는 모든 것이 초록색으로, 온갖 꽃이 일제히 피게 된다.

- 中国的戏剧种类很多，可以说是百花齐放。
  중국의 희극은 종류가 매우 많아서 갖가지 풍격이 공존한다고 말할 수 있다.

② 百家争鸣　bǎijiāzhēngmíng　백가쟁명, 서로 다른 학파들이 자유롭게 논쟁하다

◆ 함의

각종 서로 다른 이론들이 모두 다투어 견해를 발표하는 것을 말한다.

◆ 예문

- 那个时代思想非常活跃，以致出现了百家争鸣的局面。
  그 시대에는 사상(논쟁)이 대단히 활발해서 백가쟁명의 양상이 나타나게 되었다.

- 搞社会科学，我们一直提倡百家争鸣。
  사회과학을 하는데 있어 우리는 줄곧 백가쟁명을 제창해 왔다.

- 你不能不让别人发表意见，应该百家争鸣嘛。
  너는 다른 사람이 의견을 발표하지 못하게 해서는 안 돼, 반드시 서로 다른 의견들이 자유롭게 논쟁할 수 있어야지.

③ 不相上下　bùxiāngshàngxià　막상막하, 우열을 가릴 수 없다, 수준이 대등하다

◆ 함의

두 가지 사물이 어떤 방면에서 비슷하여 우열을 구분할 수 없음을 말한다.

◆ 어구배합

[~와 막상막하이다]

个子跟小王~	샤오왕과 키가 막상막하이다
力气跟老虎~	힘이 호랑이와 막상막하이다
知识跟教授~	지식이 교수와 막상막하이다

◆ 예문

- 老李和老王的能力不相上下，让谁当主任，我还真为难。
  라오리와 라오왕의 능력은 막상막하여서 누구에게 주임을 시킬지 난 정말 난감하다.

- 今年的经营情况不算太好，跟去年不相上下。
  올해의 경영 상황은 아주 좋은 셈이 아니어서 작년과 비슷하다.

- 他们两个的年龄不相上下，可是身体状况却很不一样。
  그들 둘의 나이는 서로 비슷하지만, 신체 조건은 완전히 다르다.

④ **不正之风** búzhèngzhīfēng 나쁜 기풍(작태), 부정부패, 부조리, 비리

◆ 함의
좋지 않은 기풍으로, 정부 공무원의 법률 위반 행위를 주로 가리킨다.

◆ 예문
- 新一届政府花了很大力气纠正不正之风，现在已经好多了。
  신정부는 부정부패를 바로잡는 데 많은 노력을 기울였고, 지금 이미 많이 좋아졌다.
- 人们对请客送礼等不正之风，很反感，但是又没有办法。
  사람들은 접대와 뇌물 등의 악습에 대해 반감을 가지고 있지만, 또 별 방법이 없다.
- 有的干部因为搞不正之风被撤了职。
  일부 간부는 비리를 저질러 해직당했다.

4. 응용

★ 빈칸에 알맞은 단어 선택하기

A. 百花齐放   B. 百家争鸣   C. 不相上下   D. 不正之风

1 这样托关系走后门也是_____啊，你觉得合适吗？
2 你们_____去吧，我对这种吵吵闹闹的事情不感兴趣。
3 这两个足球队的实力_____，现在很难说哪个队会赢。
4 这台春节晚会太精彩了，各种节目都有，可以说是_____。
5 他们俩的条件_____，到底录取谁还让人头疼。

 层出不穷、诚心诚意、从容不迫、大公无私

1. 잰말놀이

chū xiàn hěn duō　　céng chū bù qióng
出现很多 - 层出不穷　　　　많이 출현하다 – 끊임없이 나타나다

fēi cháng zhēn chéng　　chéng xīn chéngyì
非常真诚 - 诚心诚意　　　　굉장히 진실되다 – 성심성의

háo bù jǐn zhāng　　cóng róng bú pò
毫不紧张 - 从容不迫　　　　전혀 긴장하지 않다 – 매우 침착하다

měi yǒu sī xīn　　dà gōng wú sī
没有私心 - 大公无私　　　　사심이 없다 – 공평무사하다

2. 본문

这位女公安局长，从来都是诚心诚意地为百姓办事，可以说是大公无私。特别在各种矛盾、威胁面前能够做到从容不迫，坚持原则。很多百姓都很感激她，为她送锦旗、匾额表示感谢的事儿层出不穷。

이 여 공안국장은 지금까지 항상 성심성의껏 국민들을 위해 일을 하여 가히 공평무사하다고 말할 수 있다. 특히 여러 갈등과 위협 앞에서도 능히 침착하게 원칙을 고수할 수 있었다. 많은 국민들이 그녀에게 감격하여 그녀를 위해 깃발이나 액자를 보내 감사를 표하는 일이 끊임이 없다.

3. 본문 해석

① 层出不穷　céngchūbùqióng　끊임없이 나타나다, 꼬리를 물고 나타나다

◆ 함의

어떤 현상이 계속 연달아 끊임없이 나타나다.

◆ 예문

- 当了领导你就知道了，每天有层出不穷的问题等你去处理，并不轻松。
  리더가 되어보면 너도 알게 될 거야. 매일 끊임없이 나타나는 문제들이 너의 처리를 기다려서 전혀 여유롭지 않다는 것을.

- 自从他们搬了家，怪事就层出不穷，今天丢了自行车，明天孩子病了，后天自行车又回来了，等等等等。
  그들이 이사간 후부터 괴이한 일이 끊임없이 나타났는데. 오늘은 자전거를 잃어버리고 내일은 아이가 병이 나고 모레는 자전거가 다시 돌아오고 하는 등등이었다.

- 这里的社会风气很好，好人层出不穷。
  이 곳의 사회분위기가 매우 좋아서 좋은 사람이 끊임없이 나타난다.

② 诚心诚意　chéngxīnchéngyì　성심성의, 극진하다

◆ 함의

완전히 진심으로 위선이 없는 것을 말한다.

◆ 예문

- 十年来，我一直诚心诚意地对待她，没想到她最后却抛弃了我。
  10년 동안 나는 줄곧 성심성의껏 그녀를 대했는데 그녀가 마지막에 나를 버릴 거라고는 생각도 못했다.

- 我让你住这儿，你就别客气了，我可是诚心诚意呀。
  내가 널 여기 묵으라면 넌 체면차리지마. 난 정말 진심이야.

- 人家诚心诚意地邀请你，你就去吧。
  그 사람이 성심성의껏 널 초청하는 거니까, 가 봐.

③ 从容不迫　cóngróngbúpò　매우 침착하다, 태연자약하다, 허둥대지 않다

◆ 함의

태도, 행위가 편안하고 자연스러워서 조금도 긴장하지 않음을 나타낸다.

◆ 예문

- 听了邱小姐从容不迫的回答，那个中年人满意地点了点头。
  미스 치우가 침착하게 대답하는 것을 듣고 그 중년의 사람은 만족스럽게 고개를 끄덕였다.

- 他走到台上，先鞠了一个躬，然后唱歌、跳舞、弹钢琴，连续表演了好几个节目，一切都做得从容不迫，赢得了观众热烈的掌声。
  그는 무대로 걸어가 먼저 허리를 굽혀 인사하고 그 다음 노래하고, 춤추고, 피아노를 연주하고, 연속해서 여러 가지 무대를 선보였는데 모두 침착하게 해내서 관중들의 열렬한 박수를 받았다.

- 我真佩服韩先生，在那么多人面前讲话，都能从容不迫。
  난 정말 한선생에게 탄복했다. 그렇게 많은 사람들 앞에서 연설하는데도 침착할 수 있다니!

④ 大公无私　dàgōngwúsī　공평무사하다

◆ 함의

전적으로 공공의 이익을 위하며 조금도 사심이 없는 것을 말한다.

◆ 예문

- 中国历史上的包公是个大公无私的典型，为了法律的公正，连自己的亲侄子也要处死。
  중국 역사에서 포청천은 공평무사함의 전형으로, 법률의 공정함을 위해 자신의 친조카까지도 사형에 처했다.

- 您这样大公无私，实在令人敬佩！
  당신의 이런 공평무사함은 실로 탄복스럽습니다!

- 老百姓就喜欢您这样大公无私的干部。
  국민들은 당신처럼 이렇게 공평무사한 간부를 좋아합니다.

4. 응용

★ 빈칸에 알맞은 단어 선택하기

A. 层出不穷   B. 诚心诚意   C. 从容不迫   D. 大公无私

1 面对那样危险的场面，他_____，谈笑自如。

2 集体也该照顾个人的利益，不能老要求大家_____。

3 这一段时间，小区里丢东西的事儿_____，大家都要小心了。

4 我邀请你可是_____的，你一定要来啊。

 大有可为、大同小异、发扬光大、川流不息

1. 잰말놀이

hěn yǒu qián tú　　dà yǒu kě wéi
很有前途 - 大有可为　　　　장래성이 있다 – 전도가 유망하다

dà gài yí yàng　　dà tóng xiǎo yì
大概一样 - 大同小异　　　　대체로 같다 – 대동소이하다

jì chéng fā zhǎn　　fā yáng guāng dà
继承发展 - 发扬光大　　　　계승 발전시키다 – 더욱더 발전시키다

rén chē hěn duō　　chuān liú bù xī
人车很多 - 川流不息　　　　사람과 차가 매우 많다 – 끊임없이 이어지다

2. 본문

A: 这条大街每天人来人往，川流不息。要是在这里开个饭馆，我看大有可为，一定能赚钱。
　이 큰 길은 매일 사람들이 오가며 왕래가 끊이지 않아. 만약 여기에 식당을 열면 내가 보기에 가능성이 매우 많아서 틀림없이 큰 돈을 벌 수 있을 거야.

B: 这里的饭馆已经很多了。
　이 곳에 식당은 이미 많아.

A: 多是多，但是它们的饭菜都大同小异，没有什么特色。
　많긴 많지만 그곳들의 음식은 모두 대동소이해서 무슨 특색이 없잖아.

B: 你是说，我们开个特色饭馆？
　그러니까 너는 우리가 특색 있는 식당을 열어야 한다고 말하는거야?

A: 对呀，我们就专门做家乡的特色菜，不但能赚钱，而且还能把我们的地方饮食文化发扬光大。
  맞아, 우리가 전문적으로 고향의 특색 요리를 하는 거야. 돈도 벌 수 있을 뿐 아니라 우리의 지역 음식문화를 더욱 발전시킬 수도 있잖아.

B: 嗯，这是个好主意。
  음, 그거 좋은 생각이다!

3. 본문 해석

① 大有可为 dàyǒukěwéi 전도가 유망하다, 가능성이 매우 많다

◆ 함의

할 수 있는 일이 많이 있고, 매우 좋은 발전 가능성이 많이 있음을 나타낸다.

◆ 예문

- 我国的远洋事业刚刚开始发展，实在大有可为。
  우리 나라의 원양 사업이 막 발전하기 시작하여서 실로 전도가 유망하다.

- 农村是个广阔的天地，在那里大有可为。
  농촌은 광활한 곳으로 그곳에서는 가능성이 매우 크다.

- 你们年轻人大有可为，好好努力吧。
  너희 젊은이들은 전도가 유망하니 열심히 노력해라.

② 大同小异 dàtóngxiǎoyì 대동소이하다, 엇비슷하다, 큰 차이가 없다

◆ 함의

두 가지 또는 여러 사물이 전체적으로 비슷하고 작은 차이만 있다.

◆ 예문

- 李先生一年出版了四本书，内容都大同小异。
  리선생은 1년간 4권의 책을 출판했는데, 내용은 모두 대동소이하다.

- 近来这里连续发生了六起强奸案，犯罪分子所用手段大同小异。
  최근 이곳에 연속해서 여섯 건의 강간 사건이 발생했는데, 범죄자가 쓴 수법은 모두 엇비슷하다.
- 这里的许多画风格大同小异，看一会儿就够了。
  이곳의 많은 그림은 풍격이 대동소이해서 잠깐만 봐도 충분하다.

③ 发扬光大 fāyángguāngdà 더욱 더 발전시키다, 확대진전시키다

◆ 함의

본래의 것을 계승해서 더 좋게 변화시키고 더 큰 영향력이 있게 하는 것을 말한다.

◆ 예문

- 这种艰苦朴素的优良传统应该发扬光大。
  이러한 근검소박한 우수한 전통은 반드시 더욱더 발전시켜야 한다.
- 这门手艺不能在我的手里失传，不但不能失传，而且还要发扬光大。
  이러한 손재주는 내 손에서 전수가 끊어지면 안 된다. 실전되지 않도록 해야 할 뿐만 아니라 더욱 더 발전시켜야 한다.
- 现在有这么多的孩子喜欢京剧，我相信京剧艺术一定能发扬光大。
  지금 이렇게 많은 아이들이 경극을 좋아하니, 난 경극 예술을 틀림없이 더욱 더 발전시킬 수 있다고 믿는다.

④ 川流不息 chuānliúbùxī 냇물이 쉬지 않고 흐르다, 끊임없이 이어지다

◆ 함의

(사람, 차 등) 매우 많아서 강물과 같이 끊이지 않고 흐른다.

◆ 예문

- 我走到大街上，不自觉地在川流不息的人群中寻找她的影子。
  나는 큰 길에 다다랐을 때 나도 모르게 끊임없이 이어지는 군중 속에서 그녀의 그림자를 찾았다.

- 王奶奶看着大街上川流不息的车辆，觉得既新奇又陌生。
  왕씨 할머니는 큰 길에서 끊임없이 지나가는 차량들을 보면서 신기하기도 하고 낯설기도 하다고 여겼다.

- 现在正是上班高峰期，大街上行人车辆川流不息。
  지금이 딱 출근 러시아워어서 대로에 행인과 차량이 끊임없이 이어지고 있다.

4. 응용

★ 빈칸에 알맞은 단어 선택하기

A. 大有可为　　　B. 大同小异　　　C. 发扬光大　　　D. 川流不息

1 好好干吧，你们这个行业_____，相信你会有很好的前途。

2 其实我们也不用争吵，我们的观点_____。

3 这样的好传统不但要继承，而且要_____。

4 这两个公园_____，我们去逛一个就行了。

5 他望着大街上_____的行人，思绪万千。

 得不偿失、不由自主、发愤图强、格格不入

1. 잰말놀이

sǔn shī jiào dà　　dé bù cháng shī
损失较大 - **得不偿失**　　　손실이 비교적 크다 – 얻는 것보다 잃는 것이 더 많다

zì jǐ zuò zhǔ　　dú lì zì zhǔ
自己做主 - **独立自主**　　　자신이 책임지고 결정하다 – 남에게 의지하지 않고 스스로 주인 노릇하다

fēi cháng nǔ lì　　fā fèn tú qiáng
非常努力 - **发愤图强**　　　대단히 노력하다 – 분발해서 더 강해지다

hěn bù hé xié　　gé gé bú rù
很不和谐 - **格格不入**　　　아주 화합하지 않다 – 서로 맞지 않다

2. 본문

一个女人应该有独立自主的意识，不要希望依靠男人来换取幸福。过分依赖男人常常会得不偿失，幸福没有得到多少，自己却失去了自由和生存的能力。所以，要发愤图强，努力提高自己的素质和能力，不要担心自己显得与别人格格不入，走自己的路最重要。

한 여자로서 마땅히 독립적이고 자주적인 의식을 가져야 하지 남자에게 의지해서 행복을 얻기를 바라지 말아야 한다. 과도하게 남자에게 의지하면 종종 얻는 것보다 잃는 것이 더 많은데, 행복은 별로 얻지도 못한 채 자신은 도리어 자유와 생존 능력을 잃어버리게 된다. 그러므로 분발해서 강해지려고 해야하며 자신의 소질과 능력을 힘써 개발해야 한다. 자신이 다른 사람들과 맞지 않고 다르게 보이는 것을 걱정하지 말고 자신의 길을 가는 것이 제일 중요하다.

3. 본문 해석

① 得不偿失 débùchángshī 얻는 것 보다 잃는 것이 더 많다

◆ 함의

얻는 것은 아주 적고 잃는 것은 도리어 많아서 할만한 가치가 없으며 수지가 맞지 않는다.

◆ 예문

- 为了发展经济，不惜破坏环境，这种做法是得不偿失的。
  경제 발전을 위해서 환경을 파괴시키는 것을 아끼지 않는 이러한 작태는 얻는 것보다 잃는 것이 더 많다.

- 要想得到批准至少还得等半年时间，我觉得得不偿失，就没再等下去。
  비준을 얻고자 한다면 최소한 반년의 시간을 더 기다려야 해서 내 생각에는 얻는 것보다 잃는 것이 더 많다고 여겨 더 이상 기다리지 않았다.

- 他今天只钓了两条小鱼，还弄坏了一根高级鱼竿，真是得不偿失。
  그는 오늘 고작 작은 물고기 두 마리를 낚으면서 고급 낚싯대까지 망가트렸으니 정말 얻은 것보다 잃은 것이 더 많았다.

② 独立自主 dúlìzìzhǔ 독립적이고 자주적으로 하다

◆ 함의

다른 사람에게 의지하지 않고 자신의 일은 자신이 결정하다.

◆ 예문

- 父母关心爱护孩子是应该的，但更重要的是要培养他们独立自主的能力。
  부모가 아이에게 관심을 가지고 보살피는 것은 당연한 도리이지만 더욱 중요한 것은 그들 스스로 독립적이고 자주적인 능력을 키워줘야 하는 것이다.

- 实行新的政策以后，农场有了独立自主的经营权，人们劳动的积极性大大提高了。
  새로운 정책 실시 이후 농장은 자주독립적인 경영권을 갖게 되었고 사람들의 노동에 대한 적극성이 크게 향상되었다.

- 他们的国家现在独立自主了，各个方面都发展得很快。
그들의 국가는 지금 자주독립국이 되어서 각 방면에서 모두 빠르게 발전하고 있다.

③ 发愤图强　fāfèntúqiáng　분발해서 강해지려고 노력하다

◆ 함의

결심을 하여 스스로 강해지려고 하다.

◆ 예문

- 那次比赛失利后，他发愤图强，刻苦锻炼，经过三年的准备，终于在全国性比赛中夺得了冠军。
그 시합에서 진 후로 그는 분발해서 강해지려고 노력하여 각고의 연마를 하여 3년간의 준비를 거쳐 결국 전국 시합에서 우승을 차지하였다.

- 不发愤图强，怎么能改变这种贫穷落后的面貌？
분발해서 강해지려고 노력하지 않으면 어떻게 이러한 빈곤하고 낙후된 모습을 바꿀 수 있겠어?

- 落后就要挨打，我们必须发愤图强啊。
뒤쳐지면 당할 수 밖에 없으니, 우리는 반드시 분발해서 강해지려고 노력해야 한다.

④ 格格不入　gégébúrù　전혀 어울리지 않다, 도무지 맞지 않다

◆ 함의

사람 또는 사물 간의 관계가 순조롭지 못하고 화합하지 못하다.

◆ 예문

- 习惯了用纸和笔写情书，这次坐在电脑前，他觉得很别扭，深深地感到电脑和爱情格格不入。
종이와 펜으로 연애편지를 쓰는 것이 익숙한데, 이번에는 컴퓨터 앞에 앉아 있으려니 그는 부자연스럽다고 느껴져 컴퓨터와 사랑이 전혀 어울리지 않는다는 느낌이 강하게 들었다.

- 小马跟我们的关系很简单，看问题的立场不同，思想感情格格不入，所以很少有什么交流。
  샤오마와 우리의 관계는 아주 간단하다. 문제를 보는 입장이 다르고 사상과 감정이 전혀 맞지 않아서 무슨 교류가 거의 없다.
- 她的穿着打扮跟整个会场的气氛格格不入，不少人都用奇怪的眼光看她。
  그녀의 옷차림과 치장이 전체 회의장 분위기와 전혀 어울리지 않아서 많은 사람들이 이상하다는 눈길로 그녀를 바라보았다.

4. 응용

★ 빈칸에 알맞은 단어 선택하기

A. 得不偿失　　　B. 独立自主　　　C. 发愤图强　　　D. 格格不入

1. 他的性格很奇怪，总是跟周围的人_____。

2. 小王抢到了出差的机会，却失去了两个好朋友，我认为是_____。

3. 这个国家的人民_____，用了20年的时间，使自己的国家变得富裕繁荣。

4. 那是一个_____的国家，它的政策都是根据自己的实际情况来决定的。

5. 我不习惯这里的生活，总觉得自己跟环境_____。

연습 6

▪ 밑줄 친 부분이 나타내는 뜻을 바르게 나타낸 것을 고르시오.

1. 你拿1000，我拿1500，根据<u>按劳分配</u>的原则，这说明我比你干得好。
   A. 根据劳动情况决定工资报酬　　B. 根据劳动决定配偶
   C. 按照劳累程度给分　　D. 公司的规定

2. 文艺界喊<u>百花齐放</u>喊了这么多年，真正能做到其实并不容易。
   A. 一百种花一起开放　　B. 一百朵花都开放
   C. 各种颜色的花都开放　　D. 各种风格的作品都存在

3. 对于我提出的问题，大家都纷纷发言，各抒己见，真是<u>百家争鸣</u>。
   A. 家家户户都大喊　　B. 各种观点互相争论
   C. 一百家庭争吵不休　　D. 一百人吵架

4. 干得正起劲儿，出了这么一件事，好好的项目也只好<u>半途而废</u>了。
   A. 有一半作废了　　B. 失败了一半
   C. 进行到一半不再进行　　D. 走了一半路又回去

5. 经过<u>暴风骤雨</u>的洗礼，晓峰更坚强，更成熟了。
   A. 大风和暴雨　　B. 大的困难考验
   C. 很坏的天气　　D. 很坏的运气

6. 劳动局的马局长因为多次走后门搞<u>不正之风</u>，被撤销了领导职务。
   A. 工作失误　　B. 作风不好
   C. 态度不端止　　D. 违反法纪的事

7. 拳击台上，黄汉子和白汉子的身高体重<u>不相上下</u>，但过于迟钝，被白汉子打得只有抱头的份。
   A. 不上不下　　B. 中等程度
   C. 差不多　　D. 不知道上下

8. 进入夏季以来，各种食品中毒事件层出不穷，应当引起高度注意。
   A.很有钱   B.出现好几种
   C.分批出现   D.不断出现

9. 当初我反对你是真心的，现在支持你也是诚心诚意的。
   A.真的有意思   B.真心、诚实
   C.忠诚   D.善意

10. 我终于登上了天安门城楼，看着广场中央飘扬的国旗，看着长安街川流不息的车流，我感到无比兴奋。
    A.像河水一样长流不断   B.流动
    C.一直不休息   D.亮着车灯

11. 为了不让家人知道我被开除这件事情，我给家里写信，打电话，尽力装得从容不迫。
    A.不生气   B.不着急
    C.轻松自然，不紧张   D.微笑的样子

12. 像孔书记这样大公无私的好干部，现在确实不多了。
    A.很公平   B.公开说明
    C.有大的理想   D.一心为公，没有私心

13. 他领我游览了几个公园，给我的印象大同小异，没有什么特别吸引人的地方。
    A.整体上差不多   B.有的大，有的小
    C.同样大，差别小   D.有很多奇异的

14. 你才三十多岁，正是大有可为的年龄，为什么这样消极呢？
    A.力气很大   B.很有发展前途
    C.可以为别人做事   D.有很多可能

15 阿兰发现，这顿饭吃得还是得不偿失，总体舆论对此事反映不佳。
　　A.没有尝出味道　　　　　　　B.不高兴
　　C.不划算　　　　　　　　　　D.没有补偿

16 乐观自信、独立自主的母亲对女儿的影响力是巨大的，她们本身就是女儿模仿的对象。
　　A.当家庭主妇　　　　　　　　B.不听别人劝告
　　C.单独生活　　　　　　　　　D.自己做主，不依靠别人

17 要想改变贫穷落后的面貌，我们必须发愤图强，努力工作。
　　A.很生气　　　　　　　　　　B.很振奋
　　C.很有决心使自己强大　　　　D.努力画出很好的地图

18 这种民间艺术是我们宝贵的文化财富，不仅要保存，而且要让它发扬光大。
　　A.更强大，有更大的影响　　　B.发出更强的光
　　C.广泛宣传　　　　　　　　　D.大声叫喊

19 参加会议的人都是专家学者，说话都文绉绉的，老邱的发言就显得与大家格格不入。
　　A.不合格　　　　　　　　　　B.不合理
　　C.不合谐　　　　　　　　　　D.不被接受

20 妈妈给他叠被子的时候，发现枕头下面压着乱七八糟的零钱和菜票，还有一双没洗的臭袜子。
　　A.看起来很脏　　　　　　　　B.气味很难闻
　　C.很混乱、不整齐　　　　　　D.很多破的

제1절 顾全大局、改邪归正、根深蒂固、各奔前程
제2절 供不应求、归根到底、和平共处、合情合理
제3절 家喻户晓、坚贞不屈、津津有味、敬而远之
제4절 精打细算、精益求精、举世瞩目、举世闻名
제5절 理所当然、开天辟地、理直气壮、可想而知
练习七
单元练习（二）

 顾全大局、改邪归正、根深蒂固、各奔前程

1. 잰말놀이

kǎo lǜ dà tǐ　　gù quán dà jú
考虑大体 - 顾全大局　　　대체적인 상황을 고려하다 – 전반적인 국면을 살피다

gǎi zhèng cuò wù　　gǎi xié guī zhèng
改正错误 - 改邪归正　　　잘못을 고치다 – 개과천선하다

xí guàn nán gǎi　　gēn shēn dì gù
习惯难改 - 根深蒂固　　　습관은 고치기 어렵다 – 깊이 뿌리박혀 있다

duō rén fēn kāi　　gè bèn qián chéng
多人分开 - 各奔前程　　　많은 사람들이 흩어지다 – 각기 제 갈 길을 가다

2. 본문

在我的公司工作的人很多都是从监狱里出来的，他们有这样那样的坏习惯，而且根深蒂固，要他们完全改邪归正不是件容易的事。我经常对他们说，来到这里大家都要顾全大局，多为公司为大家想想。如果我们公司经营得不好，到最后大家只能各奔前程了。

우리 회사에서 일하는 사람 가운데 많은 사람들은 교도소에서 출소한 사람들이다. 그들에게는 이런 저런 나쁜 습관들이 있고 게다가 고질적이기까지 해서 그들을 완전히 개과천선하게 하는 것은 쉬운 일이 아니다. 나는 자주 그들에게 이 곳에 왔으면 모두들 전체를 고려해야 하며 회사와 모두를 위해 많이 좀 생각해야 한다고 말하곤 했다. 만약 우리 회사가 잘 경영되지 않으면 결국에는 모두들 각자 제 갈 길을 가는 수밖에 없을 것이기 때문이다.

3. 본문 해석

① 顾全大局　gùquándàjú　전체 국면을 고려하다

◆ 함의

자신의 이익을 손해보고 더 큰 전체의 이익을 지킨다. 사람의 사고의 수준이 높음을 주로 가리킨다.

◆ 예문

- 尽管在单位里受了很多委屈, 但是他总能顾全大局, 默默地做好自己的工作。
  비록 회사에서 많은 억울한 일을 당해도 그는 항상 전체를 고려할 줄 알아서 묵묵히 자신의 일을 해낸다.

- 我们的领导总是要求大家要顾全大局, 不要计较个人的得失, 可是他从来不为大家的利益着想。
  우리 리더는 항상 모두에게 전반적인 국면을 고려해야 하며 개인의 득실을 따지지 말 것을요구하지만 그는 여태껏 모두의 이익을 위해 생각한 적이 없다.

- 像您这样能顾全大局的同志很难得呀, 我代表公司向您表示感谢。
  당신과 같이 이렇게 전반적인 국면을 고려할 줄 아는 동지는 얻기 힘듭니다. 내가 회사를 대표해서 당신께 감사를 표합니다.

② 改邪归正　gǎixiéguīzhèng　개과천선하다, 잘못을 깨닫고 올바른 길로 가다, 마음을 고쳐먹다

◆ 함의

원래의 잘못된 행동방식을 고쳐서 좋은 정상적인 상태로 돌아가다.

◆ 예문

- 黑玫瑰在完成她的报复行动之后, 就决心改邪归正了。
  흑장미는 그녀의 복수를 마친 후 바로 개과천선할 것을 결심하였다.

- 男人喜欢在失败中吸取教训, 这回他不炒股了, 真算是改邪归正, 你应该鼓励他去学计算机。
  남자는 실패 속에서 깨닫는 것을 좋아하는데 이번에 그가 주식투자를 하지 않기로 한 것은 정말 개과천선한 것이라고 할 수 있으니, 너는 그가 컴퓨터 배우러 가도록 격려해야 해.

- 很多有恶习的年轻人在王先生的帮助下都改邪归正了。
  나쁜 습관을 가진 많은 젊은이들이 왕선생의 도움하에 잘못을 고치고 올바른 길로 돌아섰다.

③ 根深蒂固　gēnshēndìgù　뿌리가 깊어 쉽게 흔들리지 않다, 고질적이다

◆ 함의

추상적인 무언가의 영향이 매우 깊고 견고해서 변화하기 쉽지 않다.

◆ 예문

- 由于他的家庭背景良好，所以他有一种根深蒂固的优越感，总觉得比人高贵。
  그는 집안 배경이 좋아 뿌리 깊은 우월감 같은 것을 가지고 있어서, 항상 다른 사람들 보다 자신이 고귀하다고 생각한다.

- 像祖母这样的老人，封建思想根深蒂固，当然不理解一个女孩儿可以主动去追求男人这样的事情。
  할머니 같은 노인들은 봉건사상이 뿌리 깊게 박혀 있어서 당연히 여자가 능동적으로 남자에게 구애하는 이런 일을 이해하지 못한다.

- 他对汪莉有根深蒂固的偏见，所以只要是汪莉赞成的事，他一概反对。
  그는 왕리에 대해 뿌리 깊은 편견을 가지고 있어서 왕리가 찬성하는 일이라면 그는 하나같이 반대한다.

④ 各奔前程　gèbènqiánchéng　각기 제 갈 길을 가다

◆ 함의

원래 함께 있던 사람이 흩어져서 각자 자신에게 맞는 생활방식을 찾아가다.

◆ 예문

- 在学校的时候，同学们都轻松自由，这一毕业就要各奔前程了，大家难免有些舍不得。
  학교에 있을 때는 학우들이 모두 편하고 자유로웠지만 이렇게 일단 졸업을 하게 되면 각기 제 갈 길을 가야하니 모두들 섭섭하지 않을 수가 없었다.

- 爸爸说："我老了，不能把你们都留在身边，你们各奔前程去吧。"
  아빠가 말했다. "나도 늙었으니 너희들을 다 곁에 데리고 있을 수가 없구나. 너희 각자 제 갈 길을 가도록 해라."

- 结束了三年的军队生活，战友们都各奔前程去了。
  3년간의 군대생활을 마치고 전우들은 모두 각기 제 갈 길로 갔다.

4. 응용

★ 빈칸에 알맞은 단어 선택하기

A. 顾全大局　　　B. 改邪归正　　　C. 根深蒂固　　　D. 各奔前程

1 公司要求大家_____，支持现在的改革措施，不要总考虑个人的得失。

2 后来剧团解散，演员们都_____去了。

3 他习惯了靠偷窃生活，要让他_____可不是一件容易的事。

4 有些人对女人有_____的偏见，他们从心眼里看不起女人。

5 请不要为这件小事再争吵了，我们要_____。

 供不应求、归根到底、和平共处、合情合理

1. 잰말놀이

gōng yìng bú gòu　gōng bù yìng qiú
供应不够 - 供不应求　　　공급이 충분하지 못하다 – 공급이 수요를 따르지 못하다

biǎo shì zǒng jié　guī gēn dào dǐ
表示总结 - 归根到底　　　종결을 나타내다 – 결국

hù xiāng yǒu hǎo　hé píng gòng chǔ
互相友好 - 和平共处　　　서로 우호적이다 – 평화롭게 공존하다

wán quán hé lǐ　hé qíng hé lǐ
完全合理 - 合情合理　　　완전히 합리적이다 – 정리에 맞다

2. 본문

现在我们学校的毕业生供不应求，就业情况非常好。而他们学校的情况就不太好。这归根到底是因为两校毕业生的素质不同，而不是因为其他原因。他们提的要求只要合情合理，我们会认真考虑的，但是我们主张，还是各自把教学质量搞好，我们两所学校是完全可以和平共处的。

현재 우리 학교의 졸업생은 공급이 수요를 따르지 못해서 취업 상황이 대단히 좋다. 그러나 그들 학교의 상황은 그다지 좋지 않다. 이는 결국 두 학교의 졸업생의 자질이 다르기 때문이지 다른 원인 때문이 아니다. 그들이 제기하는 요구가 정리에 맞기만 하다면 우리는 신중하게 고려해 볼 것이지만 아무래도 각자 교육의 질을 높이면 우리 두 학교가 평화롭게 공존하는 것은 완전히 가능하다고 우리는 주장한다.

3. 본문 해석

① 供不应求　gōngbùyìngqiú　공급이 수요를 따르지 못하다

◆ 함의

어떤 사물에 대한 수요가 많지만 이 사물의 수량은 충분히 많지 않다.

◆ 예문

- 这种汽车价格便宜，安全舒适，刚一上市就供不应求。
  이 차는 가격이 싸고 안전하고 편해서 막 출시되자마자 공급이 수요를 따르지 못한다.

- 现在劳务市场上高级保姆供不应求。
  지금 노동력 시장에서 고급 보모(가정부)는 공급이 수요를 따르지 못한다.

- 这本书销路很好，现在是供不应求啊。
  이 책은 판로가 좋아서 현재 공급이 수요를 따르지 못하고 있다.

② 归根到底　guīgēndàodǐ　근본으로 돌아가 보면, 결국, 끝내

◆ 함의

근본적으로 말하자면, 가장 근본은 이것이다.

◆ 예문

- 今天我讲了这么多，归根到底一句话，我们的事业大有可为。
  오늘 나는 이렇게 많이 얘기했지만 결국 한 마디로 하자면 우리의 사업은 전도가 유망하다는 것이다.

- 造成这种局面的原因固然很多，但归根到底还是因为制度不健全。
  이런 국면을 초래한 원인은 물론 많지만 근본적으로는 역시 제도가 온전하지 못한 데 있다.

- 我们厂这些年很不景气，归根到底是由于厂领导没有市场意识。
  우리 공장은 요 몇 해 동안 경기가 좋지 않은데, 이는 근본적으로 공장 책임자가 시장의식이 없기 때문이다.

③ 和平共处　hépínggòngchǔ　평화롭게 공존하다

◆ 함의

서로 다른 사람, 서로 다른 사물이 함께 존재 발전하며 서로 충돌하지 않는다.

◆ 예문

- 其实我们不想制造麻烦，我们希望跟他们搞好关系，和平共处，可是他们不愿意啊。
  사실 우리는 말썽을 일으키는 것을 원치 않고, 그들과 좋은 관계를 맺고 평화롭게 공존하기를 원해. 하지만 그들이 (그걸) 원하지 않아.

- 经过饲养员的训练，老虎和羊也可以同处一室，和平共处，这真是一个奇迹。
  사육사의 훈련을 통해 호랑이와 양도 한 방에서 함께 살면서 평화롭게 공존할 수 있게 되었다. 이는 정말 기적이다.

- 我们愿意根据和平共处的原则跟所有国家发展友好关系。
  우리는 평화롭게 공존한다는 원칙에 근거하여 모든 국가와 우호적인 관계를 발전시키길 원한다.

④ 合情合理　héqínghélǐ　인정과 도리에 맞다, 합당하다

◆ 함의

일반적인 정리에 완전히 부합하다.

◆ 예문

- 婚前多交几个异性朋友，可以比较选择，这是合情合理的事。
  결혼 전에 이성친구를 몇 명 더 사귀면 비교하여 선택할 수 있으니, 이는 정리에 맞는 일이다.

- 这种结局发生在张荣身上更显得合情合理。
  이런 결말이 짱롱에게 생긴 것은 더욱 정리에 맞아 보인다.

- 对这个事件，大家应该共同努力，争取找出一个合情合理的解决办法。
  이 사건에 대해 모두 공동으로 노력해서 합당한 해결방법을 찾아내도록 애써야 한다.

4. 응용

★ 빈칸에 알맞은 단어 선택하기

A. 供不应求   B. 归根到底   C. 和平共处   D. 合情合理

1 专家对这种现象做出了_____的解释，大家都很满意。

2 经过特殊训练，猫和老鼠也可以_____，你相信吗？

3 现在高级技术工人_____，很多公司都面临着招聘困难。

4 学习语言的科学方法很多，但_____是要靠学习者自己努力。

5 他们这样为大家服务，收一点服务费也是_____的。

 家喻户晓、坚贞不屈、津津有味、敬而远之

1. 잰말놀이

jiā jiā zhī dào　　jiā yù hù xiǎo
家家知道 - 家喻户晓　　집집마다 알다 – 집집마다 다 알다

tè bié jiān qiáng　　jiān zhēn bù qū
特别坚强 - 坚贞不屈　　아주 굳세다 – 의지가 강하여 굽힐 줄 모르다

hěn yǒu qù wèi　　jīn jīn yǒu wèi
很有趣味 - 津津有味　　매우 재미 있다 – 흥미진진하다

kè qì shū yuǎn　　jìng ér yuǎn zhī
客气疏远 - 敬而远之　　예의 있되 멀리하다 – 공경하되 거리를 두다

2. 본문

刘胡兰的故事在中国家喻户晓。她在凶恶的敌人面前坚贞不屈，最后牺牲了自己年轻的生命。我们小时候听这样的故事听得津津有味，可是现在的孩子，却不一定感兴趣。有的孩子甚至对英雄事迹采取敬而远之的态度。

리우후란의 이야기는 중국에서 집집마다 다 안다. 그녀는 흉악한 적 앞에서도 불굴의 의지를 보이다 결국 자신의 꽃다운 생명을 희생했다. 우리가 어렸을 때 이런 이야기를 흥미진진하게 들었는데, 요즘 아이들은 꼭 흥미있어 하지는 않는다. 일부 아이들은 심지어 영웅 사적에 대해 공경하기는 하나 멀리하는 태도를 취한다.

3. 본문 해석

① 家喻户晓　jiāyùhùxiǎo　집집마다 다 알다

◆ 함의

아주 유명해서 집집마다 모두 알다

◆ 예문

- 小杨嫁了个英国人马上要出国的消息在厂里已经家喻户晓，有人羡慕有人摇头。
  샤오양이 영국 사람에게 시집가서 곧 출국한다는 소식은 공장에서 이미 모두가 아는 사실로 어떤 사람은 부러워하고 어떤 사람은 고개를 가로젓는다.

- 雷锋的名字在中国家喻户晓，甚至在美国都有人学习雷锋。
  레이펑의 이름은 중국에서 집집마다 다 알며 심지어 미국에서도 레이펑을 공부하는 사람이 있다.

- 您是家喻户晓的大名人，我怎么会不知道呢？
  당신은 집집마다 모두 아는 유명한 사람인데, 제가 어떻게 모를 수가 있겠습니까?

② 坚贞不屈　jiānzhēnbùqū　지조가 굳세어 굴하지 않다, 의지가 강하여 굽힐 줄 모르다

◆ 함의

매우 완강하여 나쁜 사람 혹은 적에게 굴복하지 않다.

◆ 예문

- 他在凶恶的敌人面前坚贞不屈，表现出了中国人的崇高气节。
  그는 흉악한 적 앞에서도 강한 의지로 굽히지 않아, 중국인의 숭고한 기개를 보여주었다.

- 看看她那坚贞不屈的样子，我也就不再说话了。
  그녀의 저 완강한 모습을 보고선, 나 역시 더 이상 말하지 않게 되었다.

③ 津津有味　jīnjīnyǒuwèi　흥미진진하다

◆ 함의

일을 할 때 전념하며, 흥미있고 매우 재미있다고 느끼다.

◆ 예문

- 当我走进他的客厅时，他们正在津津有味地谈论足球比赛的事。
  내가 그의 거실에 들어갔을 때 그들은 막 흥미진진하게 축구시합 얘기를 하고 있었다.

- 那天我陪她去电影院看了老片子，我觉得没什么意思，她却看得津津有味。
  그 날 나는 그녀와 영화관에 가서 옛날영화를 보았는데, 난 별다른 재미가 없다고 생각했는데 그녀는 오히려 흥미진진하게 보았다..

- 我们并不喜欢听他的故事，但他却讲得津津有味。
  우리는 그의 이야기를 듣는 것을 별로 좋아하지 않는데 그는 흥미진진하게 이야기했다.

④ 敬而远之　jìngéryuǎnzhī　공경하되 가까이 하지 않다, 겉으로는 공경하는 체하면서 실제로는 꺼리어 멀리하다

◆ 함의

어떤 사람, 어떤 사물에 대해 표면적으로는 예의바르고 공경하는 태도로 대하지만 실제로는 고의로 멀리하고 접근하지 않다.

◆ 예문

- 关于她得了艾滋病的消息传出来后，很多邻居都开始对她敬而远之。
  그녀가 에이즈에 걸렸다는 것에 관한 소식이 전해지자 많은 이웃들은 모두 그녀에 대해 겉으로는 예의를 갖추지만 실제로는 꺼리어 멀리하기 시작했나.

- 对这种好说别人闲话的人，我从来都采取敬而远之的态度。
  이렇게 다른 사람의 험담을 하는 것을 좋아하는 사람에 대해 나는 여태껏 겉으로는 공경하는 체하면서 실제로는 꺼리어 멀리하는 태도를 취해왔다.

- 对他，你最好是敬而远之，他不是什么好人。
  그에 대해 너는 겉으로는 예를 갖춰도 실제로는 멀리하는게 가장 좋아, 그는 좋은 사람이 아니거든.

4. 응용

★ 빈칸에 알맞은 단어 선택하기

A. 家喻户晓　　　B. 坚贞不屈　　　C. 津津有味　　　D. 敬而远之

1 不管警察怎么问他，他就是不承认，一副_____的样子。

2 我不够自信，对漂亮女人一般都_____。

3 王大爷是个热心人，我们小区的人都知道，可以说是_____。

4 张先生对生活的要求不高，粗茶淡饭也吃得_____。

5 真是奇怪了，这_____的新闻，你怎么就偏偏不知道呢？

제4절 精打细算、精益求精、举世瞩目、举世闻名

1. 잰말놀이

xiǎo xīn jì huà　　jīng dǎ xì suàn
小心计划 - **精打细算**　　　신중하게 계획하다 – 꼼꼼하게 따지고 세밀하게 계산하다

hǎo le gèng hǎo　　jīng yì qiú jīng
好了更好 - **精益求精**　　　좋은데 더 좋게 – 훌륭하지만 더욱 더 완벽을 추구하다

yǐn rén zhù yì　　jǔ shì zhǔ mù
引人注意 - **举世瞩目**　　　사람들의 주의를 끌다 – 전세계 사람들이 주목하다

fēi cháng yǒu míng　　jǔ shì wén míng
非常有名 - **举世闻名**　　　대단히 유명하다 – 세계적으로 유명하다

2. 본문

举世闻名的奥运会就要在我国举行了，这是件举世瞩目的大事。我们的准备工作一定要做好，要精益求精。同时，也不能浪费经费，各项开支都要精打细算。我们要尽最大努力把这次奥运会办好，办出特色，办出水平。

세계적으로 유명한 올림픽이 곧 우리 나라에서 거행되려고 한다. 이는 전세계 사람들이 주목하는 큰 일이다. 우리의 준비작업은 반드시 잘 해야하며 훌륭하지만 더욱 더 완벽을 추구해야 한다. 동시에 경비를 낭비해서는 안 되어서, 각 지출 항목은 꼼꼼하게 따져보고 세밀하게 계산해야 한다. 우리는 최대한의 노력을 기울여 이번 올림픽을 특색 있고 수준 높게 잘 치뤄내려 한다.

3. 본문 해석

① 精打细算 jīngdǎxìsuàn 꼼꼼하게 계산하다, 면밀하게 계획하다

◆ 함의

시간, 돈 등에 대해 매우 치밀하게 조금도 낭비되지 않도록 계획하다.

◆ 예문

- 每个月就那么一点儿工资，要养一大家子人，我不得不精打细算。
  매 달 그렇게 적은 월급으로 대가족을 부양해야하니 나는 꼼꼼하게 계산할 수 밖에 없다.

- 那时候整个国家不景气，大家都过着精打细算的苦日子。
  그 때는 나라 전체가 불경기여서 모두들 꼼꼼하게 계산하며 사는 힘든 날들을 보냈다.

- 阿芳是个习惯于精打细算的女人，很会过日子。
  아팡은 꼼꼼하게 계산하는 것이 습관이 된 여자라서 살림을 아주 잘한다.

② 精益求精 jīngyìqiújīng 훌륭하지만 더욱 더 완벽을 추구하다

◆ 함의

(기술, 품질, 수공예 솜씨) 이미 대단히 좋은데 더욱 더 좋기를 추구하다.

◆ 예문

- 来这里的顾客都是艺术界的名人，他们对衣服的尺寸样式精益求精，稍有不如意就要求重做。
  이 곳에 오시는 손님은 모두 예술계의 유명인사로 그들은 옷의 치수나 디자인에 대해 훌륭해도 더 완벽을 추구한다. 조금이라도 마음에 들지 않으면 다시 하기를 요구한다.

- 白大夫对自己的医术精益求精，成功完成了许多疑难手术，赢得了广大患者的尊敬。
  닥터 바이는 자신의 의술에 대해 훌륭하지만 더욱 더 완벽을 추구하여, 많은 어려운 수술을 성공적으로 마쳐 많은 환자들의 존경을 받았다.

- 王先生对自己的作品改了又改，真是精益求精。
  왕씨는 자신의 작품을 고치고 또 고쳐서 정말 훌륭하지만 더욱 더 완벽을 추구한다.

③ 举世瞩目　jǔshìzhǔmù　어찌 해볼 도리가 없다, 방법이 없다

◆ 함의

어떤 사물이 특별하고 아주 평범하지 않아서 전세계의 관심을 끌다.

◆ 예문

- 今年8月举世瞩目的奥运会将在这里举行。
  올해 8월 전세계 사람들이 주목하는 올림픽이 이곳에서 거행될 것이다.

- 陈先生在数学领域取得了举世瞩目的成就。
  천선생은 수학 영역에서 전세계 사람들이 주목하는 성취를 이루었다.

- 这个地区的武装冲突如何结束，已经成为一个举世瞩目的问题。
  이 지역의 무장충돌이 어떻게 종결될 지는 이미 전세계 사람들이 주목하는 문제가 되었다.

④ 举世闻名　jǔshìwénmíng　세계적으로 유명하다, 전세계에 이름이 알려지다, 명성이 아주 대단하다, 온세상에 이름이 나다

◆ 함의

대단히 유명하여 전세계가 모두 안다.

◆ 예문

- 1934年10月中国红军开始了举世闻名的万里长征。
  1934년 10월 중국의 홍군은 세계적으로 유명한 대장정을 시작하였다.

- 埃及的金字塔举世闻名。
  이집트의 피라미드는 세계적으로 유명하다.

- 50年前的那一场战争使这个城市举世闻名。
  50년전의 그 전쟁은 이 도시가 세계적으로 유명해지게 하였다.

4. 응용

★ 빈칸에 알맞은 단어 선택하기

A. 精打细算　　　B. 精益求精　　　C. 举世瞩目　　　D. 举世闻名

1 爸爸工资很低，妈妈又没有工作，家里买什么不买什么都得_____。

2 正在举行的多国领导人的会晤非常重要，可以说_____，人们十分关心会议的成果。

3 那里是_____的旅游胜地，每年都有大量来自世界各地的游客去那里观光。

4 我们对产品质量必须_____，只有这样我们才能在激烈的市场竞争中生存发展下去。

5 妈妈经常说，过日子就要_____，不能随便浪费。

 理所当然、开天辟地、理直气壮、可想而知

1. 잰말놀이

dāng rán zhè yàng　lǐ suǒ dāng rán
当然这样 - 理所当然　　당연히 이러하다 – 이치로 보건대 당연하다

xīn de chuàng zào　kāi tiān pì dì
新的创造 - 开天辟地　　새로운 창조 – 천지개벽

shuō huà zì xìn　lǐ zhí qì zhuàng
说话自信 - 理直气壮　　말에 자신감이 있다 – 이유가 충분하여 하는 말이 당당하다

qíng kuàng míng xiǎn　kě xiǎng ér zhī
情况明显 - 可想而知　　상황이 뚜렷하다 – 가히 짐작할 수 있다

2. 본문

张律师理直气壮地为民工讨工资，争权利，理所当然受到了民工们的拥戴和尊敬。今年，在张律师的帮助下，他们还成立了民工工会，这可是开天辟地的好事情，可想而知，民工们是多么高兴了。

장 변호사는 떳떳하고 당당하게 노동자들을 위해 월급을 청구하고 권리를 쟁취하니, 당연히 노동자들의 추대와 존경을 받는다. 올해 장 변호사의 도움으로 그들은 노동조합을 설립하게 되었다. 이는 천지가 개벽할 만한 좋은 일로 노동자들이 얼마나 기뻐했을지는 가히 짐작할 수 있다.

3. 본문 해석

① 理所当然 lǐsuǒdāngrán 도리로 보아 당연하다, 당연한 이치이다

◆ 함의

일반적인 이치에 근거하여 당연히 이러해야 한다.

◆ 예문

- 外地人到了北京理所当然要去天安门、故宫看看。
  외지 사람들은 베이징에 오면 당연히 천안문과 고궁을 둘러보려고 한다.

- 他认为，我是四川人，理所当然喜欢吃辣椒，所以每次做饭都放很多辣椒。
  그는 내가 쓰촨 사람이어서 당연히 고추를 좋아할 것이라고 생각한다. 그래서 매번 음식을 만들 때마다 고추를 많이 넣는다.

- 你买东西就要花钱，这是理所当然的。
  물건을 사려면 돈을 써야지, 이건 당연한 이치야.

② 开天辟地 kāitiānpìdì 천지개벽

◆ 함의

본래는 이 세계를 창조한 것을 가리켰는데 지금은 다음의 두 가지 의미로 쓰인다. 매우 이른 시기(초창기 시기), 그리고 신기원을 일으킨 큰 사건을 의미한다.

◆ 예문

- 一个普通农民可以有自己的飞机，这在中国可以说是开天辟地的事情。
  보통의 농민에게 자가용 비행기가 있을 수 있다는 것은 중국에서 천지개벽할 일이다.

- 儿子娶回了个博士媳妇，这在我们家可是开天辟地头一回。
  아들이 박사 며느리를 얻어 왔는데, 이는 우리 집안에 처음 있는 천지개벽할 일이다.

③ 理直气壮   lǐzhíqìzhuàng   이유가 충분하여 하는 말이 당당하다, 이유가 정확하여 하는 태도가 떳떳하다

◆ 함의

자신이 일리가 있다고 생각하기 때문에 말하고 일을 하는 태도가 강경하다.

◆ 예문

- 小宝指着方程问班长："他为什么不去？"
  方程理直气壮地说："我病了！"
  샤오바오는 팡청을 가리키며 반장에게 물었다. "쟤는 왜 안 가는데?"
  팡청은 당당하게 말했다. "난 아프거든!"

- "笃笃笃"，一个理直气壮的声音在敲门，我赶紧擦擦手去开门。
  "똑똑똑"당당하게 문을 두드리는 소리가 나자 나는 재빨리 손을 닦고 문을 열러갔다.

- 我没有拿他的东西就是没有，我可以理直气壮地对他说。
  내가 그의 물건을 가져가지 않았다면 안 가져간거야, 난 떳떳하게 그에게 말할 수 있다.

④ 可想而知   kěxiǎng'érzhī   가히 짐작할 수 있다, 미루어 알 수 있다

◆ 함의

일반적인 이치에 근거해서 생각해보면 알 수 있다. 쉽게 이해하고 상상할 수 있다.

◆ 예문

- 我大约花了一个月时间，才将我的这篇论文交给我的导师过目。导师惊讶而又兴奋的表情是可想而知的。
  나는 약 한 달이란 시간을 들여서 겨우 나의 이 논문을 지도교수님께 검토해 봐달라고 제출했다. 지도교수님의 놀라고 흥분한 표정은 가히 짐작할 수 있는 것이었다.

- 走失七天的儿子突然出现在他们的面前，他们当时的惊喜可想而知。
  7일째 실종됐던 아들이 갑자기 그들 앞에 나타났다. 그들의 당시의 놀라고 기쁜 마음은 미루어 짐작할 만하다.

- 可想而知，这么高的学费对于一个贫困的农民家庭来说，是一个多么大的负担。
  미루어 알 수 있듯이, 이렇게 비싼 학비는 빈곤한 농민 가정에게 얼마나 큰 부담이겠는가.

4. 응용

★ 빈칸에 알맞은 단어 선택하기

A. 理所当然　　　B. 开天辟地　　　C. 理直气壮　　　D. 可想而知

1 分别十年的妻子突然出现在了王先生面前_____，他是多么地惊讶和激动。

2 你的话伤害了她，她不高兴是_____的。

3 小丁小学毕业就直接上大学，这在我们学校可是_____头一回。

4 假期工资要加倍，这是我们的权利，我们为什么不能_____地争取？

5 是她违反了公司的劳动纪律，我们还没有批评她，她倒来找我们了，还一副_____的样子。

연습 7

■ 밑줄 친 부분이 나타내는 뜻을 바르게 나타낸 것을 고르시오.

1. 爱能唤起失望者对人生的向往，它可以促使犯错误甚至犯罪的人改邪归正，重新做人。
   A.改变态度　　　　　　　　　　B.改正错误的行为方式
   C.修改不正确的路线　　　　　　D.把邪恶和正义放在一起

2. 男主外，女主内，这种根深蒂固的观念不是说变就能变的。
   A.非常牢固　　　　　　　　　　B.很深刻
   C.很落后　　　　　　　　　　　D.很根本

3. 这个专业的毕业生现在是供不应求，就业根本不成问题。
   A.很有能力　　　　　　　　　　B.不用请求别人
   C.人数很多　　　　　　　　　　D.人数不够多

4. 老叶说："如果社会的改革必须以一部分人的失业为代价，我老叶还是有点儿觉悟，能顾全大局的。"
   A.关心大家　　　　　　　　　　B.考虑保全大的方面的利益
   C.掌握大的局面　　　　　　　　D.考虑很全面

5. 我们面临着这么多的困难，怎么解决？归根到底要靠发展经济。
   A.特别应该　　　　　　　　　　B.从根本上说
   C.回归到最深的地方　　　　　　D.看个究竟

6. 既然你不打算离婚，就得跟她和平共处下去，那么就应该尽量少发生争吵。
   A.不发生冲突，共同存在发展　　B.在一起生活
   C.平静地处理问题　　　　　　　D.和和气气地处理

⑦ 事情已经发生了，你要是给我个合情合理的解释也就罢了，可你连一句话都没有，我心里怎么能平衡？
　　A.感情和道理结合在一起　　　　　B.情况和理由
　　C.心情理解　　　　　　　　　　　D.符合情理

⑧ 公司倒闭了，原来在一起创业的几个哥们不得不各奔前程了。
　　A.都逃跑了　　　　　　　　　　　B.各人往前边跑
　　C.找更好的公司　　　　　　　　　D.各找各的出路

⑨ "蒋委员长"是个看门的老头儿，在我们小区家喻户晓。
　　A.很有名，大家都知道　　　　　　B.家家都明白
　　C.大家用来比喻　　　　　　　　　D.家里人知道

⑩ 赵一曼女士被敌人抓住后，坚贞不屈，最后惨遭杀害。
　　A.坚强不屈服　　　　　　　　　　B.坚固不弯曲
　　C.没有冤屈　　　　　　　　　　　D.一定有冤屈

⑪ 他手里拿着小说，正读得津津有味，电话铃突然响了起来。
　　A.有很好的气味　　　　　　　　　B.觉得很有趣味
　　C.流出了口水　　　　　　　　　　D.很香甜

⑫ 我们国家人均资源并不丰富，必须精打细算节约各种资源，才能持续发展。
　　A.有计划　　　　　　　　　　　　B.特别仔细地计划、计算
　　C.聪明的打算　　　　　　　　　　D.认真考虑

⑬ 我们公司对自己的产品质量精益求精，每年投入大量资金用于科研开发。
　　A.要求精确　　　　　　　　　　　B.要求很多
　　C.很细心　　　　　　　　　　　　D.要求很高

⑭ 老师们对元宾不理不睬，同学们也受老师们的影响，对元宾敬而远之。
　　A.很尊敬　　　　　　　　　　　　B.离得很远
　　C.很看不起　　　　　　　　　　　D.很疏远

15 中国的万里长城<u>举世闻名</u>，来中国旅游的人都要去登一登长城。
   A.很高很有名　　　　　　　　B.很长很有名
   C.听到名字　　　　　　　　　D.全世界都知道

16 中国改革开放取得的巨大成就<u>举世瞩目</u>。
   A.举手远望　　　　　　　　　B.全世界都关注
   C.很好看　　　　　　　　　　D.很高兴地笑

17 从<u>开天辟地</u>到如今，有谁真正关心过这样的问题呢？
   A.一天到晚　　　　　　　　　B.从天上到地下
   C.刚开始的时候　　　　　　　D.世界刚开始存在的时候

18 四十多年后，在一个偶然的机会里他居然见到了那位女同学。你<u>可想而知</u>，老头在心里牵挂了几十年的当年的那位女同学如今是什么样子了。
   A.想一想就可以知道　　　　　B.很想知道
   C.一定想知道　　　　　　　　D.真的想知道吗

19 很多独生子女把别人对自己的关心视为<u>理所当然</u>，一点也没有感激的心情。
   A.很合理　　　　　　　　　　B.不讲理
   C.当然有道理　　　　　　　　D.当然应该这样

20 杜立新小心地解释说："儿子在他们那儿吃了这么多天，就算是饭钱吧！"宋玉兰立即<u>理直气壮</u>地反驳道："他是你们杜家的孙子，吃几顿饭是应该的。"
   A.很生气　　　　　　　　　　B.觉得自己很有理
   C.说话很直率　　　　　　　　D.站得很直大声说话

단원 연습 2

1 빈칸을 채우시오.

实□求是	成千□万	□心大意	聚精□神	千□百计
无可□何	兴高采□	自始□终	自相矛□	画□添足
无□如何	总而□之	万古长□	一路□风	一□之长
一言一□	接二连□	朝三□四	三□五次	七□八舌
乱七八□	按劳□配	百□齐放	百家争□	半□而废
暴风□雨	不正之□	不相□下	诚心诚□	川□不息
从□不迫	大公□私	大同□小	大有可□	得不□失
独立□主	发愤□强	发扬光□	改□归正	格□不入
各□前程	根深□固	供不□求	顾全大□	归□到底
和平□处	合情合□	家喻户□	坚□不屈	津津□味
精□细算	精□求精	敬而□之	举世□名	举世□目
开天□地	可□而知	理□当然	理直□壮	美□不足
门当□对				

2 다음 보기 중 밑줄 친 부분의 뜻에 부합하는 말을 고르시오.

1. 看着街上川流不<u>息</u>的行人，我想了很多很多。
    A.呼吸　　　B.休息　　　C.停止　　　D.叹息
2. 教室里同学们都在聚精<u>会</u>神地听课。
    A.集中　　　B.可以　　　C.会议　　　D.会见

3. 本来他讲得很好，可是最后他画蛇添足地说了一句，让大家非常生气。
  A.满意   B.不满意   C.脚   D.足够

4. 你好好干吧，这项工作大有可为。
  A.为了   B.做   C.目的   D.成为

5. 老王做什么都是精益求精。
  A.好   B.精神   C.精确   D.准确

6. 现在我们还比较落后，必须努力工作发愤图强啊。
  A.地图   B.图画   C.追求   D.计划

7. 他呀，别提了，白忙活了半天，得不偿失。
  A.赔偿   B.补偿   C.还给   D.吃

8. 这种不正之风早就应该杀杀了。
  A.风气   B.刮风   C.风水   D.风景

9. 那里的风景举世闻名，怎么，你没听说过？
  A.用鼻子闻   B.有   C.听到   D.新闻

10. 这本书卖得很好，现在是供不应求啊。
  A.应该   B.回答   C.答应   D.满足

제1절　美中不足、莫名其妙、门当户对、面面俱到
제2절　名副其实、目中无人、岂有此理、萍水相逢
제3절　奇花异草、恰到好处、恰如其分、全力以赴
제4절　热泪盈眶、思前想后、勤工俭学、前所未有
제5절　似是而非、随时随地、滔滔不绝、全心全意
练习八

 美中不足、莫名其妙、门当户对、面面俱到

1. 잰말놀이

xiǎo de yí hàn   měi zhōng bù zú
小的遗憾 - 美中不足   작은 유감 – 완벽한 가운데 부족함이 있음, 옥에 티

shì qíng qí guài   mò míng qí miào
事情奇怪 - 莫名其妙   일이 이상하다 – 영문을 알 수 없음

liǎng jiā xiāng sì   mén dāng hù duì
两家相似 - 门当户对   두 집이 서로 비슷하다 – 두 집안의 사회적 지위·경제적인 형편 따위가 걸맞다

guò fèn quán miàn   miàn miàn jù dào
过分全面 - 面面俱到   지나치게 전면적이다 – 구석구석까지 빈틈 없이 살피다

2. 본문

A: 王娜跟小李本来快要结婚了，怎么突然又分手了呢？真是莫名其妙！
　　왕나하고 샤오리는 원래 곧 결혼하기로 했었는데, 왜 갑자기 헤어진 거죠? 무슨 영문인지 모르겠네요!

B: 小李各方面都很优秀，美中不足的是家里比较穷。
　　샤오리가 모든 면에서 다 훌륭한데, 옥에 티라면 집이 가난하잖아요.

A: 听说主要是王娜的妈妈反对？
　　듣기로 왕나 엄마가 주로 반대하셨다던데요.

B: 是啊。她妈妈要求找个门当户对的女婿。
　　맞아요. 그녀 엄마는 비슷한 집안의 사위를 찾으라고 하셨데요.

A: 唉，这样面面俱到，要求也太高了吧！
　　에고, 그렇게 모든 면을 다 갖추려고 하다니, 바라는 게 너무 지나치네요!

B: 可不是吗？
　　누가 아니래요?

3. 본문 해석

① 美中不足 měizhōngbùzú 모든 점이 다 좋은데, 아깝게도 작은 흠 또는 부족한 점이 있다. 옥에도 티가 있다

◆ 함의

많은 장점이 있지만, 여전히 만족스럽지 못한 부분이 있다는 뜻임.

◆ 예문

- 陈教授相貌堂堂，事业有成，有房子有汽车，美中不足的是四十多岁了还没结婚。
  천교수는 외모가 출중하고, 일에 있어서도 성공하고, 집 있고 차 있고, 다 좋은데 부족한 것이라면 마흔 몇 살이 되도록 아직 결혼을 못 한 것이다.

- 著名的美女西施也有美中不足，她脚大，所以爱穿长裙，可以遮住脚。
  유명한 미녀 서시도 옥에티가 있었으니, 발이 커서 긴 치마를 즐겨 입어서 발을 감출 수 있도록 했다.

- 这对夫妻各方面条件都很好，就是没有孩子，可以说是美中不足。
  이 부부는 모든 면의 조건이 다 좋은데, 다만 아이가 없다는 것이 옥에티라고 할 수 있다.

② 莫名其妙 mòmíngqímiào 영문을 알 수 없다

◆ 함의

아무도 그 원인을 말할 수 없고, 왜 그런지 모르다.

◆ 예문

- 我们俩相视大笑，周围的人也跟着笑起来，其实他们觉得莫名其妙。
  우리는 서로 바라보면서 크게 웃었고, 주변에 있던 사람도 따라서 웃기 시작했는데, 사실 그들은 영문을 몰랐다.

- 女人到了更年期，情绪不稳，常常会莫名其妙地发火。
  여자들은 갱년기가 되면, 정서가 불안정하고, 자주 영문도 모르게 화를 낸다.

- 我好心好意向她问好，她却说"没意思！"真是莫名其妙。
  나는 좋은 맘으로 그녀에게 안부를 물었는데, 그녀는 "재미없어"라고 말하니, 정말 무슨 영문인지 모르겠다.

③ 门当户对　méndānghùduì　두 집안의 사회적 지위·경제적인 형편 따위가 걸맞다

◆ 함의

결혼하는 두 집안의 가정형편이 비슷함.

◆ 예문

- 方方认为小周是美国回来的博士，和自己是门当户对，所以就开始和他谈恋爱。
  팡팡은 샤오쪼우가 미국에서 공부하고 돌아온 박사라, 자신과 형편이 맞다고 생각하여서, 그와 연애를 시작하였다.

- 老丁32岁的时候娶了比他小11岁的王云，虽然年龄差得多了些，但在那个时代也算是门当户对吧。
  라오띵은 서른 둘에 그 보다 열한 살 아래인 왕윈을 아내로 맞았는데, 비록 나이 차이가 좀 많이 났지만, 그 시대에는 걸맞는 혼사인 셈이었지.

- 这两所学校都是世界著名的大学，我们结为友好学校可以说是门当户对。
  이 두 학교는 모두 세계적으로 유명한 대학이어서, 우리가 자매학교로 맺게 되면 서로 걸맞다고 할 수 있다.

④ 面面俱到　miànmiànjùdào　모든 방면 두루두루 다 살펴 갖추다

◆ 함의

모든 방면을 다 살펴서, 매우 주도면밀함.

◆ 예문

- 公司的章程规定得很细，可以说是面面俱到。
  회사의 조례규정은 매우 상세해서, 모든 면이 다 망라되어 있다.

- 他讲得面面俱到，可是大家也听不出一个重点来，所以也没留下什么印象。
  그는 이것저것 두루 말했지만, 사람들은 한 가지 요점도 들을 수가 없어서, 무슨 인상도 남기지도 못했다.

- 这份报告你把重要的几点写出来就行了，不要面面俱到。
  이 보고서에서 너는 중요한 것 몇가지만 쓰면 되지, 너무 일일이 다 챙기지마라.

4. 응용

★ 빈칸에 알맞은 단어 선택하기

A. 美中不足　　　B. 莫名其妙　　　C. 门当户对　　　D. 面面俱到

1 大家正在认真听课，王小伟突然大笑起来，大家都_____地转过脸看他。

2 这座大楼的建筑质量、设计风格都很好，但周围环境不够安静可以说是_____。

3 要找个性格相投_____的爱人并不容易。

4 作为领导应该注意把握全局，不需要_____，什么事儿都管。

5 时间这么紧，如果再_____，我们还能完成任务吗？

제2절 名副其实、目中无人、岂有此理、萍水相逢

1. 잰말놀이

què shí bù jiǎ　　míng fù qí shí
确实不假 - 名副其实　　　확실히 거짓이 아니다 – 명실상부

fēi cháng jiāo ào　　mù zhōng wú rén
非常骄傲 - 目中无人　　　너무 오만하다 – 안하무인

huāng táng wú lǐ　　qǐ yǒu cǐ lǐ
荒唐无理 - 岂有此理　　　황당하고 이치에 맞지 않다 – 어찌 이럴 수가 있나

ǒu rán xiāng yù　　píng shuǐ xiāng féng
偶然相遇 - 萍水相逢　　　우연히 만나다 – (알지 못하던 사이에) 우연히 만나게 되다

2. 본문

A: 他说这种产品不可能是我们自己生产出来的，因为我们没有合格的技术人员。
그는 이제품을 우리가 직접 생산해냈을 리가 없다고 말하는데, 왜냐면 우리는 제대로 된 기술자가 없기 때문이래요.

B: 他也太目中无人了吧。
그사람도 너무 안하무인이죠.

A: 就是，我们的工程师都是名副其实的汽车专家，怎么能说他们不合格呢？真是岂有此理！。
맞아요, 우리 기술자들은 모두 명실상부한 자동차전문가인데, 어떻게 그 사람들을 자격이 안된다고 할 수 있어요? 정말 어떻게 그럴수가!

B: 唉，算了。我们跟他萍水相逢，其实也不必跟他较真。
에이, 내버려둡시다. 우리랑 그 사람은 오다가다 만난 사이이니, 사실 그사람과 이고 아니고를 따질 필요도 없어요.

3. 본문 해석

① 名副其实　míngfùqíshí　명실상부하다

◆ 함의

명성과 실제 상황이 서로 부합되고 일치함. 명실상부하다

◆ 예문

- 王师傅技术高，工作有热情，这一次被评为劳动模范，是名副其实啊。
  왕쓰푸는 기술이 좋고, 일에 열정을 가지고 있어서, 이번에 모범근로자로 선정된 것은, 명실상부한 것이다.

- 我们这是名副其实的百年老店，我们卖的东西您就放心吧。
  우리는 명실상부한 백 년 전통의 상점이니, 우리가 파는 물건은 안심하세요.

- 桂林的风景美，那是名副其实的。
  계림의 풍경이 아름답다고 하는데 그것은 명성에 걸맞는 곳이다.

② 目中无人　mùzhōngwúrén　안하무인

◆ 함의

모든 사람을 무시하고, 다른 사람은 안중에 없음.

◆ 예문

- 老宋进来，直接走向大沙发，一屁股坐下，一副目中无人的样子。
  라오쑹은 들어와서 곧바로 큰 쇼파로 향하더니, 털석 주저앉는 것이, 다른 사람은 안중에 없는 모습이었다.

- 刚取得一点成绩就开始目中无人了，你这样下去不会有什么大出息的！
  막 조금 성과를 얻었다고 안하무인격이 되니, 네가 이렇게 해서는 큰 발전이 있을 수가 없어!

- 你不要目中无人嘛，比你强的人多的是。
  너는 안하무인으로 굴지마라, 너보다 나은 사람은 얼마든지 있어.

③ 岂有此理　qǐyǒucǐlǐ　어떻게 이럴 수가 있나

◆ 함의

어떤 일이 합리적이지 않고, 어떤 사람이 억지를 써서 사람으로하여금 화가 나게함을 나타냄.

◆ 예문

- 我好心好意地劝她，她倒对我破口大骂，真是岂有此理！
  나는 좋은 맘 좋은 뜻으로 그녀를 타일렀는데, 그녀는 오히려 나한테 큰소리 욕을 해대니, 정말 어떻게 이럴수가!

- 我们已经交过管理费了，怎么又来收，岂有此理嘛。
  우리는 관리비를 이미 냈는데, 어떻게 또 받으러오나? 이런 법이 어디 있냐고.

- 这些人吃了饭不给钱，岂有此理！
  이 사람들은 밥은 먹고 돈은 안내니, 이런 법이 어디에있나요!

④ 萍水相逢　píngshuǐxiāngféng　우연히 마주치다

◆ 함의

원래 모르던 사람이 우연히 만나다.

◆ 예문

- 我们虽是萍水相逢，却很能说得来，于是就一起喝酒聊天。
  우리가 비록 어쩌다 만났지만, 말이 잘 통했다. 그래서 곧 함께 술마시며 얘기 나눴다.

- 对亲朋好友要友善，对萍水相逢的人也应该如此。
  친한 친구한테는 다정하게 대해야하고, 우연히 만난 사람한테도 마땅히 그래야한다.

- 我们萍水相逢，你为什么要说这样的话伤害我？
  우리는 우연히 만난 사이인데, 당신은 왜 그런 말을 해서 날 맘 상하게 하나요?

4. 응용

★ 빈칸에 알맞은 단어 선택하기

A. 名副其实   B. 目中无人   C. 岂有此理   D. 萍水相逢

1 共同的经历和爱好，使得两个_____的人一下子成为了好朋友。

2 参观了那所全国重点中学以后，我觉得他们确实是_____。

3 那个家伙太骄傲了，从来都是_____。

4 你做了错事，还不让人家说，真是_____！

5 他是_____的数学专家，大家都很佩服他。

 奇花异草、恰到好处、恰如其分、全力以赴

1. 잰말놀이

huā cǎo tè bié　qí huā yì cǎo
花草特别 - **奇花异草**　　화초가 특이하다 – 기이한 화초

chéng dù zhèng hǎo　qià dào hǎo chù
程度正好 - **恰到好处**　　정도가 딱 알맞다 – 딱 알맞음

fēi cháng hé shì　qià rú qí fèn
非常合适 - **恰如其分**　　매우 적합하다 – 꼭 맞음

zuò shì zhuān yī　quán lì yǐ fù
做事专一 - **全力以赴**　　일에 집중하다 – 전력을 다함

2. 본문

李先生家里养着很多奇花异草，他每天不做别的事，就全力以赴照顾这些花草。他把每棵花草都修剪得恰到好处，特别漂亮。邻居们送他一个外号"花痴"，这个外号倒也恰如其分。
이선생님은 집에 많은 특이한 화초를 기르고 있는데, 매일 다른 일은 안 하고, 전력으로 그 화초들을 돌본다. 그는 모든 화초를 딱 보기좋게 손질하여, 유난히 예쁘다. 이웃들은 "꽃바보"라는 별명을 선물했고, 이 별명은 그에게 딱 맞는 것이다.

3. 본문 해석

① 奇花异草　qíhuāyìcǎo　기이한 화초

◆ 함의

기이한 꽃과 풀

◆ 예문

- 王教授没有什么别的爱好，就是对奇花异草特别感兴趣。
  왕교수는 무슨 다른 취미는 없지만, 기이한 화초에 대해 특별히 흥미를 느낀다.
- 这个植物园里有许多奇花异草，很值得一看。
  이 식물원 안에는 많은 기이한 화초가 있어서, 한번 볼만하다.
- 这些在山沟里很普通的花，到了城里就成了奇花异草，很受人们的欢迎。
  이 산골짜기에서는 아주 일반적인 꽃들이 도시로 가면 기이한 화초가 되어, 사람들에게 매우 인기가 있다.

② 恰到好处　qiàdàohǎochù　꼭 알맞음

◆ 함의

넘치지 않고 모자라지도 않게 딱 맞음.

◆ 용법

사물이 사람한테 주는 느낌이나 인상을 묘사하는데 주로 쓰임.

◆ 예문

- 面前的这位姑娘，眼睛大大的，鼻子不高不低恰到好处，模样十分可爱。
  앞에 이 아가씨는 눈이 큼지막하고 코는 높지도 낮지도 않은 게 딱 적당하고, 생김새가 아주 귀엽다.
- 他很小心地谈笑，只恐怕破坏了恰到好处的亲密气氛。
  그는 아주 조심스럽게 담소하며 화기애애한 딱 좋은 분위기를 깰까만을 걱정했다.
- 说话办事要做到恰到好处是很难的。
  말이나 일을 처리하는데 딱 알맞게 하는 것은 어려운 것이다.

③ 恰如其分　qiàrúqífèn　꼭 알맞음

◆ 함의

실제 상황에 꼭 맞고 정도가 딱 알맞음

◆ 예문

- 王兵的性格很复杂，我很难描绘得恰如其分。
  왕빙의 성격은 매우 복잡해서, 내가 딱 맞게 묘사하기가 어렵다.

- 学校对这个事件作出了恰如其分的评价。
  학교는 이 일에 대해 꼭 알맞은 평가를 했다.

- 对孩子严格要求是对的，但也要恰如其分。
  아이에게 엄격하게 요구하는 것은 옳은 것이나, 또한 알맞게 해야 한다.

④ 全力以赴　quánlìyǐfù　온 힘을 다하다

◆ 함의

어떤 일을 하기 위해서, 전력을 다함.

◆ 예문

- 要想做好一件事情，必须全力以赴。
  한 가지 일을 잘 하고 싶다면, 반드시 전력을 다해야 한다.

- 那时候他全力以赴搞科研，把恋爱结婚的事儿也耽误了。
  그때 그는 전력을 다해서 연구를 하느라 연애하고 결혼하는 일도 미뤄지게 되었다.

- 你想成功必须全力以赴，因为这个行业竞争很激烈。
  네가 성공하고 싶다면 반드시 전력을 쏟아부어야 된다. 왜냐하면 이 업종은 경쟁이 매우 치열하거든.

4. 응용

★ 빈칸에 알맞은 단어 선택하기

A. 奇花异草   B. 恰到好处   C. 恰如其分   D. 全力以赴

1 这个公园很普通，没有什么_____。

2 我们要求也不高，只希望国家给我们这部分老兵一个_____的评价。

3 不管多么复杂的事情，杨秘书都能处理得_____，所以总经理很喜欢她。

4 "马大哈"这个词用在你身上倒也_____。

5 朱小姐办事认真负责，只要你把工作交给她，她就会_____去做好。

 热泪盈眶、思前想后、勤工俭学、前所未有

1. 잰말놀이

fēi cháng gǎn dòng　rè lèi yíng kuàng
非常感动 - 热泪盈眶　　　매우 감동하다 – 뜨거운 눈물이 눈가에 가득함

duō cì kǎo lǜ　sī qián xiǎng hòu
多次考虑 - 思前想后　　　여러 번 고려하다. – 심사숙고함

dǎ gōng shàng xué　qín gōng jiǎn xué
打工上学 - 勤工俭学　　　아르바이트하면서 학교 다니다 – 고학으로 공부하다

cóng lái méi yuǒ　qián suǒ wèi yǒu
从来没有 - 前所未有　　　여지껏 한 번도 없었다 – 전에 있은 적이 없음

2. 본문

李平家里很穷，上大学的费用全靠她勤工俭学来解决。最近她考取了我们学院的研究生，但是学费比较贵，她思前想后觉得自己很难靠勤工俭学来完成学业，于是决定放弃。老师们把她的情况报告给学校，学校决定免收李平的学费，而且，老师们主动承担她的生活费用。李平感动得热泪盈眶。这种情况在我们学院是前所未有的。

리핑은 집이 가난해서, 대학 다니는 비용을 그녀는 전부 일하면서 공부하는 것으로 해결한다. 최근 그녀는 우리 대학 대학원생으로 합격했지만, 학비가 비교적 비싸서, 고심끝에 자신이 고학으로 학업을 완성하는 것은 매우 어렵다고 느껴서, 포기하기로 결정했다. 선생님들이 그녀의 형편을 학교에 보고했더니, 학교는 그녀의 학비를 면해주기로 결정하였고, 선생님들은 자발적으로 그녀의 생활비를 부담했다. 리핑은 감동하여 뜨거운 눈물이 눈가에 가득했다. 이런 상황은 우리 대학에 전에 있었던 적이 없었다.

3. 본문 해석

① 热泪盈眶 rèlèiyíngkuàng 뜨거운 눈물이 눈가에 가득하다

◆ 함의

마음 속으로 매우 감동하고, 감격하여 뜨거운 눈물이 흘러나오려고 함.

◆ 어구배합

[动+得~]

高兴得~   기뻐서 눈가에 뜨거운 눈물이 가득하다
激动得~   감격하여 눈가에 뜨거운 눈물이 가득하다
感动得~   감동하여 눈가에 뜨거운 눈물이 가득하다
笑得~   웃어서 눈가에 뜨거운 눈물이 가득하다

◆ 예문

- 看到大家点上蜡烛，一起唱起祝你生日快乐的歌，我感动得热泪盈眶。
  다같이 초에 불을 켜고, 함께 생일축하 노래를 부르는 것을 보고 나는 감동하여 뜨거운 눈물이 눈가에 가득해졌다.

- 那部电影很感人，我们看得热泪盈眶。
  그 영화는 감동적이어서, 우리는 보느라 뜨거운 눈물이 눈에 가득했다.

- 听了他动人的演讲，听众热泪盈眶，拼命地鼓掌。
  그의 감동적인 강연을 듣고, 청중들은 눈가에 뜨거운 눈물이 가득하여, 있는 힘을 다해 박수를 쳤다.

② 思前想后 sīqiánxiǎnghòu 심사숙고하다

◆ 함의

어떤 일에 대하여 반복적으로 생각하고, 이리저리 생각해 봄.

♦ 예문

- 在城里虽然挣钱比较多，但是很多人看不起他，后来思前想后，他还是带着妻子回到了农村的老家。
  도시에서는 비록 돈은 비교적 많이 벌지만, 많은 사람들이 그를 무시해서, 나중에 심사숙고한 후, 그는 아내를 데리고 농촌의 옛집으로 돌아왔다.

- 从公司回来，他思前想后觉得自己吃了亏，心里特别难受。
  회사에서 돌아와서, 그는 이리저리 생각한 후 자기가 손해를 봤다고 느껴져서, 마음이 엄청 괴로웠다.

- 我思前想后觉得不对劲儿，所以没有答应跟他走，事实证明他果然是个骗子。
  나는 이리저리 생각해도 낌새가 이상하다고 느껴져서, 그와 가는 것을 허락하지 않았는데, 사실이 그가 예상한대로 사기꾼이었음을 증명했다.

③ **勤工俭学** qíngōngjiǎnxué 일하면서 공부하다

♦ 함의

학교 다니면서 일하고, 일을 통해서 번 돈은 학교 다니는 비용으로 함

♦ 예문

- 上个世纪二十年代中国很多学生去法国勤工俭学，其中就有周恩来。
  지난 세기 20년대 중국의 많은 학생들이 프랑스에 가서 고학했었는데, 그 중에 조우언라이가 있었다.

- 为了帮助困难学生，学校尽量给他们创造勤工俭学的机会。
  어려운 학생들을 돕기 위하여, 학교는 최대한 그들에게 일하면서 학교 다닐수 있는 기회를 만들어 준다

- 这所学校勤工俭学的学生比较多。
  이 학교는 돈 벌면서 학교 다니는 학생들이 비교적 많다.

④ **前所未有** qiánsuǒwèiyǒu 예전에 있은 적이 없다

♦ 함의

이전에는 한 번도 없었고, 이번이 처음임.

◆ 예문

- 新的改革措施激发了大家前所未有的工作热情。
  새로운 개혁조치는 모두에게 전에 없던 열정을 불러일으켰다.

- 小红今天受到了前所未有的重视。
  샤오홍은 오늘 예전에 없었던 중시를 받았다.

- 女人当总统在这个国家是前所未有的事情。
  여자가 대통령이 된 것은 이 나라에서 전에 없었던 일이다.

4. 응용

★ 빈칸에 알맞은 단어 선택하기

A. 热泪盈眶   B. 思前想后   C. 勤工俭学   D. 前所未有

1 这项政策实行以后，农村出现了_____的好局面。

2 小玉_____觉得自己特别委屈，于是忍不住哭出了声来。

3 现在大学里_____的人很多，大家觉得这是好现象。

4 听完他的故事，云云感动得_____，觉得他更可爱了。

5 面对着_____的观众，演员们多次鞠躬谢幕。

 似是而非、随时随地、滔滔不绝、全心全意

1. 잰말놀이

yì si mó hu　　sì shì ér fēi
意思模糊 - 似是而非　　　　의미가 모호하다 – 맞는 것 같으나 아님

méi yǒu xiàn zhì　　suí shí suí dì
没有限制 - 随时随地　　　　제한이 없다 – 언제 어디서나

yì zhí shuō huà　　tāo tāo bù jué
一直说话 - 滔滔不绝　　　　계속 말하다 – 끊임없이 말함

quán bù xīn sī　　quán xīn quán yì
全部心思 - 全心全意　　　　온 마음을 다하다 – 성심성의껏 하다

2. 본문

结婚以后阿真辞去了工作，全心全意照顾自己的新家庭，随时随地整理房间，把家里收拾得干净整齐。可是婆婆是个爱唠叨的人，每天滔滔不绝地跟阿真讲做妻子的道理，应该这样应该那样。她讲的道理似是而非，阿真心里很烦。

결혼 후에 아진은 일을 관두고, 온 마음을 다하여 자신이 새 가정을 돌보고, 언제 어디서나 방을 정리해서 집을 깔끔하고 가지런하게 정돈했다. 그러나 시어머니가 잔소리를 좋아하는 사람이어서, 매일 아진에게 끊임없이 아내됨의 도리를 얘기하고, 마땅히 이렇게 하고 저렇게 해야 한다고 하신다. 시어머니가 말씀하시는 것이 맞는것 같으면서도 아니어서, 아진은 마음이 답답하다.

3. 본문 해석

① 似是而非 sìshìérfēi 그런 것 같으나 그렇지 않음

◆ 함의

그런것 같기도 한데, 사실은 아님. 명확치 않고 불분명한 것을 형용함.

◆ 예문

- 听了他似是而非的回答，老师无奈地摇了摇头。
  그는 맞는거 같으면서도 틀린 대답을 듣고, 선생님은 하는 수 없다는듯 고개를 저었다.

- 他费劲画了半天，最后还是画得似是而非。
  그는 애를 써서 한나절을 그렸는데, 끝에가서는 여전히 제대로 그린것 같으면서도 잘못 그렸다.

- 他的似是而非的观点还真迷惑了不少人。
  그의 그럴듯한 관점은 그래도 정말 적지않은 사람들을 미혹시켰다.

② 随时随地 suíshísuídì 언제 어디서나

◆ 함의

언제 어디서나, 아무때 아무곳에서나

◆ 어구배합

[~+동사]

~打电话　　때와 장소를 가리지 않고 전화하다
~看到　　　언제 어디서나 보이다
~问我　　　때와 장소를 가리지 않고 나에게 묻다
~学习　　　수시로 공부하다

◆ 예문

- 他的工作并不稳定，随时随地都有失业的可能。
  그의 직장은 불안정하여 언제 어디서나 실직할 가능성이 있다.

- 只要我愿意，我随时随地都可以跟她打电话。
  내가 원하기만 하면, 나는 언제 어디서고 그녀에게 전화할 수 있다.
- 比尔很好学，遇到不懂的问题常常随时随地向别人请教。
  빌(Bill)은 매우 배우기를 좋아해서, 이해가 안가는 문제를 만나면 늘 때와 장소를 가리지 않고 다른 사람한테 가르침을 청한다.

③ 滔滔不绝 tāotāobùjué 줄줄 흐르는 물처럼 끊임이 없음

◆ 함의

말이 흐르는 물처럼 끊임없이 멈추거나 쉬지 않음을 형용함.

◆ 예문

- 他滔滔不绝地向我诉苦，说他的妻子如何欺骗了他， 他如何倒霉，如何痛苦。
  그는 끊임없이 나한테 하소연 하여 그의 아내가 어떻게 그를 속였으며, 그가 어떻게 재수가 없고, 어떻게 괴로운지를 말했다.
- 在公司里挨了批评，他一回到家就滔滔不绝地骂起人来。
  회사에서 꾸중을 듣고 그는 집에 도착하자마자 끊임없이 사람을 욕하기 시작했다.
- 我们都要睡着了，他还在滔滔不绝地说他的经历。
  우리는 거의 막 잠이 들려고 하는데, 그는 여전히 끊임없이 그의 경력을 얘기하고 있었다.

④ 全心全意 quánxīnquányì 온 마음을 다 하다

◆ 함의

모든 생각이나 감정을 어떤 대상 위에 쏟아붓고, 다른 생각이 없음.

◆ 예문

- 你们要全心全意增进友谊，不可怀有其他目的。
  너희는 전심전력을 다해 우의를 증진시켜야지, 그 외의 다른 목적을 가져서는 안 된다.

- 那时候他对我很好，我对他也是全心全意，什么都愿意给他，根本没有考虑过自己付出那么多是否值得。

  그때 그는 저에게 잘했고, 저도 그에게 정성을 다해서, 뭐든지 다 그에게 주길 바랬지, 자신이 그렇게 많이 베푸는 것이 그럴만한 가치가 있는 건지 아닌지는 전혀 생각해본 적이 없었다.

- 雷锋是全心全意为人民服务的典型。

  레이펑은 전심전력으로 인민을 위해 봉사하는 전형적인 인물이다.

4. 응용

★ 빈칸에 알맞은 단어 선택하기

A. 似是而非　　　B. 随时随地　　　C. 滔滔不绝　　　D. 全心全意

1 朱玲结婚以后就辞去了工作，_____做家务和照顾丈夫。

2 他的身体很不好，_____都可能发生危险。

3 他的回答_____，老师摇了摇头，脸上露出一丝苦笑。

4 他_____地讲了两个小时，连一口水也没喝。

5 对这种_____的道理，我们要小心，不能轻易相信。

연습 8

■ 밑줄 친 부분이 나타내는 뜻을 바르게 나타낸 것을 고르시오.

1. 小妹的外表可以说是标准的美女，唯一<u>美中不足</u>的是，她的学习成绩不是太好。
   A.众多优点当中同时存在的缺点　　B.不够十分美丽
   C.内心不够美　　D.不满意

2. 漂亮是最重要的，至于本人的职业和家庭出身则是次要的，叶群甚至不愿意找一个<u>门当户对</u>的高级干部的女儿当儿媳。
   A.对门的邻居　　B.地位很高
   C.家庭背景差不多　　D.家里有权力

3. 我们这次旅游计划考虑了很长时间，路线、吃住、交通工具、生活用品等等可以说是<u>面面俱到</u>。
   A.都准备好了　　B.各个方面都想到了
   C.面对面在一起　　D.准备各种面粉

4. 这里是<u>名副其实</u>的安全社区，多年来没有发生过一起刑事案件。
   A.实际情况　　B.真实的
   C.实际上很有名的　　D.名声和实际相符合的

5. 谁和她打交道都免不了吃苦头，有的人吃了她的苦头还<u>莫名其妙</u>
   A.很巧妙　　B.很不巧妙
   C.巧妙的没什么名气　　D.不明白怎么回事

6. 我们班上的刘真总觉得自己最了不起，一向<u>目中无人</u>。
   A.眼睛不太好　　B.没有别人
   C.眼前没有人　　D.不把别人放在眼里

7. 在这特定的情况下，两个<u>萍水相逢</u>的人互相关心互相帮助，比亲人还亲。
   A.偶然相遇　　B.在水里遇到
   C.通过喝水而认识　　D.在一起吃饭而认识

8 这里是深山老林，没有人烟，长满了<u>奇花异草</u>，出没着狼虫虎豹。
A.奇特的花和草　　　　　　　　B.奇怪的花和不同的草
C.很多花和草　　　　　　　　　D.花和草明显不同

9 他把房子存款都要了，还要带走儿子，什么也不给我留下，真是<u>岂有此理</u>！
A.有这样的道理　　　　　　　　B.哪里有这样的道理
C.他没有理　　　　　　　　　　D.我有道理

10 小凤仔细看着面前的西服，态度非常自然，她既不摇头，也不点头，脸上始终保持着<u>恰到好处</u>的微笑。
A.很高兴　　　　　　　　　　　B.很合适、得体
C.得到好处　　　　　　　　　　D.关系好

11 王教授给这种现象下了<u>恰如其分</u>的定义叫"急性厌学症"。
A.有区别　　　　　　　　　　　B.有特点
C.正好符合实际　　　　　　　　D.恰当区分

12 丈夫突然走了，方方感到<u>前所未有</u>的孤独，房间里的空气似乎都压得慌。
A.前边的地方　　　　　　　　　B.没有地方
C.过去从来没有　　　　　　　　D.以后不会再有

13 杨峰家里比较困难，为了减轻父母的负担，他一直在<u>勤工俭学</u>。
A.努力学习　　　　　　　　　　B.勤奋地工作
C.多工作少学习　　　　　　　　D.一边打工一边学习

14 小宁<u>全力以赴</u>地攻读了两年英语，终于通过了美国大学入学的语言水平考试。
A.用上所有的力量　　　　　　　B.努力快点儿
C.用全部力量跑步　　　　　　　D.累的倒下了

15 当时我<u>全心全意</u>支持他上学，没想到他毕业了却跟我离了婚。
A.真心地　　　　　　　　　　　B.有感情有意思
C.完全同意　　　　　　　　　　D.完全真心，没有别的想法

16 老潘思前想后，觉得这女人的话不可信，于是赶紧把给她的钱又要了回来。
　　A.反复地想　　　　　　　　　　B.想想以前和以后情况
　　C.有很多思想　　　　　　　　　D.很怀疑

17 他这样细心周到的安排让我热泪盈眶。
　　A.很热情　　　　　　　　　　　B.很温暖
　　C.很感动　　　　　　　　　　　D.受不了

18 我再三问她是不是同意我的意见，最后她似是而非地"嗯"了一声。
　　A.不清楚不明确　　　　　　　　B.很矛盾
　　C.不高兴　　　　　　　　　　　D.不同意

19 那个城市骑自行车的人很多，你随时随地都可以看见。
　　A.随着时间走　　　　　　　　　B.随便什么时候、随便一个地方
　　C.很多地方　　　　　　　　　　D.一直

20 李校长滔滔不绝地讲了两个小时，我们在下边看书的看书说话的说话，什么也没听进去。
　　A.流了很多口水　　　　　　　　B.讲一条大河的故事
　　C.连续不停　　　　　　　　　　D.没有拒绝

제1절　讨价还价、微不足道、无所作为、无可奉告

제2절　显而易见、无能为力、想方设法、无微不至

제3절　小心翼翼、天长地久、以身作则、永垂不朽

제4절　新陈代谢、循序渐进、引人注目、欣欣向荣

제5절　斩草除根、斩钉截铁、争先恐后、朝气蓬勃

练习九

 讨价还价、微不足道、无所作为、无可奉告

1. 잰말놀이

shāng liang jià gé　tǎo jià huán jià
商量价格 - 讨价还价　　가격을 상의하다 – 가격을 흥정함

hěn bú zhòng yào　wēi bù zú dào
很不重要 - 微不足道　　매우 중요하지 않다 – 보잘것 없어 말할 가치가 없음

méi zuò shén me　wú suǒ zuò wéi
没做什么 - 无所作为　　아무것도 하지 않는다 – 아무 업적도 없음

bù xiǎng huí dá　wú kě fèng gào
不想回答 - 无可奉告　　대답하고 싶지 않다 – 고할 수 있는 것이 없음

2. 본문

A: 我给你什么工作，你从来没有痛快地答应过，总要跟我讨价还价。
　　내가 너에게 무슨 일을 주든지, 너는 한 번도 흔쾌히 하겠다고 한 적이 없이 늘 나하고 흥정을 하려고 하지.

B: 向您提条件，是因为我不想胡乱应付，无所作为，我想把工作做好。
　　제가 조건을 제시하는 것은, 제가 아무렇게나 대강대강 해서 아무 실적도 없지 않도록 하고 저는 일은 잘 하고 싶어서 입니다.

A: 你不觉得你提的条件太高了吗？
　　넌 네가 제시하는 조건이 너무 과하다고는 생각하지 않니?

B: 我觉得我的要求是微不足道的，只要您想答应我。
　　저는 저의 요구가 아주 미미한거라고 생각하는데요, 당신이 승낙할 생각만 있으시다면요.

A: 呵呵，那么，我提一个私人问题，可以吗？
　　허허, 그러면, 내가 개인적인 문제를 말해도 될까?

B: 对不起，我无可奉告。
　　죄송합니다, 저는 말씀드릴 게 없어요.

3. 본문 해석

① 讨价还价　tǎojiàhuánjià　흥정하다

◆ 함의

물건을 사고 팔 때 쌍방간에 물건값을 반복해서 흥정함. 쌍방이 어떤 일의 조건을 흥정하는 것도 가리킴.

◆ 어구배합

[跟……]

跟他~	그와 흥정하다
跟学校~	학교와 조건을 흥정하다
跟老板~	사장님과 흥정하다

◆ 예문

- 李老板开口要一千块，我以为小林会跟他讨价还价，没想到小林那么痛快地就交了钱。
  이 사장님이 천원을 달라고 했고, 난 샤오린이 사장님과 흥정을 할거라고 생각했는데, 샤오린이 그리 흔쾌히 돈을 건넬 것이라고는 생각 못했다.

- 宋玉兰最爱在菜市场讨价还价，并且为这一点感到很自豪。
  쏭위란은 채소시장에서 흥정하는 것을 가장 좋아하고, 또한 그런 점에 대해서 매우 자랑스럽게 여긴다.

- 考试前，老师指导复习的时候，学生喜欢跟老师讨价还价。
  시험 전, 선생님이 복습을 지도하실 때, 학생들은 선생님과 (시험범위나 난이도 등에대해)흥정하기를 좋아한다.

② 微不足道　wēibùzúdào　하찮아서 말할 가치가 없다

◆ 함의

매우 작고, 매우 중요하지 않고, 말할 가치가 없음.

◆ 어구배합

[주어+~]

这点儿帮助~　　이 정도 도움은 보잘 것이 없다
损失~　　　　　손실이 아주 적다
贡献~　　　　　공헌한 바가 미미하다.

[~的+중심어]

~的钱　　　　　보잘 것 없는 돈
~的麻烦　　　　작은 번거로움
~的损失　　　　미미한 손실

◆ 예문

- 在整个宇宙中，人类就像微不足道的蚂蚁。
  전체 우주 속에서, 인류는 아주 보잘 것 없는 개미 같은 존재다.

- 热恋中的情人看到的都是对方的优点，缺点似乎微不足道。
  열애중의 연인이 보는 것은 모두 상대방의 장점으로, 결점은 아주 미미한 것 같다.

- 我取得了微不足道的一点儿成绩，大家却给了我很高的评价，真是不敢当。
  나는 아주 미미한 약간의 성적을 거뒀는데 모두들 내게 매우 높은 평가를 주니 정말 과분하다.

③ **无所作为** wúsuǒzuòwéi 아무 것도 하는(한) 것이 없다

◆ 함의

한 것이 없고, 무슨 업적을 못냄.

◆ 예문

- 你还这么年轻，你就甘心这么无所作为地过一辈子吗？
  당신은 아직 이렇게 젊은데, 이렇게 아무것도 못하고 한 평생 보내는 것에 만족하나요?

- 经理一走，整个公司都没了主心骨，办公室的人都无所作为地闲坐着。
  사장님이 떠나시니, 회사 전체가 중심축이 없어져서, 사무실 사람들은 아무것도 안 하고 한가로이 앉아있다.

- 弟弟已经三十多岁了，还无所作为，真让人发愁。
  남동생은 이미 서른이 넘었는데, 여지껏 아무 것도 안 하고 있으니, 정말 사람으로 하여금 걱정하게 한다.

④ 无可奉告　wúkěfènggào　말할 수 있는 것이 없다

◆ 함의

보고하거나 알려줄 수 있는 것이 없음. 일반적으로 공적인 장소나 상황에서, 다른사람의 질문에 대한 답을 거절할 때 사용한다.

◆ 예문

- 面对众多记者的提问，王部长面带微笑，说："我无可奉告。"
  많은 기자의 질문을 마주하고, 왕부장은 얼굴에 미소를 지으면서 말하길: "저는 말씀드릴 수 있는 것이 없습니다."

- 关于我的职位变动情况，恕我无可奉告。
  나의 직위 변동상황에 관하여 제가 말씀드릴 수 있는 것이 없음을 헤아려 주십시요.

- 大家很关心王明跟那个女明星的恋爱情况，问他，他总是说："无可奉告，无可奉告。"
  모두들 왕밍과 그 여자배우의 연애상황에 매우 관심이 많아서 그에게 물으면, 그는 항상 말하길:"알려드릴 수 있는 것이 없어요, 알려드릴 수 있는 것이 없어요."라고 했다.

4. 응용

★ 빈칸에 알맞은 단어 선택하기

A. 讨价还价   B. 微不足道   C. 无所作为   D. 无可奉告

1 你这孩子，让你做一点儿家务也值得这么 _____ 吗？

2 他是个富翁，丢500元钱，对他来说是 _____ 的。

3 关于总统先生的私人生活，对不起，我 _____ 。

4 儿子30多岁了，还 _____ ，爸爸妈妈都很着急。

5 我只是给了你一点儿 _____ 的帮助，请你不要再提起了，好吗？

# 제2절 显而易见、无能为力、想方设法、无微不至

1. 잰말놀이

fēi cháng míng xiǎn   xiǎn ér yì jiàn
非常明显 - 显而易见   매우 명확하다 – 뚜렷해서 쉽게 알아봄

méi yǒu bàn fǎ   wú néng wéi lì
没有办法 - 无能为力   방법이 없다 – 힘이 되어 줄 수가 없음

xiǎng jìn bàn fǎ   xiǎng fāng shè fǎ
想尽办法 - 想方设法   생각할 수 있는 방법은 다 생각함 – 온갖 방법을 다 강구함

fēi cháng zǐ xì   wú wēi bú zhì
非常仔细 - 无微不至   아주 자세하다 – 아무리 작은 거라도 미치지 않는 것이 없게 세세함

2. 본문

妻子得病以后，王先生想方设法请大夫，给妻子治疗，无微不至地照顾妻子。半年过去了，妻子的病情不但没有好转，反而更加严重了。医生说他也无能为力了，显而易见，妻子痊愈的希望不大了。
아내가 병에 걸린 후에, 왕선생님은 온 갖 방법을 다 써서 의사선생님을 모셔서 아내를 치료하고 아주 세심하게 아내를 보살폈다. 반년이 지나고 아내의 병세는 호전이 되지 않았을 뿐 아니라 오히려 더 심해졌다. 의사선생님은 자기도 힘이 되어 줄 수가 없다고 하니 분명히 알 수 있는 것은 아내가 완치될 희망이 크지 않다는 것이다.

3. 본문 해석

① 显而易见 xiǎnéryìjiàn 분명하여 쉽게 보이다

◆ 함의

어떤 상황이나 이치가 매우 분명하여 쉽게 알아볼 수 있음.

◆ 예문

- 每天早上喝一袋牛奶，对孩子身体发育有好处，这是显而易见的。
  매일 아침에 우우 한 팩을 마시는 것이 아이 신체 발육에 좋은 점은 분명히 알 수 있는 것이다.

- 显而易见，长期超负荷的劳动严重损害了工人们的健康，对此，公司有不可推卸的责任。
  매우 분명한 것은 장기간 과중한 노동이 노동자들의 건강을 심하게 해쳤고 이에 대해서 회사는 회피할 수 없는 책임이 있다.

- 他的目的显而易见，就是为了升官嘛。
  그의 목적은 매우 명확한데, 바로 승진을 위해서잖아.

② 无能为力 wúnéngwéilì 힘을 써줄 수가 없다

◆ 함의

어떤 상황에 어떤 것도 할 수 없고, 해결방법이 없다.

◆ 예문

- 沈香只管收钱，她收钱找钱又快又准，不像王玲对钱有一种无能为力的感觉。
  선샹은 오직 돈 받는 일만 하여 그녀는 돈 받고 거슬러 주는게 빠르고 정확하여 왕링이 돈에 대해서 일종의 무력감이 있는 것 같은 것과 다르다.

- 老米明明预感到要出什么事，然而他却无能为力。
  라오미는 확실히 무슨 일이 일어날 것 같은 예감이 있었지만, 그러나 그는 아무 것도 할 수 없었다.

- 法院的判决已经生效，律师也无能为力了。
  법원의 판결은 이미 효력을 발생하여 변호사도 아무런 힘을 쓸 수가 없게 되었다.

③ 想方设法 xiǎngfāngshèfǎ 갖은 방법을 다 생각하다

◆ 함의

어떤 목적을 위해서, 온갖 방법을 다 생각하다.

◆ 어구배합

[~+动组]

~躲避我　　　　　모든 방법을 동원해서 나를 피하고
~让别人知道　　　온 갖 방법으로 다른 사람이 알게 하다
~打听她的秘密　　수단과 방법을 가리지 않고 그녀의 비밀을 캐다
~帮助他　　　　　모든 방법으로 그를 돕다

◆ 예문

• 为了得到老板的提拔，他想方设法接近老板，吹捧老板。
사장님의 발탁을 받기 위해서. 그는 온갖 방법을 다 동원해서 사장에게 다가가서 사장님을 치켜 올린다.

• 林平想方设法挑小张的毛病，就是为了报复。
린핑은 갖가지 방법으로 샤오장의 결점을 들춰내는데 바로 보복을 위해서다.

• 他想方设法调到这里工作，就是想离家近，上下班方便。
그는 온갖 방법을 다 동원해서 이곳으로 직장을 옮겨 왔는데 바로 집에서 가깝고 출퇴근이 용이했으면 해서다.

④ 无微不至 wúwēibúzhì 미세한 부분까지 미치지 않는 데가 없다

◆ 함의

아주 세심하고 매우 주도면밀하다.

◆ 어구배합

[主语+~]

对我的照顾~　　나에 대한 보살핌이 매우 세심하고 살뜰하다.
对他的关心~　　그에 대한 관심이 매우 대단하여 세심한 부분까지 신경을 쓴다.

整个安排+～　　　전체 배정이 매우 잘 짜여져서～ 빈틈이 없다.

[～的+中心语]

～的关心　　　～세심한 관심
～的关切　　　～지극한 관심
～的呵护　　　～지극한 돌봄
～的照顾　　　～섬세한 보살핌

◆ 예문

- 她喜欢凝视王先生和孩子嬉戏时那种天真无邪的神情，她更感激王先生对自己无微不至的关切。
  그녀는 왕선생과 아이가 장난 칠 때 그 천진난만한 표정을 응시하는 것을 좋아하고, 그녀는 왕선생의 자신에 대한 지극한 보살핌에 더욱 고마워한다.

- 他需要的是一个无微不至的护士，而不是什么妻子。
  그가 필요로 하는 것은 아주 자상한 간호사지 무슨 아내가 아니다.

- 这家宾馆的服务是一流的，对客人照顾得无微不至。
  이 호텔의 서비스는 일류로 손님에 대한 배려가 지극히 세심하다.

4. 응용

★ 빈칸에 알맞은 단어 선택하기

A. 显而易见　　B. 无能为力　　C. 想方设法　　D. 无微不至

1 没有李护士对我 _____ 的照顾，我不可能这么快就出院，我非常感激她。
2 爸爸 _____ 提高孩子的学习兴趣，可是收效不大。
3 你们在家里不注意自己的言行，对孩子的不良影响是 _____ 的。
4 这家公司已经快要倒闭了，谁来做经理也 _____ 了。
5 很多人都在 _____ 赚钱，只有你好像不知道钱的重要似的。

 小心翼翼、天长地久、以身作则、永垂不朽

1. 잰말놀이

fēi cháng xiǎo xīn　　xiǎo xīn yì yì
非常小心 - 小心翼翼　　아주 조심하다 – 매우 신중하고 조심스러움

gǎn qíng bú biàn　tiān cháng dì jiǔ
感情不变 - 天长地久　　정이 변하지 않다 – 하늘과 땅처럼 영원함

zì jǐ yán gé　　yǐ shēn zuò zé
自己严格 - 以身作则　　스스로 엄격하다 – 솔선수범함

yǒng yuǎn liú chuán　　yǒng chuí bù xiǔ
永远流传 - 永垂不朽　　영원히 전해지다 – 영원히 없어지지 않고 전해짐

2. 본문

李先生作为外交官，处处以身作则，维护国家利益，出色地完成了各项使命；同时在处理矛盾时他小心翼翼，讲究外交艺术，促进了两国政府的互相了解，增进了两国人民的友谊。现在，我们纪念李先生，愿李先生永垂不朽！愿我们两国人民的友谊天长地久！
이선생님은 외교관으로서 모든면에서 솔선수범하였고 국가의 이익을 보호하였고 각 종 사명을 아주 훌륭하게 완수했으며, 동시에 갈등을 해결할 때에는 매우 신중하여 외교의 예술적 수완을 강구하여 양국정부의 상호이해를 촉진시키고 양국 국민의 우의를 증진시켰습니다. 지금 우리는 이선생님을 기념하며 이선생님이 천추에 길이 빛나길 바라고 우리 양국국민의 우정이 영원하길 바랍니다!

3. 본문 해석

① 小心翼翼 xiǎoxīnyìyì 매우 조심스러워 하다

◆ 함의

동작과 행동이 아주 조심스러움.

◆ 어구배합

[～地+动组]

～地打开　　아주 조심스럽게 열다
～坐下　　　아주 조신하게 앉다
～观察　　　조심스럽게 관찰하다
～地问　　　조심스럽게 묻다

◆ 예문

- 主考老师提出的每一个问题，王宏都小心翼翼地回答。
  주임시험관이 내는 모든 문제에 대하여 왕홍은 모두 아주 조심스럽게 대답했다.

- 我小心翼翼地打开首饰盒，里面是一枚精美无比的宝石戒指。
  나는 아주 조심스럽게 보석함을 열었는데 안에는 비할데 없이 아름답고 정교한 보석반지가 다소곳하게 뉘여 있었다.

- 护士小心翼翼地解开绷带、纱布给病人换药。
  간호사는 아주 조심스럽게 붕대와 거즈를 풀고 환자에게 약을 갈아주었다.

② 天长地久 tiānchángdìjiǔ 영원토록 오래오래 지속되다

◆ 함의

감정이나 관계가 매우 견고하여 영원히 변하지 않고 사라지지 않음을 형용함.

◆ 예문

- 爱情的可贵之处在于可以天长地久。
  사랑의 고귀한 점은 영원하다는데 있다.

- 他一生追求天长地久的爱，却从来没有遇到。
  그는 일생동안 영원한 사랑을 쫓았으나, 한 번도 만나질 못했다.
- 要双方共同珍惜，友谊才能天长地久。
  양쪽이 같이 아껴야만이, 우정이 비로소 영원할 수가 있는 것이다.

③ 以身作则　yǐshēnzuòzé　솔선수범하다

◆ 함의

(지위가 높은 사람이) 솔선수범하여 다른사람으로 하여금 배우고 따라하게 함.

◆ 예문

- 领导干部应该以身作则，要求群众做到的自己首先要做到。
  지도자나 간부는 마땅히 솔선수범해야 하고, 여러 사람들에게 하게 할 것을 자기가 먼저 해야한다.
- 我们的经理工作非常认真，处处以身作则，所以我们很尊敬她。
  우리 사장님은 일을 매우 진지하게 하고 모든면에서 솔선수범하여서 우리는 그녀를 매우 존경한다.
- 你是班长，应该以身作则，怎么能带头捣乱呢？
  너는 반장이니 마땅히 솔선수범해야하는데 왜 앞장서서 말썽을 피우는 거니?

④ 永垂不朽　yǒngchuíbùxiǔ　영원히 사라지지 않다

◆ 함의

영원히 전해지고 사라지거나 소멸되지 않음.

◆ 용법

죽는 사람을 기념할 때 이 말을 주로 사용함.

◆ 예문

- 他虽然去世了，但他的英名和事业将永垂不朽。
  그는 비록 세상을 떠났지만 그의 뛰어난 명성과 업적은 영원히 사라지지 않을 것이다.

- 那些为人类和平而牺牲的战士永垂不朽。
  그 인류평화를 위해 희생한 전사들은 영원히 길이 빛날 것이다.

- 有的人没有什么成就，却总想死后永垂不朽，这不是很可笑吗？
  어떤 사람은 무슨 업적도 없으면서도 사후에 길이 빛나길 바라니 그건 너무 우습지 않나?

4. 응용

★ 빈칸에 알맞은 단어 선택하기

A. 小心翼翼   B. 天长地久   C. 以身作则   D. 永垂不朽

1 我们要互相尊重互相谅解，我们的友谊才能 _____。

2 他把电视机 _____ 地搬到了书房。

3 为祖国而牺牲的英雄们 _____。

4 他当部长，能够 _____，所以大家都很尊敬他。

5 现在很多年轻人对待爱情，只在乎曾经拥有，不在乎 _____。

 新陈代谢、循序渐进、引人注目、欣欣向荣

1. 잰말놀이

xīn jiù dài tì　xīn chén dài xiè
新旧代替 - **新陈代谢**　　새로운 것과 오래된 것이 교체되다 – 신진대사

màn man fā zhǎn　xún xù jiàn jìn
慢慢发展 - **循序渐进**　　천천히 발전하다 – 순서에 따라 점점 나아감

fēi cháng tū chū　yǐn rén zhù mù
非常突出 - **引人注目**　　매우 돋보이다 – 사람의 이목을 끌다.

fā zhǎn xiàng shàng　xīn xīn xiàng róng
发展向上 - **欣欣向荣**　　더 나은 것을 향해 발전하다 – 활기있게 번창함

2. 본문

经过住院治疗，张林身体的新陈代谢机能基本恢复了。出院后，他坚持锻炼，循序渐进，身体素质有了明显的提高，效果引人注目。昨天张林重新上班，看到单位欣欣向荣的良好局面，他心里非常高兴。

입원치료를 거치면서 장린 몸의 신진대사 기능은 기본적으로 회복되었다. 퇴원 후에 그는 지속적으로 운동하여 점점 나아져 신체조건은 눈에 띄게 향상되어 그 효과는 사람들의 이목을 끌었다. 어제 장린은 다시 근무를 시작하여 부서가 점점 발전하는 좋은 상황을 보고는 마음 속으로 매우 기뻐했다.

3. 본문 해석

① 新陈代谢 xīnchéndàixiè 신진대사

◆ 함의

규율에 근거하여 새로운 것이 나타나고 낡은 것은 사라지고, 새로운것이 낡은 것을 대체함.

◆ 예문

- 我每天趴在床上看到日落日山，看到病房里的新陈代谢，病死的人抬出去，新的病人抬进来，心里感到非常的寂寞、悲伤。
  나는 매일 침대에 엎드려서 일몰과 일출을 보고 병실 내의 신진대사, 즉 아파서 죽은 사람은 들려 나가고 새로 아픈 사람이 들려 들어오는 것을 보고는 마음 속으로 매우 쓸쓸함과 슬픔을 느꼈다.

- 到了老年，身体新陈代谢的机能已经衰退，各种疾病也就容易产生了。
  노년이 되면 몸의 신진대사 기능이 이미 쇠퇴하여 각종 질병도 쉽게 생긴다.

- 如果新陈代谢停止了，那么生命也就该结束了。
  만약 신진대사가 멈추게 되면, 그러면 생명도 곧 끝나게 된다.

② 循序渐进 xúnxùjiànjìn 차근차근 나아가다

◆ 함의

일정한 규율이나 순서에 따라, 점차적으로 발전하고 앞으로 나아감.

◆ 예문

- 学习外语应该循序渐进，不能一会儿学这一会儿学那，没个规矩。
  외국어 학습은 차례대로 점차 나아가야지, 잠깐은 이것 배우다가 잠깐 저것 배우고 하여 원칙이 없으면 안된다.

- 从恋爱到结婚本来是个循序渐进的过程，可是有的人却相信一见钟情，今天刚认识明天就结婚了。
  연애부터 결혼까지는 본래가 순서대로 천천히 나아가는 과정인데, 어떤 사람은 첫 눈에 반하는 감정을 믿어서 오늘 막 알고 내일 바로 결혼하기도 한다.

- 做工作要循序渐进，不要太着急，否则，就会出差错。
  일을 하려면 차근차근 해야지, 너무 조급하게 하면 안된다. 그렇지 않으면 바로 잘못이 생기게 된다.

③ 引人注目　yǐnrénzhùmù　사람의 주목을 끌다

◆ 함의

어떤사람 사물이 평범하지 않아서 사람들의 이목, 주의력을 끎.

◆ 예문

- 王丽长得漂亮，又会打扮，所以走到街上很引人注目。
  왕리는 예쁘게 생기고 또 잘 꾸미기도 해서, 거리에 나가면 매우 사람들의 이목을 끈다.
- 这位法官办了很多引人注目的大案要案，赢得了公众的广泛尊敬。
  이 법관은 사람들의 이목이 집중된 큰 중대안건을 처리해서, 대중의 폭넓은 존경을 얻었다.
- 小张刚上班半年就取得了引人注目的成绩，大家都很佩服他。
  시야오짱은 근무한지 반년만에 사람들의 이목을 끌만한 성적을 냈고, 모두들 그에게 감탄한다.

④ 欣欣向荣　xīnxīnxiàngróng　어떤 광경, 상황이 매우 활력, 생기가 있는 모양

◆ 함의

일반적으로 어떤 개체 사물에는 사용하지 않는다.

◆ 예문

- 新年过后，各项工作陆续展开，整个公司欣欣向荣。
  새해가 지나고, 각 종 업무가 지속적으로 전개되어, 회사 전체가 활기차게 번영한다.
- 我们的民办教育也呈现出欣欣向荣的发展态势。
  우리의 민영교육 역시 활기차게 번영하는 발전추세를 나타낸다.
- 欣欣向荣的局面没有持续多久，内战就爆发了。
  활기차게 발전하는 국면은 오래 지속되지 못하고, 내전이 폭발했다.

4. 응용

★ 빈칸에 알맞은 단어 선택하기

A. 新陈代谢   B. 循序渐进   C. 引人注目   D. 欣欣向荣

1 新经理上任不到半年，原本不景气的公司就出现了一派 _____ 的景象。

2 这种保健品能促进细胞的 _____，从而对人体健康很有好处。

3 我们的改革坚持 _____ 的原则，这样有利于保持社会的稳定。

4 她今天穿了一件鲜红色的上衣，走在街上很 _____。

5 解决这种复杂的问题只能 _____，你不要着急。

 斩草除根、斩钉截铁、争先恐后、朝气蓬勃

1. 잰말놀이

wán quán xiāo miè　　zhǎn cǎo chú gēn
完全消灭 - 斩草除根　　　　완전하게 소멸되다 – 근원까지 철저히 없앰

tài dù guǒ duàn　　zhǎn dīng jié tiě
态度果断 - 斩钉截铁　　　　태도가 결단성이 있다 – 과단성이 있고 머뭇거리지 않음

jī jí xíng dòng　　zhēng xiān kǒng hòu
积极行动 - 争先恐后　　　　적극적으로 행동하다 – 뒤질세라 앞을 다툼

jīng shén hěn hǎo　　zhāo qì péng bó
精神很好 - 朝气蓬勃　　　　아주 생기가 있다 – 생기가 넘침

2. 본문

这是一支朝气蓬勃的警察队伍。队长开会说："这个犯罪团伙的主要成员已经被我们抓到，但是，还有两名没有抓到。我们决不放过一个坏人，一定要斩草除根！"听了队长斩钉截铁的指示，大家争先恐后开始了新的抓捕行动。

이는 활력이 넘치는 경찰팀이다. 대장이 회의에서 말하길: "이 범죄조직의 주요 조직원은 이미 우리에게 체포되었다. 그러나, 아직 두명을 잡지 못했다. 우리는 한 명의 범인도 절대 놓지 지 않을 것이고, 반드시 철저히 뿌리 뽑아야 합니다."라고 했다. 대장의 단호한 지시를 듣고, 모두들 뒤질세라 앞 다투어 새로운 체포작전을 시작했다.

3. 본문 해석

① 斩草除根　zhǎncǎochúgēn　근원까지 철저하게 뿌리뽑다

◆ 함의

문제를 가져 올 사람이나 사물은 전부 없애고 한 개도 남겨놓지 않음.

◆ 예문

- 警方表示要斩草除根，不把这个犯罪团伙的人员全部抓获归案决不罢休。
  경찰은 철저히 뿌리 뽑아야 하며, 이 범죄조직의 조직원을 전부 붙잡아 사건이 종결되지 않으면 멈추지 않겠다고 말했다.

- 你的病虽然治得差不多了，但是还应该继续吃药，一定要斩草除根，不能留下隐患。
  당신의 병은 비록 거의 다 치료가 되었지만, 아직은 계속 약을 복용해서 반드시 뿌리를 뽑아야지, 화근을 남겨 놓으면 안된다.

- 他们要斩草除根，你快点儿离开这里吧。
  그 사람들이 철저히 없애려고 하니, 너는 좀 빨리 여기를 떠나거라.

② 斩钉截铁　zhǎndīngjiétiě　매우 결연하고 단호하다

◆ 함의

말하는 태도가 매우 결연하고 단호함.

◆ 예문

- 李先生斩钉截铁地说："想让我们接受这个不平等的条件，不可能！"
  이 선생은 단호하게 말하길:"우리로 하여금 이 불평등한 조건을 받아드리게 하고 싶어하는데, 안 됩니다."

- 儿子斩钉截铁地告诉老王，他要离婚。
  아들이 와서 라오왕에게 그가 이혼하려 한다고 알렸는데 태도가 아주 단호했다.

- 听到他斩钉截铁的回答，我马上就放心了。
  그의 단호한 대답을 듣고, 나는 즉시 마음을 놓았다.

③ 争先恐后 zhēngxiānkǒnghòu 뒤질세라 앞을 다투다

◆ 함의

(두 사람 혹은 많은 사람) 행동이 매우 적극적이고 능동적이며, 마치 자신이 뒤처질까봐 두려워하는 것 같음.

◆ 예문

- 散了操，各班回教室。小班的孩子在门口挤成一团，争先恐后往里拥。
  체조를 마치고, 각 반은 교실로 돌아갔다. 유아반 아이들은 문입구에서 한 데 엉켜서, 앞 다투어 안쪽으로 밀고 들어갔다.

- 军官们争先恐后地跳进河里，大声笑骂着开始游泳。
  장교들은 앞 다투어 강으로 뛰어들어 큰소리로 웃고 욕하며 헤엄치기기 시작했다.

- 记者会一宣布开始，记者们就争先恐后地举手提问。
  기자회견의 시작을 선포하자마자 기자들은 앞 다투어 손을 들고 질문을 했다.

④ 朝气蓬勃 zhāoqìpéngbó 생기가 충만하다

◆ 함의

아주 젊고 활력이 넘치는 모양.

◆ 예문

- 王局长穿一件名牌的暗黄色皮茄克，露一点里面的大红羊毛衫，显得稳重而又朝气蓬勃。
  왕국장은 명품의 짙은 노란색 가죽 재킷을 입고, 진한 빨강색 양모 스웨터를 조금 드러내니 중후하면서 활력이 넘치게 보였다.

- 很多年以后，胡老师还是那么朝气蓬勃地在校园里散步。
  여러 해가 지난 후에도 후선생님은 여전히 그렇게 활기차게 교정을 산보하신다.

- 看到学生们朝气蓬勃的样子，老先生高兴地笑了。
  학생들의 활기찬 모습을 보고서, 어르신께서는 기쁘게 웃으셨다.

4. 응용

★ 빈칸에 알맞은 단어 선택하기

A. 斩草除根　　　B. 斩钉截铁　　　C. 争先恐后　　　D. 朝气蓬勃

1 老人七十多岁了，还是一副 _____ 的样子。

2 听说血库存血告急，大家都 _____ 参加义务献血。

3 这里的小偷很多，你们只要能 _____ ，我们花多少钱都没关系。

4 首长问："你的身体吃得消吗？""没问题！"王刚 _____ 地回答。

5 发令枪一响，运动员 _____ 地飞跑起来。

연습 9

▪ 밑줄 친 부분이 나타내는 뜻을 바르게 나타낸 것을 고르시오.

1. 对有钱的人来说，这点钱<u>微不足道</u>，但对我来说，这却是一笔不小的开支。
   A.有点儿少　　　　　　　　　　B.不够用
   C.没有道理　　　　　　　　　　D.太少，不值得一提

2. 对诸位提出的问题，我<u>无可奉告</u>。
   A.可以不告诉　　　　　　　　　B.不可以不告诉
   C.没有什么可以报告的　　　　　D.不可以谈论

3. 对这种病，现在全世界都<u>无能为力</u>，只能靠药物给病人减轻痛苦而已。
   A.没有能力　　　　　　　　　　B.很无能
   C.力量不够　　　　　　　　　　D.没有解决的办法

4. 他在这位置上已经5年多了，依然<u>无所作为</u>，我们还能对他抱什么希望吗？
   A.没有做出成绩　　　　　　　　B.工作不认真
   C.不工作　　　　　　　　　　　D.没有做领导

5. 祖母对我非常偏爱，从出生一直到我懂事，她的关爱是<u>无微不至</u>的，在她的羽翼下，我的学业和素养都很优秀。
   A.没有细小的事情　　　　　　　B.非常细致周到
   C.不细致不周到　　　　　　　　D.小心不迟到

6. <u>显而易见</u>，不是他不知道该怎么做，而是他根本不想做。
   A.可以看见　　　　　　　　　　B.不能看见
   C.容易显示　　　　　　　　　　D.情况很明显

7. 我<u>想方设法</u>好容易帮他找了一份工作，可是他嫌工资少，没有接受。
   A.想了一个方法　　　　　　　　B.想了很多办法
   C.设计了一个办法　　　　　　　D.想了一个理由

8 去菜市场跟卖菜的小贩讨价还价是我最头疼的事。
A.问价格　　　　　　　　　　B.要钱
C.还钱　　　　　　　　　　　D.砍价

9 爱情当然美好，但天长地久的友谊也是一份非常珍贵的人生财富。
A.整天在一起　　　　　　　　B.永远不改变
C.时间过得很慢　　　　　　　D.很广阔

10 她觉着自己在结婚前小心翼翼地挑呀、选呀、愁呀，很有些盲目，浪费了不少精力，其实很多男人都差不多。
A.特别小心　　　　　　　　　B.像小鸟一样
C.满怀希望　　　　　　　　　D.一直小心

11 春天来了，山上树木变绿，鲜花开放，一派欣欣向荣的景象。
A.有光彩　　　　　　　　　　B.很高兴
C.很美丽　　　　　　　　　　D.很有活力

12 早上掉点儿头发没关系，还会长新的呢，这是正常的新陈代谢。
A.替别人感谢　　　　　　　　B.新的代替旧的
C.新现象　　　　　　　　　　D.老现象

13 你想一下子变成富翁，哪有那么容易的事情，这是个循序渐进的过程。
A.遵守纪律　　　　　　　　　B.慢慢往前走
C.遵守法律　　　　　　　　　D.按照次序，逐渐变化

14 你想让孩子有良好的生活习惯，做家长的就得以身作则。
A.自身做出榜样　　　　　　　B.把身体锻炼好
C.制定出规则　　　　　　　　D.身体符合规律

15 客厅里的家具很简单，<u>引人注目</u>的是东墙上挂着一幅他和毛主席握手的彩色大照片。
A.吸引人的目光　　　　　　　　B.让人高兴
C.让人觉得奇怪　　　　　　　　D.领着人观看

16 纪念碑上刻着几个大字：人民英雄<u>永垂不朽</u>！
A.低着头不说话　　　　　　　　B.永远流传不会消逝
C.永远不会腐烂　　　　　　　　D.不会忘记

17 他们杀死了王欣以后，还要<u>斩草除根</u>，到处寻找他的儿女。
A.在农田里劳动　　　　　　　　B.拔草完全拔出来
C.彻底消除祸患　　　　　　　　D.打小孩

18 我问她，这信上写的，你相信吗？小胡<u>斩钉截铁</u>地说，我相信！
A.用铁锤敲打　　　　　　　　　B.语气很坚决
C.很生气　　　　　　　　　　　D.把铁的东西扔到地上

19 和年轻人在一起，你会感到<u>朝气蓬勃</u>，对未来充满信心。
A.很高兴　　　　　　　　　　　B.很有活力
C.头发蓬松很舒服　　　　　　　D.空气很好

20 吃饭的时候元元的感觉总是很好，爸爸和妈妈陪在身边，<u>争先恐后</u>地给她夹菜。
A.从前边和后边　　　　　　　　B.很积极很主动
C.很紧张很担心　　　　　　　　D.争吵打架

제1절　自负盈亏、自私自利、弄虚作假、损人利己
제2절　无情无义、投机倒把、有口无心、非驴非马
제3절　自力更生、指手画脚、诸如此类、探头探脑
제4절　一概而论、众所周知、东奔西走、如醉如痴
제5절　大包大揽、连滚带爬、前赴后继、千军万马
　　　　爱理不理
练习十
单元练习（三）

 自负盈亏、自私自利、弄虚作假、损人利己

1. 잰말놀이

chéng dān zé rèn　zì fù yíng kuī
承担责任 - 自负盈亏　　책임을 지다 – 독립채산

sī xīn yán zhòng　zì sī zì lì
私心严重 - 自私自利　　사심이 크다 – 자기 이익만 챙김

xiǎng fǎ piàn rén　nòng xū zuò jiǎ
想法骗人 - 弄虚作假　　방법을 생각해서 사람을 속이다 – 속임수를 써서 타인을 기만함

sǔn hài bié ren　sǔn rén lì jǐ
损害别人 - 损人利己　　다른 사람에게 해를 끼친다 – 남에게 손해를 끼쳐 자신의 이익을 챙김

2. 본문

现在有些公司存在不法经营行为，应该严厉处罚。比如，制造假冒伪劣产品，欺骗消费者，损人利己；弄虚作假，偷税漏税。自负盈亏的私人公司更应该遵守法律，合法经营。我们不能允许这种自私自利行为扰乱国家的经济秩序。

현재 일부 회사에 불법적인 경영행위가 있는데 엄하게 처벌해야 한다. 예를 들어 가짜 위조품을 만들어 소비자를 기만하고 남에게 손해를 끼쳐 자신의 이익을 취하거나, 예를 들어 속임수를 써서 탈세하는 것이다. 독립 채산을 하는 개인회사는 더욱 더 법률을 준수하고 합법적으로 경영해야 한다. 우리는 이런 이기적인 행위가 국가의 경제질서를 어지럽히는 것을 허용해서는 안된다.

3. 본문 해석

① 自负盈亏　zìfùyíngkuī　손익을 스스로 책임지다, 독립채산하다

◆ 함의

이윤 혹은 손해를 완전히 스스로 책임짐. 대부분 회사, 기업을 말할 때 쓰이는데, 개인을 가리킬 수도 있다.

◆ 예문

- 以前国家补贴，现在我们厂完全自负盈亏了，所以特别注意节约材料。
  원래 국가에서 보조 했는데 현재 우리 공장은 완전히 독립 채산으로 되어서, 특히 재료를 절약하는데 신경쓰고 있다.

- 小周过生日，请大家吃自助餐，他委婉地说明咖啡和茶是免费的，如果要其他饮料，最好自负盈亏。
  샤오조우는 생일을 맞아서 모두들에게 뷔페를 대접했다. 그는 완곡하게 커피와 차는 무료이지만, 만약 다른 음료를 원하면 각 자 자기가 돈을 지불해야 한다고 설명했다.

- 我们的研究所现在也成了自负盈亏的经营单位了。
  우리 연구소는 이제 독립채산하는 경영기관이 되었다.

② 自私自利　zìsīzìlì　매우 이기적이다

◆ 함의

매우 이기적이어서, 자신의 이익만을 생각하고 다른 사람을 배려하지 않음.

◆ 예문

- 那个村长身体结实目光短浅而且自私自利，一点超群的智慧也没有。
  그 촌장은 몸은 건장하나 시야가 좁으며 이기적이어서 남보다 뛰어난 지혜라고는 조금도 없다.

- 我还从来没见过像他那么自私自利的人。
  나는 여지껏 한 번도 그사람 처럼 이기적인 사람은 만나본 적이 없다.

- 你这样自私自利，以后谁还愿意跟你交朋友啊。
  너처럼 이렇게 이기적이면, 나중에 누가 너하고 친구하려고 하겠니.

③ 弄虚作假　nòngxūzuòjiǎ　속임수를 쓰다

◆ 함의

가짜를 가지고 사람을 속여 스스로 이득을 챙김.

◆ 예문

- 他喜欢弄虚作假欺骗领导。
  그는 농간을 부려 윗분을 속이는 걸 좋아한다.

- 他开导我说："现在弄虚作假的人多了，你何必那么老实！"
  그는 나를 일깨워 말하길: "지금 농간을 부리는 사람이 많은데, 너는 뭐 하러 그렇게 고지식하게 구니!"

- 小王在工作中弄虚作假，被老板发现，把他开除了。
  샤오왕은 일에 농간을 부리다. 사장님께 발견되어, 그는 해고 되었다.

④ 损人利己　sǔnrénlìjǐ　다른 사람에게 해를 끼쳐 자신의 이득을 취하다

◆ 함의

다른 사람한테 해를 끼쳐서 자신이 이득을 챙김.

◆ 예문

- 那个家伙特别坏，每天净想着怎么损人利己。
  그 녀석은 아주 못됐어. 매일 어떻게 하면 남에게 해를 끼쳐 자이 이득을 챙길까만 생각한다니까.

- 损人利己的事情我们绝不能做。
  남에게 해를 끼쳐 이득을 얻는 일은 우리는 절대 해서는 안된다.

- 损人利己的行为少了，就说明这个社会进步了。
  남에게 해를 끼쳐 이득을 얻는 행위가 적어졌다는 건, 바로 이 사회가 진보했다는 걸 말해준다.

4. 응용

★ 빈칸에 알맞은 단어 선택하기

A. 自负盈亏　　B. 自私自利　　C. 弄虚作假　　D. 损人利己

1 他是个 _____的人，不管什么事都只考虑自己。

2 有些官员喜欢 _____，欺骗上级领导，为自己捞好处。

3 以后政府不再负担这类单位的经费开支，它们应该 _____。

4 我们注意保护自己的利益，这没错，但是 _____的事情我们决不能做。

5 我要了解的是真实情况，可是，你为什么 _____？

제2절 无情无义、投机倒把、有口无心、非驴非马

1. 잰말놀이

gǎn qíng lěng kù　　wú qíng wú yì
感情冷酷 - 无情无义　　　　냉정하다 – 인정이나 의리가 없음

fēi fǎ móu lì　　tóu jī dǎo bǎ
非法谋利 - 投机倒把　　　　불법으로 이익을 도모하다 – 투기를 해서 폭리를 취함

shuō huà suí biàn　　yǒu kǒu wú xīn
说话随便 - 有口无心　　　　되는 대로 얘기하다 – 입은 있지만 마음은 없다

yàng zi qí guài　　fēi lǘ fēi mǎ
样子奇怪 - 非驴非马　　　　모양이 이상하다 – 당나귀도 아니고 말도 아니고 즉, 이것도 아니고 저것도 아니다

2. 본문

小云的丈夫靠投机倒把赚了很多钱，就要跟小云离婚，但是小云不同意。小云的朋友说："这种无情无义的男人，你还是跟他离了好。你不跟他离婚，没准儿他还会在外面找情人呢。"朋友是有口无心，小云却认真调查了一番，结果发现，他丈夫真的有两个情人！小云终于下决心结束了这种非驴非马的婚姻状况。

샤오윈의 남편은 투기로 많은 돈을 벌자, 바로 샤오윈과 이혼하려고 하지만, 샤오윈은 동의를 하지 않는다. 샤오윈의 친구가 말하길: "그런 정도 의리도 없는 남자라면, 너는 그와 헤어지는게 나아. 네가 그와 이혼을 안하면, 어쩌면 그는 밖에서 애인을 찾을지도 몰라."라고 했다. 친구는 그냥 무심코 한 말이었지만, 샤오윈은 진짜로 한 차례 뒷조사를 해본 결과 그의 남편은 정말 두 명의 애인이 있는 것을 발견했다! 샤오윈은 마침내 이것도 저것도 아닌 결혼상태를 끝내기로 결심했다.

3. 본문 해석

① 无情无义　wúqíngwúyì　매정하고 의리가 없다

◆ 함의

냉혹하고, 정이 없고 도리를 모름.

◆ 예문

- 妻子刚一生病，他就跟妻子离婚了，真是个无情无义的男人。
  아내가 막 병에 걸리자 마자 그는 바로 아내와 이혼을 했으니 정말 무정하고 의리가 없는 남자다.

- 她那么无情无义，你还想她干什么？
  그 여자는 그렇게 매정하고 의리가 없는데, 너는 뭐하러 그녀를 아직 그리워하니?

- 我们毕竟朋友一场，他绝情，但我不能无情无义。
  우리는 어쨌든 한동안 친구였으니, 그가 매정하지만 내가 정도 의리도 없을 수는 없다.

② 投机倒把　tóujīdǎobǎ　투기하여 폭리를 취하다

◆ 함의

법을 어기고 폭리를 취함.

◆ 예문

- 他是投机倒把的高手，你别跟他来往。
  그는 불법 투기의 고수이니, 너는 그와 내왕하지 마라.

- 这家公司因为有投机倒把的行为，被工商局查封了。
  이 회사는 불법 투기로 폭리를 취한 행위 때문에, 공상국의 압수수색을 당했다.

- 这几年，投机倒把的人越来越少，大家都靠自己的诚实劳动赚钱。
  요 몇 년, 불법 투기로 폭리를 취하는 사람이 점점 줄고, 모두가 자기의 정직한 노동으로 돈을 번다.

③ 有口无心 yǒukǒuwúxīn 생각 없이 무심코 말하다

◆ 함의

함부로 말을 하고, 생각을 하지 않고 진지하지 않음을 나타냄.

◆ 어구배합

[주어+~]

她~   그녀는 아무 생각없이 말한다
老王~   라오왕는 아무 생각없이 말한다
你总是~   너는 항상 아무 생각없이 말한다

[~的+명사]

~的人   생각 없이 말하는 사람
~的家伙   생각 없이 말하는 녀석
~的女人   생각 없이 말하는 여자

◆ 예문

- 老王那人有口无心，你别相信他的话。
  라오왕은 아무 생각 없이 말을 하니, 너는 그의 말을 믿지 마라.

- 她是个有口无心的女人。
  그녀는 말은 생각없이 말하는 여자다.

- 我有口无心，随便说说，谁知道她就当真了呢？
  나는 맘에 없이 그냥 말을 했는데, 그녀가 진짜로 믿을 줄 누가 알았겠어?

④ 非驴非马 fēilǘfēimǎ 이것도 저것도 아니다

◆ 함의

어떤 모양이 기괴해서, 아무것도 닮지 않았다.

◆ 예문

- 你画的这是什么呀，非驴非马的。
  네가 그린 이것은 뭐니. 이것도 아니고 저것도 아닌게.

- 她写的文章非驴非马，没法看！
  그녀가 쓴 문장은 이것도 아니고 저것도 아니라 , 볼 수가 없다!

- 他跳的是拉丁舞吗？我看是非驴非马。
  그가 추는 것이 라틴댄스예요? 내가 보기엔 이도 저도 아닌데요.

4. 응용

★ 빈칸에 알맞은 단어 선택하기

A. 无情无义   B. 投机倒把   C. 有口无心   D. 非驴非马

1 他说他擅长绘画，结果，画了半天画出来一个 _____ 的东西，让大家笑坏了。

2 小孩子 _____，你别跟她一般见识。

3 你在人家的家里住了三年，人家对你那么好，临走之前，你连一声谢谢都不说，这也太 _____ 了吧。

4 现在国家正在严厉打击 _____ 活动，很多不法商人受到处罚。

5 你以后说话之前多想想，别总是 _____ 的，说出来让别人不高兴。

제3절 自力更生、指手画脚、诸如此类、探头探脑

1. 잰말놀이

quán kào zì jǐ　　zì lì gēng shēng
全靠自己 - 自力更生　　　전적으로 자신을 의지함 – 자력갱생하다

hú luàn zhǐ diǎn　　zhǐ shǒu huà jiǎo
胡乱指点 - 指手划(画) 脚　　멋대로 지적함 – 손짓 발짓으로 가리킴

biǎo shì shěng lüè　　zhū rú cǐ lèi
表示省略 - 诸如此类　　　생략을 나타냄 – 이와 같은 여러가지

tōu tōu guān kàn　　tàn tóu tàn nǎo
偷偷观看 - 探头探脑　　　몰래 관찰함 – 머리를 내밀고 기웃기웃 살핌

2. 본문

孩子上学、丈夫失业、单位改革，诸如此类的问题，李芬想想都头疼。没有人能帮助她，她只能自力更生。她开办了一个按摩室，刚开始的时候有人探头探脑看热闹，也有人指手画脚说怪话。但李芬还是坚持住了，按摩室办得红红火火，终于走出了困境。

아이는 학교에 가고, 남편은 직장을 잃고, 직장은 구조조정하고, 이와 같은 문제들을 리펀은 생각만 해도 머리가 아팠다. 그녀을 도와 줄 수 있는 사람은 없어서 그녀는 자력갱생할 수 밖에 없었다. 그녀가 안마소을 하나 열었더니 막 시작했을 때 어떤 사람은 구경거리가 있나 기웃거렸고, 어떤 사람은 손짓하며 이상한 말을 하기도 했다.그러나 리펀은 그래도 버텼고, 안마소가 아주 잘 돼서 결국 어려움을 헤쳐나왔다.

3. 본문 해석

① 指手划(画)脚 zhǐshǒuhuàjiǎo 손짓발짓하다

◆ 함의

손으로도 가리키고 발도 움직이는 것으로, 대부분 다른 사람의 일에 대하여 함부로 왈가왈가하며, 함부로 간섭하는 것을 말한다.

◆ 예문

- 我下棋的时候，她总是在旁边指手划脚，气死我了。
  내가 바둑을 둘 때, 그녀는 항상 옆에서 손짓발짓으로 이래라저래라해서 나를 열받게 한다.

- 人家知道该怎么做，不用你指手画脚。
  그 사람이 어떻게 해야하는지 아니까, 너는 왈가왈부 할 필요없다.

- 张三不好好做自己的工作，就喜欢对别人指手画脚，真讨厌。
  장산은 자기 일은 잘 하지도 않으면서, 다른 사람 일에 끼어들어 이래라 저래라 하는 것을 좋아하는데 정말 밉상이다.

② 自力更生 zìlìgēngshēng 자력갱생하다

◆ 함의

자기힘으로 생존하고 발전하며, 다른사람에 기대지 않음.

◆ 예문

- 我们国家靠自力更生，度过了最困难的时期。
  우리나라는 자력갱생으로 , 가장 어려운 시기를 넘겼다.

- 我很佩服他那种自力更生的精神。
  나는 그의 그 자력갱생의 정신에 탄복한다.

- 一个民族要想强大，必须自力更生。
  하나의 민족이 강성해지고 싶다면, 반드시 자력갱생해야 한다.

③ 诸如此类　zhūrúcǐlèi　이와 같은 여러가지

◆ 함의

이와 비슷한 여러가지 ……등등 이런 것. 수가 많음을 나타냄

◆ 예문

- 诸如此类的例子还很多，我这里就不一一列举了。
  이와 같은 여러가지 예는 또 많은데, 나는 여기서 일일이 열거하지 않겠다.

- 他们在一起谈了些工资、房子、职称等诸如此类的事情，发了发牢骚，就各自走了。
  그들은 같이 임금, 집, 직장 등 그런저런 여러가지 일들에 대해서 이야기하다가, 넋두리를 좀 하고는 각자 흩어졌다.

- 他到了这个医院以后，遇到了很多实际问题，工作条件、工资待遇、科研经费诸如此类吧，让他很头痛。
  그는 이 병원에 온 후, 많은 실질적인 문제들에 부딪쳤는데, 근무환경, 임금대우, 프로젝트 경비 같은 이런저런 것들이 그를 골치아프게 했다.

④ 探头探脑　tàntóutànnǎo　고개를 내밀다

◆ 함의

머리를 내밀고 두리번거리다의 뜻으로 상황을 관찰하고 싶어하면서도 공개적으로 볼 수도 없어도 모습이 자연스럽지 못하고 대범하지 못함.

◆ 어구배합

[주어+~]

她~	그녀는 머리를 내밀고 두리번 거렸다
那个人~	그 사람은 머리를 내밀고 두리번 거렸다
那个小孩~	그 어린애는 머리를 내밀고 두리번 거렸다

[~地+동사]

~地看	두리번거리면서 보다
~地往里瞧	기웃거리며 안을 들여다 보다
~地观望	두리번거리며 살피다

[~的+명사]

~的样子	두리번거리며 살피는 모양
一个~的女人	주위를 두리번 거리며 살피는 한여인
~的李秘书	주위를 두리번거리며 살피는 이 비서

◆ 예문

- 他向小树林这边呆呆张望，方小明探头探脑，高兴得嘴里小声喊：笨蛋，我在这儿呢。
  그는 이쪽 작은 숲쪽을 멍하니 바라보고 있는데, 팡샤오밍은 머리를 내밀고 두리번거리더니 기뻐서 작은 목소리로 부르길: 바보야, 나 여기 있어라고 했다.

- 他走到教室门口，探头探脑地往里看，想看看自己的儿子。
  그는 교실입구로 걸어가서 두리번거리며 안을 봤는데 그의 아들을 보고싶어서였다.

- 我看见窗外老李探头探脑的样子，心里特别讨厌，就过去把窗帘拉上，门帘也拉上。
  나는 창문 밖에서 라오리가 두리번거리는 모습을 보고서 속으로 아주 싫어서 바로 가서 커튼을 치고 문발도 쳐버린다.

4. 응용

★ 빈칸에 알맞은 단어 선택하기

A. 自力更生　　　B. 指手划脚　　　C. 诸如此类　　　D. 探头探脑

1 你想看就大大方方地进去看，别在外面_____的。

2 我们就_____吧，不要指望他们来帮助。

3 大家做好自己的工作就行了，不要对别人_____。

4 人口膨胀、环境污染、交通拥挤，_____的问题很多，我们必须抓紧时间，一项一项去解决。

5 这孩子_____的，干什么呢？

제4절 一概而论、众所周知、东奔西走、如醉如痴

1. 잰말놀이

bù jiā qū bié　　yí gài ér lùn
不加区别 - 一概而论　　구별을 하지 않는다 – 일률적으로 논함

dà jiā zhī dào　　zhòng suǒ zhōu zhī
大家知道 - 众所周知　　사람들이 안다 – 모두가 다 알고 있음

duō chù zǒu dòng　　dōng bēn xī zǒu
多处走动 - 东奔西走　　여러 곳을 돌아다니다 – 동분서주 함

tè bié rù mí　　rú zuì rú chī
特别入迷 - 如醉如痴　　특히 빠져들다 – 취한 듯 빠져들다

2. 본문

城市的年轻人不喜欢传统戏剧，这是众所周知的事实。所以，传统戏剧要想生存下去，就非常困难。但也不能一概而论，比如，我们县剧团，近年来主动走进农村为农民演戏，深受农民朋友的欢迎。我们东奔西走虽然辛苦，但是看到观众对传统戏剧如醉如痴的热爱，我们就觉得我们的事业还是大有可为的。

도시의 젊은 사람들은 전통적인 희극을 좋아하지 않는데, 이것은 누구나 다 아는 사실이다. 그래서 전통희극이 살아 남으려면 매우 어렵다. 그래도 일률적으로 논할 수는 없다. 예를 들어, 우리 현의 극단은 근 몇 년동안 자발적으로 농촌에 가서 농민을 위해 연극을 공연해서 농민들의 환영을 많이 받아왔다. 우리가 동분서주하는 것이 비록 매우 고생스럽긴 하지만 관중들이 전통희극에 열광하여 좋아하는 것을 보면 우리는 우리 사업이 여전히 할 일이 많다고 생각한다.

3. 본문 해석

① 一概而论 yígàiérlùn 일률적으로 논하다

◆ 함의

'일률적으로 논하다'의 뜻으로 나타내고자 하는 의견이 정확하지도 객관적이지 않고 여러 정황을 구분하지 않음.

◆ 용법

주로 부정문에 쓰임.

◆ 예문

- 甲：男人都又脏又懒，没有什么好东西。
  남자 다 더럽고 게을러. 뭐 좋은 놈들이 없어.

- 乙：也不能一概而论。
  그래도 일률적으로 말해서는 안되지.

- 那里的情况很复杂，你怎么能一概而论呢？
  그곳의 상황은 아주 복잡한데 너는 어떻게 일률적으로 논합니까?

- 这样一概而论恐怕不合适吧。
  이렇게 일률적으로 논하는 것은 아마도 적절하지 않겠죠.

② 众所周知 zhòngsuǒzhōuzhī 주지하다시피

◆ 함의

많은 사람들이 다 알고 있음.

◆ 어구배합

[~的+중심어]

~的事实   모두가 다 알고 있는 사실
~的原因   모두가 다 알고 있는 원인
~的常识   모두가 다 알고 있는 상식

◆ 예문

- 在科技方面，日本人的精明是众所周知的。
  과학기술면에서 일본인들의 뛰어남은 다 알고 있는 일이다.

- 由于众所周知的原因，他的学术研究被中断了整整十年。
  모두가 다 아는 원인으로 그의 학술연구는 꼬박 10년동안 중단되었다.

- 李大夫是众所周知的好人，他怎么会做这种事情呢，也许你搞错了吧。
  닥터 리는 누구나 다 아는 좋은 사람인데 그가 어떻게 이런 일을 할 수 있겠어? 어쩌면 네가 잘못 알았겠지?

③ 东奔西走 dōngbēnxīzǒu 동분서주하다

◆ 함의

'동분서주하다'의 뜻으로 어떤일을 하기 위하여 많은 길을 뛰어다니고 많은 곳을 감.

◆ 예문

- 我东奔西走为了什么？还不是为了给你找个好工作！
  내가 동분서주하는 게 무엇을 위해서일까? 너한테 좋은 직장 찾아주려는 게 아니겠니!

- 她东奔西走，借了半个月，终于把需要的钱凑齐了。
  그녀는 동분서주하여 보름동안 빌려서 결국 필요한 돈을 다 맞췄다.

- 我是个做生意的人，常年东奔西走，吃了不少苦。
  나는 장사하는 사람이라 평생 내내 이리 뛰고 저리 뛰면서 적지 않게 고생했다.

④ 如醉如痴 rúzuìrúchī 마치 취한 것처럼 빠지다

◆ 함의

'매우 기쁘다, 신바람 나다, 매우 흥겹다'의 뜻으로 어떤 일을 하는데 아주 열중하고 몰입하여 바깥의 세계를 잊음. "如痴如醉"이라고도 함.

◆ 예문

- 足球赛进行得很激烈，球迷们看得如醉如痴。
  축구경기 아주 치열하게 진행되어 축구팬들은 아주 푹 빠져서 본다.

- 妈妈讲的故事很有意思，人们听得如醉如痴，讲完了还不愿意离去。
  엄마가 말씀하시는 이야기는 아주 재미있어서 사람들은 푹 빠져서 듣고 다 듣고나서도 떠나려하지 않는다.

- 刘敏爱上了她的导师，爱得如醉如痴。
  리우민은 그의 지도교수를 사랑하게 되었는데 사랑해서 완전히 헤어나오지 못할 지경이다.

4. 응용

★ 빈칸에 알맞은 단어 선택하기

A. 一概而论   B. 众所周知   C. 东奔西走   D. 如醉如痴

1 你说农村落后，但也不能 _____，有的地方比城市还好呢。

2 王飞没有别的爱好，就喜欢音乐，只要往钢琴前一坐，很快就 _____ 了。

3 你呀，_____ 的事情还让我保密？

4 当记者每天要 _____ 去采访，很辛苦的。

5 由于 _____ 的原因，我们的计划只能取消了。

 大包大揽、连滚带爬、前赴后继、千军万马、爱理不理

1. 잰말놀이

guǎn shì tài duō　　dà bāo dà lǎn
管事太多 - 大包大揽　　상관하는 일이 너무 많다 – 모든 일을 도맡아 함

jí máng táo zǒu　　lián gǔn dài pá
急忙逃走 - 连滚带爬　　급하게 도망가다 – 구르고 기면서 허둥지둥 도망감

jì xù bù tíng　　qián fù (pū) hòu jì
继续不停 - 前赴（仆）后继　　계속해서 멈추지 않다 – 앞에서 나가고 뒤에서 따름

rén mǎ hěn duō　　qiān jūn wàn mǎ
人马很多 - 千军万马　　사람과 말이 매우 많다 – 천군만마

hěn bú rè qíng　　ài lǐ bù lǐ
很不热情 - 爱理不理　　아주 열정이 없다 – 본체만체함

2. 본문

（一）
A: 你今天怎么了，见人爱理不理的。
　　너 오늘 왜 그래, 사람을 봐도 본체만체하고.

B: 我爸爸就爱大包大揽，给我调动工作也不问问我喜欢不喜欢。
　　우리 아빠는 모든 일을 다 자기가 처리하는 것 을 좋아하셔서, 내 직장 바꾸는 것 조차 내가 좋아하는지 안 좋아하는지 묻지도 않으셨어.

A: 哦，是因为工作的事啊。
　　아, 직장 때문이었구나.

（二）
战场上，我们千军万马前赴后继地往前冲杀，终于打得敌人连滚带爬，四处溃逃了。
전장에서, 우리 천군만마가 끊임없이 이어서 앞으로 돌격하여 마침내 적들은 허둥지둥 도망치게 하고 사방으로 패해 도망치게 했다.

3. 본문 해석

① 大包大揽   dàbāodàlǎn   모든 일을 도맡아하다

◆ 함의

자발적으로 어떤 일이나 임무를 도맡아, 자기가 관여하지 말아야할 일조차도 전부 관여함. 부정적인 의미가 있음.

◆ 어구배합

[동사+~]

喜欢~	모든것을 다 관여하는 것을 좋아하다
爱~	모든것에 다 관여하고 싶어한다
习惯于~	모든것을 다 관여하는 게 습관이 되어있다
愿意~	모든것을 다 관여하려고 한다

[주어+~]

她~	그녀는 모든일을 도맡는다
你别~	너는 모든일을 다 참견하지 말아라
你又~	너 또 ~을 다 관여하는구나

◆ 예문

- 妻子的特点是大包大揽，说话利索，只要有她在场，就没有我开口说话的机会。
  아내의 특징은 모든 일에 상관하는 것이고 말이 빨라서 아내가 자리에 있기만 하면 나는 말할 기회가 없다.

- 孩子能决定的事情最好让孩子去决定，家长别总是大包大揽。
  애들이 결정할 수 있는 일은 애들한테 결정하게 하는 게 가장 좋으니, 학부모가 항상 매사를 다 관여하지 말아야한다.

- 王校长喜欢大包大揽，什么事儿他都要亲自管。
  왕교장은 모든 일에 관여하는 것을 좋아해서, 무슨 일이든지 자기가 직접 관장하려 한다.

② 连滚带爬 liángǔndàipá 구르고 기면서 허겁지겁하다

◆ 함의

행동이 매우 긴장하고 허둥되며 힘들어하는 모습을 형용하는 말을 허겁지겁하다의 뜻.

◆ 예문

- 我们一阵猛打，敌人连滚带爬逃回了他们的阵地。
  우리의 한 차례 맹렬한 공격을 하니 적들은 허둥지둥 그들의 진지로 도망갔다.

- 我连滚带爬，总算赶上了旅行团。
  나는 허겁지겁 서둘러서 결국 여행단을 따라잡았다.

- 我们三个人，连滚带爬，终于在十二点以前赶回了家。
  우리 세사람은, 허둥지둥 서둘러서 마침내 12시전에 집으로 서둘러 돌아왔다.

③ 前赴（仆pū）后继 qiánfùhòujì 앞에서 나아가고 뒤에서 따르다

◆ 함의

앞에 돌진해 나가서(쓰러지면),뒤에서 계속 따라 나감. 많은 사람들이 끊임없이 노력하여 어떤 한가지 일을 해내면서 어려움을 겁내지 않고 손실을 무서워하지 않음을 형용함.

◆ 예문

- 无数先烈前赴后继，英勇牺牲，经过长期斗争，才赢得了胜利。
  무수한 선열들이 앞에서 쓰러지면 뒤에서 나아가고 하면서 용감하게 희생하여 오랜 투쟁을 거쳐 비로소 승리를 얻었다.

- 科学工作者，前赴后继，经过几代人的努力，终于实现了中国人的飞天梦。
  과학자들이 앞에서 실패하면 뒤에서 이어 나아가 몇 세대의 노력을 거쳐 마침내 중국인의 하늘을 나는 꿈을 실현했다.

- 这一支队伍英勇善战，富有前赴后继的革命精神。
  이 부대는 용감하고 싸움을 잘하여 앞에서 돌진하여 쓰러지면 뒤에서 따르는 혁명정신을 가지고 있다.

④ 千军万马　qiānjūnwànmǎ　천군만마

◆ 함의

군대 규모가 크거나 사람이 매우 많음, 천군만마

◆ 예문

- 这位老将军指挥过千军万马，打过无数次的胜仗。
  이 노장군은 천군만마를 지휘하고, 무수한 전쟁에서 이긴 적이 있다.

- 我见过千军万马抗洪抢险的场面，真感人哪。
  난 천군만마가 홍수에 대응하며 긴급구조하는 장면을 본 적이 있는데 정말 감동스러웠어.

- 张飞是个非常勇敢的人，一个人可以抵挡千军万马。
  장비는 매우 용감하는 사람이어서, 혼자서 천군만마를 막아낼 수 있었다.

⑤ 爱理不理　àilǐbùlǐ　본체만체 하다

◆ 함의

'본체만체하다'의 뜻으로 사람이나 사물을 대하는 태도가 비교적 냉담하고 열정적이지 않음.

◆ 어구배합

[대하여… 본체만체하다]

对我~	나에 대하여 본체만체하다
对客人~	손님에 대하여 본체만체하다
对他的建议~	그의 건의에 대하여 본체만체하다
对别人的祝贺~	다른 사람의 축하에 대하여 본체만체하다

[~地+동사]

~地看了一眼	보는둥 마는둥 슬쩍 보다
~地"嗯"了一声	본체만체 "응"한 마디 대답했다
~点了点头	보는둥 마는둥 하며 고개를 끄덕였다

◆ 예문

- 山秀端着盘子送茶送饮料，那些男人们，看见她送，爱理不理的，像是山秀打扰了他们似的。
  산시우는 쟁반을 들고 음료를 내왔는데 그 남자들은 그녀가 내오는 것을 보고도 보는둥마는둥하여 마치 산시우가 그들을 방해하는 것 같았다.

- 我们进了他的房间，跟他打招呼，他却连头都不抬，只用鼻子爱理不理地"嗯"了一声，眼睛仍旧盯着书页上的字句。
  우리는 그의 방으로 들어가서 그에게 인사를 했지만 그는 머리도 안들고 본체만체하며 코로만"응" 한마디 대답하고 눈은 여전히 책 페이지의 자구를 응시하고 있었다.

- 这两天，张红对我爱理不理的，我真不明白为什么。
  요며칠 장홍은 나에게 본체만체하는데 나는 왜 그런지 정말 모르겠다.

4. 응용

★ 빈칸에 알맞은 단어 선택하기

A. 大包大揽   B. 连滚带爬   C. 前赴后继   D. 千军万马   E. 爱理不理

1 孩子已经长大了，应该有他们的自由，你别 _____，什么事都管。

2 各人有各人的职责，你为什么要 _____，你不觉得累吗？

3 小红性格不太好，见谁都 _____的。

4 _____的场面他都见过，还会被这几个人给吓倒？我不信。

5 酒店一着火，里面马上乱成了一锅粥，很多人 _____往外逃。

6 伟大的事业常常需要很多人 _____地去努力，去奋斗，去牺牲。

연습 10

■ 밑줄 친 부분이 나타내는 뜻을 바르게 나타낸 것을 고르시오.

1. 他认为<u>自私自利</u>的人，不可能有宽厚、善良的外表。
   A.只考虑自己的利益　　　　　B.很有主见
   C.没有自己的思想　　　　　　D.很会赚钱

2. 他是个很不老实的人，习惯于<u>弄虚作假</u>，就因为这受过好几次处分。
   A.空想　　　　　　　　　　　B.玩弄工作
   C.欺骗别人　　　　　　　　　D.自己决定放假

3. 我们受过良好的教育，<u>损人利己</u>的事情从来没干过。
   A.损失自己的利益　　　　　　B.损失别人的利益
   C.愚蠢　　　　　　　　　　　D.为了自己损害别人

4. 前几年他做生意，靠<u>投机倒把</u>发了财，现在装得像个绅士似的。
   A.倒卖商品　　　　　　　　　B.寻找机会
   C.违法的经营　　　　　　　　D.失去机会

5. 破坏了环境，他们辛辛苦苦地养育儿女，他们又<u>无情无义</u>地危害子孙。
   A.冷漠，不讲情理　　　　　　B.不动感情
   C.没有感情　　　　　　　　　D.没感情没意思

6. 你做的这东西是什么呀，<u>非驴非马</u>的。
   A.不是驴也不是马　　　　　　B.像驴也像马
   C.像非洲的驴和马　　　　　　D.什么也不像

7. 老丁在台上<u>指手画脚</u>讲得非常得意，台下的工人们都在小声聊天。
   A.用手指在脚上画　　　　　　B.手和脚一起在地上画
   C.手指挥脚活动　　　　　　　D.手和脚都做动作

8. 通过改革，现在很多国有企业都是自主经营自负盈亏。
   A.盈利或着亏损都由自身负责　　　　　B.自己吃亏
   C.相信自己不会吃亏　　　　　　　　　D.吃亏自己负责

9. 所有能帮助他的人都离开了他，现在小金只好自力更生了。
   A.自己更加生气　　　　　　　　　　　B.自己没有能力生活
   C.自己的力量更大了　　　　　　　　　D.完全靠自己生存了

10. 你好好做你的学问吧，买菜、做饭、打扫卫生诸如此类的事你就别操心了。
    A.很多事情　　　　　　　　　　　　　B.这样
    C.很多像这一类的　　　　　　　　　　D.差不多

11. 老王怕老婆，这在左邻右舍是众所周知的事实。
    A.很多地方都知道　　　　　　　　　　B.很多人全都知道
    C.很多人一周前就知道　　　　　　　　D.群众的知识

12. 你别往心里去，他这个人我知道，有口无心。
    A.有嘴没有心脏　　　　　　　　　　　B.有人没有心
    C.说话不小心　　　　　　　　　　　　D.说话心里不高兴

13. 舞厅里音乐柔美，人们跳舞跳得如醉如痴。
    A.醉醺醺、傻乎乎　　　　　　　　　　B.又疯又傻
    C.很优美　　　　　　　　　　　　　　D.很专心，很投入

14. 各人有各人的具体情况，怎么能一概而论呢？
    A.评论事物不加区别　　　　　　　　　B.大概地议论
    C.一起讨论　　　　　　　　　　　　　D.一个结论

15. 到了11点多，小方饿得受不了，捂着肚子不断到食堂门口探头探脑。
    A.把头伸出去　　　　　　　　　　　　B.看别人的头
    C.打听消息　　　　　　　　　　　　　D.偷偷观察情况

16 我和丈夫都上班，装修新房子的事被王秘书大包大揽过去了。
   A.管理   B.主动全部承担
   C.用很大的包   D.完全同意

17 为了把孩子送进最好的小学，小李东奔西走，找了很多关系，花了不少钱。
   A.又走又跑   B.往东跑往西走
   C.步行去很多地方   D.去了很多地方

18 金丽这几天心情不好，见了同事爱理不理的。
   A.不讲道理   B.不理别人
   C.不理解别人   D.想了解但是不了解

19 睡到半夜，突然下起雨来，同学们连滚带爬跑进了附近的山洞里。
   A.很紧张、很忙乱的地   B.在地上爬行
   C.跑得很快的地   D.又是滚又是爬

20 不顾一切地去爱一个男人，过后常常发现那个男人并不值得那样去爱，所以还是冷静些为好。这是女子们前赴后继换来的教训。
   A.很久以前   B.不断地牺牲不断地继续
   C.从前面看到后来   D.摔倒再爬起来

21 上个世纪八十年代，由于年轻人除了考大学没有别的好出路，所以形成了千军万马过独木桥的局面。
   A.一千支军队一万匹马   B.很多军队
   C.规模很大的人群   D.很乱的人群

단원 연습 3

1 빈칸을 채우시오.

名副其 ___   ___ 中无人   奇花 ___ 草   ___ 有此理   ___ 到好处

前所 ___ 有   勤 ___ 俭学   全 ___ 以赴   全 ___ 全意   思前 ___ 后

似 ___ 而非   随 ___ 随地   滔滔不 ___   天长地 ___   无可 ___ 告

无能为 ___   无所 ___ 为   显而 ___ 见   想 ___ 设法   小 ___ 翼翼

欣欣 ___ 荣   以身作 ___   争先 ___ 后   指手 ___ 脚   自 ___ 自利

损人利 ___   投机倒 ___   无 ___ 无义   非 ___ 非马   自力 ___ 生

诸 ___ 此类   众所 ___ 知   有口无 ___   ___ 概而论   探 ___ 探脑

大 ___ 大揽   东奔西 ___   连滚 ___ 爬   前赴后 ___   千 ___ 万马

2 빈칸에 들어갈 글자를 보기에서 고르시오.

1. 你简单总结一下吧，说重要的，不要 ___ 面俱到。
   A. 一   B. 方   C. 全   D. 面

2. 幼儿园的阿姨对孩子的关心照顾可以说是无 ___ 不至。
   A. 关   B. 微   C. 能   D. 所

3. 我喜欢你们年轻人 ___ 气蓬勃的样子，跟你们交往我好像也变得年轻了似的。
   A. 生   B. 和   C. 运   D. 朝

4. 那些为人类和平事业献出自己生命的烈士们永 ___ 不朽。
   A. 远   B. 垂   C. 敢   D. 恒

5. 真没想到我们 ____ 水相逢，会有这么多的共同之处，真实太高兴了。
   A.萍　　　　　B.流　　　　　C.冷　　　　　D.滑

6. 学习是个循 ____ 渐进的过程，你不要着急。
   A.环　　　　　B.序　　　　　C.逐　　　　　D.渐

7. 他说得很肯定，可以说是斩 ____ 截铁，不由你不相信。
   A.断　　　　　B.首　　　　　C.铜　　　　　D.钉

8. 听到这个好消息，她高兴得 ____ 泪盈眶。
   A.眼　　　　　B.热　　　　　C.流　　　　　D.哭

9. 人老了以后身体的新 ____ 代谢功能就不怎么好了。
   A.陈　　　　　B.旧　　　　　C.鲜　　　　　D.闻

10. 我们单位国家现在也不管了，也是自负 ____ 亏。
    A.盈　　　　　B.吃　　　　　C.责　　　　　D.胜

3 다음 물음에 적합한 답을 고르시오.

1. 如果受这么大的苦，还不能斩草除根，那我就要考虑考虑这手术是否值得做了。
   问：根据这句话，理解不正确的是：
   A.说话的人可能是医生　　　　B.说话的人可能是病人
   C.还没有做手术　　　　　　　D.担心手术效果不太好

2. 我说了一句谢谢，他们竟然哄然大笑，真让人莫名其妙。
   问：对他们的大笑，我感到怎么样？
   A.很生气　　　B.很感谢　　　C.很高兴　　　D.很疑惑

3. 大家给我的帮助很多，我做出来的成绩是微不足道的。
   问：说话人的态度怎么样？
   A.很赞同　　　B.很谦虚　　　C.不满意　　　D.很满意

4. 他对中国的民乐如醉如痴。

　　问：从这句话我们可以知道：

　　A.他听不懂中国民乐　　　　　　B.他很喜欢中国民乐
　　C.他在研究中国民乐　　　　　　D.他是音乐家

5. 不知道小兰今天怎么了，对我爱理不理的。

　　问：小兰对我怎么样？

　　A.很冷淡　　　B.很生气　　　C.很矛盾　　　D.很怀疑

6. 爸爸叫他帮忙把一篇文章输入电脑，他还跟爸爸讨价还价。

　　问：他怎样对待爸爸的要求？

　　A.接受了　　　B.拒绝了　　　C.商量价格　　　D.提出另外的要求

7. 现在很多地方政府部门习惯于弄虚作假，所以中央政府有时候不了解真实情况。

　　问：中央政府为什么不了解真实情况？

　　A.地方政府部门很马虎　　　　　B.地方政府部门故意欺骗
　　C.地方政府也不了解真实情况　　D.中央政府不相信地方政府部门

8. 我们班长竟然爱上了李娜，我怎么也想不出来她有什么引人注目的地方。

　　问：，说话的人认为李娜怎么样？

　　A.很漂亮　　　B.很平常　　　C.很不漂亮　　　D.很不平常

9 这部影片内容很丰富，要给个恰如其分的评价并不容易。

　　问：关于这句话说法不正确的是：

　　A.这部电影内容很多　　　　　　B.这部电影没有特点
　　C.这部电影很难评价　　　　　　D.这部电影有特点

10. 我知道该怎么做，不需要别人指手画脚。

　　问：说话人是什么态度？

　　A.客气　　　B.高兴　　　C.热情　　　D.冷淡

제3단원

고정형식(固定格式)

제1절 由……组成、在……看来、不知……好、
       拿……来说

제2절 为……所……、对……来说、到……为止、
       应……邀请

제3절 要是……的话、跟（和）……过不去、
       一来……二来……、左说右说

제4절 时好时坏、不大不小、多劳多得、
       或多或少

제5절 走来走去、说干就干、忽高忽低、
       一长一短

练习十一

 由……组成、在……看来、不知……好、拿……来说

1. 잰말놀이

yóu　zǔ chéng
由……组成　　……로 이루어지다

zài　kàn lái
在……看来　　……에서 보(자)면

bù zhī　hǎo
不知……好　　……가 좋을지 모르겠다

ná　lái shuō
拿……来说　　……로 말하자면

2. 본문

给电脑安装一个应用软件，在专业人员看来，是很简单的事。但是在我看来却并不简单。就拿昨天的事来说，我想安装一个杀毒软件，我只知道那个软件由3个文件组成，安装过程出了一点儿小问题我就不知该如何是好了。
컴퓨터에 응용프로그램 하나를 설치하는 것은 전문가가 보기에는 아주 간단한 일이다. 그러나 내가 보기엔 결코 간단하지가 않다. 어제의 일을 가지고 말해보면 나는 바이러스를 제거하는 프로그램을 하나 설치하고 싶었는데, 나는 그 프로그램이 3개의 파일로 이루어진 것 알고 있었는데, 설치과정에 약간의 작은 문제들이 생기자 어떻게 해야할 지 몰랐다.

3. 본문 해석

① 由……组成 yóu……zǔchéng ~로 이루어지다

◆ 함의

지도자팀은 5명으로 구성된다.

◆ 예문

- 这个旅游团全部由60岁以上的老人组成。
  이 여행단은 전부 60세이상의 노인으로 구성된다.

- 这个代表团由文化界著名人士组成。
  이 대표단은 문화계 저명인사로 구성된다.

② 在……看来 zài……kànlái ~의 입장에서 보(자)면

◆ 함의

어떤 사람 혹은 어떤 조직의 관점이나 표준에 의거하여 어떠한 평가나 판단이 있는가를 나타냄.

◆ 예문

- 虽然孩子只是随便说说，但是在爸爸看来，这都是妈妈教的。
  비록 아이는 단지 아무렇게나 해 본 말일지라도 아빠가 보기에는 이것은 모두 엄마가 가르친 것이다.

- 在我看来，一个没有笑容的家庭好像永远是阴天。
  내가 보기에는 웃음이 없는 가정은 영원히 흐린 날 같다.

- 李瑞的举动虽然是随意的，但在丁力看来，这是爱的信号。
  리뤠이의 행동은 비록 아무렇게나 한 것이지만, 띵리가 보기에는 그것은 사랑을 나타내는 신호였다.

③ 不知……好 bùzhī……hǎo ~가 좋을지 모르다

◆ 함의

어떻게 해야하는지 모르는 것을 나타냄.

◆ 용법

이 형식은 중간에 흔히 의문대사를 포함한다.

◆ 예문

- 不知如何是好、不知说什么好、不知该怎么表达才好、不知先吃哪一个好
  어떻게 하는 게 좋은 지 모르겠거나, 무엇을 말해야 좋은지 모르겠거나, 어떻게 표현해야 좋을지 모르겠거나, 어느 것을 먼저 먹어야할 지 모르는 등.

- 我们也不知道去哪儿好、他不知道问谁好……
  우리도 어디로 가야할지 모르다 / 그는 누구한테 물으면 좋을지 몰랐다 등등

④ 拿……来说 <口语> ná……láishuō ~으로 말하자면

◆ 함의

예를 들어 어떤 관점을 설명하는 것을 나타냄.

◆ 예문

- 我认为减肥的关键在于运动，拿我来说，每天游一个小时的泳，一个月下来，瘦了3公斤。
  나는 다이어트의 관건은 운동에 있다고 생각하는데, 나를 예를 들면 매일 한 시간씩 수영을 하여 한달이 되니까 3킬로가 빠졌다.

- 家长对孩子的影响是巨大的，就拿李先生来说吧，他在家从来都不说脏话，他的儿子小宾在学校里也是最有礼貌的学生。
  학부모의 아이에 대한 영향력은 아주 큰데, 이선생을 예로 얘기해보자. 그는 집에서 여태껏 욕을 한 번도 하지 않았는데, 그의 아들 샤오삔 역시 학교에서 가장 예의바른 학생이다.

- 大城市一定要注意交通建设，拿北京来说，每年在交通方面的投入都有好几百亿。
  대도시는 반드시 교통을 신경써서 건설해야한다. 북경을 예를 들어 말하면 매년 교통방면의 투자가 수백억원이다.

4. 응용

★ 빈칸에 알맞은 단어 선택하기

A. 由……组成   B. 在……看来   C. 不知……好   D. 拿……来说

1 多喝水对身体有好处，_____我_____，每天坚持喝10杯水，所以很少生病。

2 我穿这样的衣服，_____爸爸_____，就是不伦不类，不像个女人。

3 这次大奖赛的评委_____五位音乐专家_____，他们都既有专业素养又有很高的社会声望。

4 一下子被推到台前，面对那么多的人，我紧张极了，_____该说什么_____了。

5 _____李老师_____，学生都是好学生，每个人都有成功的希望。

제2절 为……所……、对……来说、到……为止、应……邀请

1. 잰말놀이

wéi   suǒ
为…… 所……   ~에 의해서 ~되다

duì   lái shuō
对…… 来说   ~에 대해서 말하면

dào   wéi zhǐ
到…… 为止   ~에 이르기까지

yìng   yāo qǐng
应…… 邀请   ~의 요청에 응하여

2. 본문

著名科学家张教授应我们学校邀请前来讲学，广大师生为张先生精彩的讲演所吸引，听得如醉如痴。这样的讲座对学生来说，非常有意义。到目前为止，我们学校已经邀请过30多位著名教授来校讲学。

저명한 과학자 장교수는 우리 학교의 요청에 응하여 강연하러 왔는데 많은 교사와 학생들이 장선생님의 훌륭한 강연에 매료되어 듣느라 푹 빠져 들었다. 이러한 강좌는 학생들에 대해 말하자면 매우 의의가 있다. 현재까지, 우리학교는 이미 30여명의 저명한 교수를 초청하여 강연을 한 바 있다.

3. 본문 해석

① 为……所…… <书面语> wéi……suǒ ~에 의해서 ~되다

◆ 함의

'~에 의해서 ~되다'로 "为"는 "被"의 의미이고, "所"는 앞의 행동의 주체이고 뒤에는 동사로 전체 형식은 피동의 뜻을 나타냄.

◆ 예문

- 众人为他的精神所感动，纷纷伸出援助之手。
  많은 사람들의 그의 정신에 감동되어 잇달아 구조의 손길을 뻗었다.

- 刘小姐为生活所迫，每日在地铁站卖唱。
  미스 리우는 생활고에 쫓겨 매일 지하철역에서 노래를 불러 돈을 번다.

- 其实天下为情所困的人又何止千万！
  사실 세상에 정 때문에 힘들어하는 사람이 또 한 어찌 천만만 되겠나!

② 对……来说 duì……láishuō ~에 대해서 말하면

◆ 함의

'~의 입장에서 말하자면'로 특정한 대상을 겨냥한 상황을 나타내는 것으로, 어떤 사물의 가치는 어떠하고, 사물의 가치, 의의를 평가하는데 사용한다; ; "对"는 "对于"라고 말할 수 있다. "拿……来说"와 구별에 주의한다.

◆ 예문

- 我从来没穿过天蓝色，我觉得那种单纯的颜色对我来说实在是不合适。
  나는 여지껏 하늘색을 입어 본 적이 없는데, 나는 그런 단조로운 색깔은 나에게는 정말 맞지 않다고 생각한다.

- 妻子的收入是丈夫的三倍，对于男人来说，这的确挺别扭的。
  아내의 수입은 남편의 3배로 남자의 입장에서 말하자면 이것은 분명히 매우 거북한 것이다.

- 12月11日这个平平常常的日子，对于张小姐来说，真是太不平常了。
  12월11일 이 평범한 날이 미스 장의 입장에서 말하자면 정말 너무 평범하지 않았다.

③ 到……为止 dào……wéizhǐ ~에 이르기까지

◆ 함의

뜻은 '~까지'로 사물의 범위한계 혹은 끝을 나타냄

◆ 예문

- 如果这个时候我不加思考地拒绝了他，我与他的故事也就到此为止了，但我没有拒绝。
  만약 그때 내가 더 생각하지 않고서 그를 거절했다면, 나와 그의 이야기는 그때까지로 끝났겠지만 나는 거절하지 않았다.

- 他说我不接这个案子，他就不回去，一直要等到我有空为止。
  그는 내가 이 일을 맡아주지 않으면 그는 돌아가지 않고 내가 시간이 날 때까지 줄곧 기다릴거라고 말했다.

- 到现在为止，我还保留着她当年送给我的一张小小的纪念卡。
  지금까지 나는 아직 그녀가 그 해 내게 주었던 작은 기념카드를 간직하고 있다.

- 到五月底为止，我们公司已经盈利300多万元。
  5월말까지 우리회사는 이미 300여만위안의 이익을 남겼다.

④ 应……邀请 <书面语> yìng……yāoqǐng ~의 요청에 응하여

◆ 함의

뜻은 '~의 요청에 응하여'로 어떤사람이나 어떤 방면의 초청으로 주체가 어떤 행동을 하는 것을 나타냄.

◆ 용법

이 형식은, 문장의 첫머리에 써서 주어 앞에 두거나;문장 중에도 사용할 수 있어서 주어 뒤에 두어도 된다. "应……之邀"이라고 말한다.

◆ 예문

- 王教授应南京大学邀请前去讲学。
  왕교수는 남경대학의 초청에 응하여 강연하러 간다.

- 应安阳市政府邀请，文物专家组对甲骨文出土地进行了全面考察。
  안양시정부의 초청에 응하여 문화재전문가팀이 갑골문 출토지에 대하여 전면적인 현지조사를 진행했다.

- 应韩国文化部之邀，我国文化代表团对韩国十所大学进行了友好访问。
  한국문화부의 초청에 응하여 우리나라 문화대표단은 한국 열 개 대학에 우호방문을 하였다.

4. 응용

★ 빈칸에 알맞은 단어 선택하기

A. 为……所　　　B. 对……来说　　　C. 到……为止　　　D. 应……邀请

1 人是有感情的动物，人生在世谁能不 _____ 情 _____ 困？

2 _____ 大会主席团 _____，他参加了大会开幕式。

3 地震之后，救灾工作顺利展开，_____ 目前 _____，灾区没有发生大规模的流行疾病。

4 法院判决，被告应该每月支付原告300元抚养费，直 _____ 原告年满18周岁 _____。

5 老王社会关系极广，再难办的事 _____ 他 _____，都不成问题。

제3절 要是……的话、跟（和）……过不去、一来……二来……、左说右说

1. 잰말놀이

yào shì(rú guǒ)　　de huà
要是（如果）……的话　　만약……하다면

gēn (hé)　　guò bú qù
跟（和）……过不去　　……와 잘 지내지 못하다

yī lái　　èr lái
一来……二来……　　첫째로는……둘째로는……

zuǒ shuō yòu shuō
左说右说　　이리 말하고 저리 말하다. 반복해서 말하다

2. 본문

"老先生，您这些猫狗是不能带上火车的，不是我跟您过不去，确实是有规定不允许。您如果不反对的话，我可以请个朋友帮您把它们送到家。一来省得您麻烦，二来更安全方便，您看怎么样？"我左说右说，老人终于同意了我的建议。

"어르신, 이 고양이 개들은 기차에 데리고 타시면 안되는 것으로, 제가 어르신을 곤란하게 하려는게 아니에요. 분명 규정에 허용이 안 됩니다. 만약 반대하지 않으신다면, 제가 친구 하나에게 부탁해서 고양이와 개들을 집까지 보내드릴 수 있습니다. 첫째 어르신의 번거로움을 줄이실 수 있고, 둘째로는 더 안전하고 편하실 테니, 어르신이 보시기엔 어떠세요?"하고 내가 이렇게 저렇게 거듭 말씀드리니, 어르신께서는 결국 내가 건의드린 것에 동의하셨다.

3. 본문 해석

① 要是（如果）……的话　yàoshi(rúguǒ)……dehuà　만약……하다면

◆ 함의

뜻은 "만약 ~라면"으로 한다면 가설의 상황을 나타냄.

◆ 예문

- 小伙子，我要是钱富裕的话，真想买下你这匹骆驼。
  젊은이, 내가 만약 돈이 많다면, 정말로 자네의 이 낙타를 사고싶네.

- 如果你愿意在这儿干的话，我可以帮你跟王经理说说。
  만약 자네가 여기서 일하기를 원한다면, 내가 자네 대신 왕사장님께 한 번 말해볼 수가 있네.

- 要是你不介意的话，我想抽一支烟。
  만약 자네가 개의치 않는다면, 나는 담배 한 대를 피우고 싶네.

② 跟（和）……过不去　gēn(hé)……guòbúqù　……와 잘 지내지 못하다

◆ 함의

"~와 잘못 지내다"로 고의로 어떤사람을 괴롭히거나 편치 않게 하는 것을 나타냄.

◆ 예문

- 既不敢出去，又没事可做，他觉得天气仿佛成心跟他过不去。
  나갈 수가 없는데다, 할 수 있는 일도 없고, 그는 날씨가 마치 일부로 그를 괴롭히고 있다고 느꼈다.

- 经理高声对众人说："好，有这样的壮士，我们还怕谁跟咱们过不去！"
  사장님은 큰소리로 사람들에게 말하길: 좋아, 이러한 장정이 있는데, 우리가 또 누가 우리를 못살게할까 두렵겠는가!"

- 自从我和李明丽分了手，她爸爸在单位里就处处跟我过不去，所以我每天也不自在。
  내가 리밍리와 헤어진 후부터, 그녀의 아빠가 직장에서 사사건건 나를 트집 잡으셔서, 나는 매일 마음이 편치 않다.

③ 一来……二来…… <口语>　yīlái……èrlái　첫째로는……둘째로는……

◆ **함의**

내용의 두 가지 다른 점을 이끌어내려고, 원인, 목적을 설명할 때 사용하며, "一方面……另一方面……"과 비슷함.

◆ **예문**

- 他知道自己可以独自到里屋去吃，可是他愿意和大家一块儿吃。一来是早吃完好去干事，二来是显得和气。
  그는 자기가 혼자 안쪽방으로 가서 먹어도 된다는 걸 알지만, 그는 모두들과 같이 먹길 원했다. 첫째로는 일찍 다 먹고 일하러 가기에 좋고, 둘째는 화기애애해 보였기 때문이다.

- 他们再三要求小王参加他们的活动，小王委婉地拒绝了。一来小王这两天太忙，二来他对这样的活动也没有兴趣。
  그는 재삼 샤오왕에게 그들의 행사에 참여해 달라고 요구했지만, 샤오왕은 완곡하게 거절했다. 첫째는 샤오왕이 요며칠 너무 바쁘고, 둘째로는 그는 그러한 행사에 흥미도 없어서이다.

- 小保姆突然走了，王女士一来心情不好，二来也不想再多花钱，所以家务活儿就自己都干了。
  어린 보모가 갑자기 가버리자, 왕여사는 첫째 마음이 편치 않았고, 둘째로는 돈을 더 쓰고 싶지 않아서, 집안일을 모두 자신이 했다.

④ 左说右说　zuǒshuōyòushuō　이리 말하고 저리 말하다. 반복해서 말하다

◆ **함의**

"이리 말하면 저리 말하다"로 다른 사람을 타이르기 위하여 반복적으로 말하고 많이 말하는것을 나타냄.

◆ **예문**

- 妈妈左说右说，校长才答应我的问题可以再研究研究。
  엄마가 이리 말하고 저리 말하고 하니, 교장선생님께서는 겨우 내 문제를 다시 연구해 보겠다고 했다.

- 大家左说右说，张老板才慢慢平静下来。
  모두들 이리 말하고 저리 말하고 하니 , 장사장은 그제야 점차 진정이 되었다.
- 爸爸妈妈跟她左说右说，她就是不同意这门婚事。
  아빠 엄마는 그녀에 이리 말하고 저리 말하고 했지만, 그녀는 한사코 그 혼사에 동의하지 않았다

4. 응용

★ 빈칸에 알맞은 단어 선택하기

A. 要是……的话   B. 跟……过不去   C. 一来……二来……   D. 左说右说

1 让他帮我打听打听，他老不乐意，我 _____ 他才勉强答应去试试。

2 他非常愿意找一份兼职工作，_____ 可以锻炼自己，_____ 也能有点儿收入。

3 不是我 _____ 你 _____，是你做事太过分了，我只是在履行职责。

4 这件事最好跟他当面谈，_____ 他能来一趟 _____，那再好不过了。

5 你不要老 _____ 我 _____，我的忍耐是有限度的。

 时好时坏、不大不小、多劳多得、或多或少

1. 잰말놀이

zhuàng tài bù wěn　　shí hǎo shí huài
状态不稳 - **时好时坏**　　　　상태가 안정적이지 못함 - 잠깐 좋았다가 잠깐 나빠졌다가 하다

dà xiǎo hé shì　　bú dà bù xiǎo
大小合适 - **不大不小**　　　　크기가 적합함 - 크지도 않고 작지도 않다

gōng zī hé lǐ　　duō láo duō dé
工资合理 - **多劳多得**　　　　임금이 합리적임 - 많이 일하고 많이 벌다

què shí yǒu diǎn er　　huò duō huò shǎo
确实有点儿 - **或多或少**　　　확실히 조금 - 많거나 적거나 조금

2. 본문

最近他们公司资金方面遇到了**不大不小**的困难，经营状况**时好时坏**，尽管实行的是**多劳多得**的分配方式，但总体上的不稳定，**或多或少**也影响了职工们的情绪。所以，他们正在想方设法寻求贷款。
최근 그들의 회사는 자금방면에 크지는 않지만 작지도 않은 어려움에 봉착했다. 경영상황이 좋았다가 나빴다가 한다. 비록 실행하고 있는 것이 일하는 만큼 버는 분배방식이지만, 전체적인 불안정이, 많든적든 직원들의 기분에 영향을 주고 있다. 그래서 그들은 대출을 받으려고 온갖 방법을 강구하는 중이다.

3. 본문 해석

① 时好时坏　shíhǎoshíhuài　좋다가 나쁘다가 하다

◆ 함의

상황이 불안정하여 어떤 때는 좋고 어떤 때는 나쁜 것을 나타냄.

◆ 예문

- 这两年的生意时好时坏，我也没有赚到什么钱。
  요 몇 년의 장사는 좋을 때도 있고 나쁠 때도 있어서 나는 얼마 벌지도 못했다.

- 他们俩就那么维持着，关系时好时坏，别人也看不明白。
  그들 둘은 그냥 그렇게 유지하고 있어서 관계가 어떤 때엔 좋았다가 어떤 때에는 나쁘고 하여 다른 사람도 모른다.

- 这天气时好时坏，所以我们的旅行计划还没有最终定下来。
  이 날씨가 좋다가 말다가 해서, 우리의 여행 계획은 아직 최종적으로 정하지 못했다.

② 不大不小　búdàbùxiǎo　크지도 않고 작지도 한다

◆ 함의

"크지도 않고 작지도 않다"로 어중간함을 나타냄. 목적어의 한정어로 쓰일 경우 대부분 어떤 일이 분명 발생했음을 강조하며, 서술어로 쓰이면 적합하거나 꼭 맞음을 나타냄.

◆ 어구배합

[〜的＋명사]

〜的错误　　크지도 작지도 않은 잘못
〜的困难　　크지도 작지도 않은 어려움
〜的官　　　크지도 작지도 않은 관직
〜的奖励　　크지도 작지도 않은 표창

[주어~]

年龄~	연령이 많지도 적지도 않고 적당하다
衣服~	옷사이즈가 크지도 작지도 않고 알맞다
鞋子~	신발이 크지도 작지도 않고 딱 맞다
房间~	방이 크지도 작지도 않고 적당하다

◆ 예문

- 由于我一时粗心，造成了他和张小姐之间的一场不大不小的误会。
  나의 한 때의 부주의로 인하여, 그와 미스 장간의 한 바탕 크다면 크고 작다면 작은 오해가 생겼다.

- 你这可是给我出了一道不大不小的难题呀。
  너 이건 나한테 크다면 크고 작다면 작은 어려운 숙제를 주는거야.

- 勤勤恳恳地工作了二十多年后，孙文举成了一个不大不小的干部。
  근면성실하게 20년여를 일한 후에, 쑨원쥐는 크다면 크고 작다면 작은 간부가 되었다.

③ 多劳多得 duōláoduōdé 많이 힘을 들이고 많이 얻다

◆ 함의

"많이 일하고 많이 벌다"로 일을 많이 하면 하는 만큼 임금이나 보수를 받음을 나타냄.

◆ 예문

- 王老板见她学会了，拍拍她的肩膀："认真做吧！多劳多得。慢慢来，时间长了，自然会快乐的。"
  왕사장님은 그녀가 익힌 것을 보고, 그녀의 어깨를 두드려주며 : "성실히 해봐! 일한 만큼 받을거니까. 차근차근 해봐 시간이 지나면 자연스럽게 즐거워지게 될테니까."

- 同样款式的服装在这里大批生产着，按件计酬，多劳多得。工人们干得很辛苦，天天上班10个小时以上。
  같은 스타일의 옷이 여기에서 대량 생산되고 있는데, 한 벌당 임금을 계산하여 많이 일한 만큼 번다. 근로자들은 매우 힘들게 일하여 매일 10시간 이상 근무한다.

- 只有实行多劳多得的分配制度，才能调动大家的积极性。
  일한 만큼 얻는 분배제도를 실행해야지, 비로소 모두가 적극성을 띠게 할 수 있다.

④ **或多或少** huòduōhuòshǎo 많든 적든

◆ 함의

"많거나 적거나"로 어떤 사물이 많든 적든간에 어쨌든 늘 있음을 나타냄.

◆ 예문

- 白小姐朗声笑了："你想证明你是个君子啊！其实自私每个人或多或少都有一点儿。有一点自私也可以原谅，只是不要太多。"
  미스 바이는 우렁차게 웃었다:"너는 네가 군자라는걸 증명해보고 싶은거지! 사실 이기심은 모든 사람이 다 많든 적든 약간씩을 가지고 있어. 약간 이기적인 것은 용인이 되지만, 너무 많으면 안 되지."

- 凡是女人，或多或少都会有一点虚荣心。我也不例外。
  무릇 여자라면, 많든 적든 다 약간의 허영심을 가지고 있다. 나 역시 예외는 아니다.

- 我辛苦了半天，您或多或少给点儿吧。
  내가 반나절을 애썼는데, 당신이 많든 적든 조금 주시지요.

4. 응용

★ 빈칸에 알맞은 단어 선택하기

A. 时好时坏　　　B. 不大不小　　　C. 多劳多得　　　D. 或多或少

1 正在攻关的关键时刻，突然出了这么一件事，这对他来说也是个 _____ 的打击。

2 他们俩的关系 _____，谁也说不准他们最终会不会走到一起。

3 反正是 _____，你不愿意干不要紧，到时候别嫌钱少就行。

4 你看这天气 _____，我们还是多带点儿衣服吧。

5 行了，这次他 _____ 也表示了歉意，我们就别再跟他计较了。

 走来走去、说干就干、忽高忽低、一长一短

1. 잰말놀이

lái húi zǒu dòng　　zǒu lái zǒu qù
来回走动 - **走来走去**　　　　왔다갔다하다 – 왔다갔다하다

mǎ shàng xíng dòng　　shuō gàn jiù gàn
马上行动 - **说干就干**　　　　즉시 행동하다 – 한다고 하고서 바로 하다

hěn bù wěn dìng　　hū gāo hū dī
很不稳定 - **忽高忽低**　　　　매우 안정적이지 못하다 – 갑자기 높았다가 갑자기 낮아지다

cháng duǎn bù qí　　yì cháng yì duǎn
长短不齐 - **一长一短**　　　　길이가 일정치 않다 – 하나는 길고 하나는 짧다

2. 본문

A: 你不是说要做风筝吗，说干就干吧，一直在这儿走来走去干什么？
너 연 만들어야한다고 하지 않았니, 한다고 했으면 바로 해. 계속 여기서 왔다갔다 뭐 하는 거니?

B: 我在想啊，那两根大竹棍儿一长一短，做骨架不平衡，怎么办。
나는 생각하고 있어. 저 두 대나무 막대가 하나는 길고 하나는 짧아서, 연살이 가지런 하지 못하면 어쩌나 하고.

A: 那就把长的截短一点呗。否则，做得不好，风筝也许根本就飞不起来呢。
그러면 긴 것을 조금 자르지 뭐. 그렇지 않고 잘못 만들면 연도 아예 날지 못할 테니까.

B: 是啊，上次做的那个，稍微有点儿不平衡，放的时候忽高忽低，很不稳定。
그러게. 지난 번에 만든 그것은 조금 가지런하지 않았는데 날릴 때에 갑자기 높이 올랐다가 갑자기 낮게 떨어지고 하면서 아주 불안정했어.

A: 那这次就细心点儿，一定要做好。
그럼 이번엔 좀 세심하게 해봐, 분명히 잘 만들 수 있을 테니.

3. 본문 해석

① 走来走去 zǒuláizǒuqù 왔다갔다하다

◆ 함의

한자리에서 왔다갔다하다.

◆ 예문

- 你别在我面前走来走去的，影响我看书。
  너는 내 앞에서 왔다갔다 하지 마라, 내가 책 보는데 방해되니까.

- 你看那个人一直在女生宿舍外边走来走去，他在干什么呢？
  너 저사람 계속해서 여학생기숙사 밖에서 왔다갔다 하는거 봐, 저 사람 뭘 하고 있는 거니?

- 因为迷失了方向，他们走来走去还是没有走出那一片森林。
  방향을 잃어버려서, 그들은 왔다갔다 해도 그 숲속을 벗어나지 못했다.

② 说干就干 shuōgànjiùgàn 한다고 하고는 바로 하다

◆ 함의

어떤 일을 한다고 결정한 후에 바로 하는 것을 말함.

◆ 예문

- 咱们说干就干，我去找王老师，你去查资料。
  우리 한다고 했으니 바로 하자, 내가 왕선생님을 찾아 갈 테니, 너는 가서 자료를 찾아.

- 说干就干，他们有的杀鸡，有的烧火，有的洗菜，不一会儿就把饭做好了。
  한다고 하고서 바로 해서, 그들 중 어떤 사람은 닭을 잡고, 어떤 사람은 불을 지피고, 어떤 사람은 채소를 씻고 하여, 얼마 지나지 않아 밥을 다 했다.

- 我们决定把屋子重新布置一下，说干就干，一会儿就使得房间焕然一新了。
  우리는 집을 다시 꾸미기로 결정하고는 한다면 해서 얼마 후 집의 모습이 완전히 달라지게 했다.

③ 忽高忽低　hūgāohūdī　높았다가 낮았다가 하다

◆ 함의

위치, 소리, 가격 등이 줄곧 위아래로 변하여 안정적이지 못함을 말함.

◆ 예문

- 断了线的风筝在空中飘着，忽高忽低，最后落到了一棵树上。
  줄 끊어진 연이 공중에서 날리면서 갑자기 위로 갔다 아래로 갔다하다가 결국 나무위로 떨어졌다.

- 他讲课时，声音忽高忽低，自己觉得富有变化，可学生听得很不舒服。
  그는 수업을 할 때 목소리가 높았다 낮았다하여 자신은 아주 변화가 풍부하다고 생각하지만 학생들은 듣기에 매우 거북스러워한다.

- 不知怎么了，这几天我的情绪忽高忽低。
  왜 그런지 모르겠지만, 요 며칠 내 기분이 좋았다 나빴다 한다.

④ 一长一短　yìchángyìduǎn　하나는 길고 하나는 짧다

◆ 함의

한쌍의 물건이 하나는 길고 하나는 짧아서 같지 않음을 말함.

◆ 보충

三长两短은 의외의 사고를 말하는데, 대부분 사망을 가르킴.

◆ 예문

- 你看这条裤子，裤腿一长一短，怎么穿哪。
  너 이 바지 봐. 바짓가랑이 하나는 길고 하나는 짧은데 어떻게 입어.

- 他带了两把刀，一长一短。
  그는 두 자루를 칼 지녔는데 하나는 길고 하나는 짧다.

- 老人身体不好，最好别出去旅游，万一有个三长两短，那可就麻烦了。
  노인의 몸은 좋지 않으면 여행을 가지 않는 편이 좋을 것 같다. 만약 변고라도 생기면 아주 골치 아프다.

4. 응용

★ 빈칸에 알맞은 단어 선택하기

A. 走来走去　　B. 说干就干　　C. 忽高忽低　　D. 一长一短

1 他倒背着手在屋子里 _____，一言不发。

2 这双筷子 _____，用起来特别不舒服，你给我换一双吧。

3 你不是说要打扫房间吗？_____吧，别再磨蹭了。

4 我们 _____，早点把问题处理完我们早点回家。

5 现在石油的价格 _____，让很多人感到紧张。

연습 11

■ 밑줄 친 부분에 들어갈 적당한 말을 고르시오.

1. 根据1974年美国全国成年人调查发现，到25岁 _____，已有97％的男性和81％的女性有过婚前性行为。
   A. 截止　　　　　　　　　　　B. 停止
   C. 终止　　　　　　　　　　　D. 为止

2. 事情发展到这一步，他也不知怎么办 _____ 了。
   A. 好　　　　　　　　　　　　B. 法
   C. 事　　　　　　　　　　　　D. 行

3. 爷爷就是这样一个人，_____ 他看来读书是很高尚的事，读书人就应该得到大家的尊敬。
   A. 由　　　　　　　　　　　　B. 在
   C. 对　　　　　　　　　　　　D. 拿

4. 我刚参加工作的时候工资只有200多块钱，但是 _____ 我来说那是一笔很大的钱。
   A. 拿　　　　　　　　　　　　B. 给
   C. 向　　　　　　　　　　　　D. 对

5. 访问团一行为风雨 _____ 阻，耽误了行程，原定十七日才达到，实际十九日才到达目的地。
   A. 来　　　　　　　　　　　　B. 被
   C. 所　　　　　　　　　　　　D. 给

6. 学习外语不是一件容易的事儿，_____ 汉语来说，汉字、声调、语法学起来都很难。
   A. 对　　　　　　　　　　　　B. 拿
   C. 看　　　　　　　　　　　　D. 比

7 据王先生介绍，这个工程 _____ 三大部分组成。
　　A.被　　　　　　　　　　B.给
　　C.是　　　　　　　　　　D.由

8 姑妈说四爷确实到她家来过一趟，大概是正月十二那天吧，一来是给她道谢，_____为告诉她，他打算上天津，或上海，玩玩去。
　　A.二去　　　　　　　　　B.二来
　　C.再来　　　　　　　　　D.原来

9 生气了就不吃饭，你这不是跟自个儿过不去吗？
　　A.自己不想走过去　　　　B.故意让自己不舒服、不顺利
　　C.自己不想活了　　　　　D.不跟自己一起去

10 我听了他的话，几乎要朝他肚子上打一枪。如果打了 _____，恐怕会把他打死。那样多半我也活不到现在了。
　　A.看来　　　　　　　　　B.的情况
　　C.的结果　　　　　　　　D.的话

11 _____法国总统希拉克邀请，胡锦涛主席于1月27日至30日对法国进行国事访问。
　　A.被　　　　　　　　　　B.据
　　C.由　　　　　　　　　　D.应

12 解放前夕，小余上了一个不 _____ 不 _____ 的当，胡小姐把他给骗了。
　　A.左……右……　　　　　B.大……小……
　　C.好……坏……　　　　　D.上……下……

13 母亲的病情没有恶化，_____好 _____坏，好的时候跟好人差不多，坏的时候比最坏的孩子还要差。
　　A.越……越……　　　　　B.时……时……
　　C.也……也……　　　　　D.不……不……

14 他要求老板把他留下来，可是老板不答应。_____说 _____说不行，他终于生气了，大声喊："你知道我是什么人吗？"

A.又……又……　　　　　　　　B.一……二……
C.上……下……　　　　　　　　D.左……右……

15 我们公司实行业绩和工资挂钩，多 _____多得，只要你干得好，不用担心待遇低。

A.做　　　　　　　　　　　　B.劳
C.说　　　　　　　　　　　　D.卖

16 我坐在花园的草地上，远处高楼上传来忽 _____忽低的歌声。

A.高　　　　　　　　　　　　B.大
C.长　　　　　　　　　　　　D.响

17 这双筷子一长一 _____，用起来很不方便，你给我换一双吧。

A.细　　　　　　　　　　　　B.小
C.低　　　　　　　　　　　　D.短

18 检验的结果还没有出来，他在外面不停地走来走 _____。

A.过　　　　　　　　　　　　B.去
C.往　　　　　　　　　　　　D.来

19 我们打算做个飞机模型参加学校的比赛。说干 _____干，下午我们从家里带来了各种做模型用的材料。

A.也　　　　　　　　　　　　B.就
C.才　　　　　　　　　　　　D.一

20 我理解你，突然来到一个新环境，_____多或少总会有点儿不适应的，别着急，慢慢就好了。

A.或　　　　　　　　　　　　B.既
C.很　　　　　　　　　　　　D.不

제1절 能歌善舞、各式各样、自言自语、四面八方

제2절 东一句西一句、老的老小的小、没吃没穿、似笑非笑

제3절 也就是说、换句话说、一般地说、总的来说

제4절 除此之外、与此同时、由此可见、综上所述

제5절 ……来看、……来说（来讲）、从……看来、不得、一会儿……一会儿……

제6절 一干二净、一毛不拔、可歌可泣、半真半假、不辞而别、有声有色

练习十二

单元练习（四）

 能歌善舞、各式各样、自言自语、四面八方

1. 잰말놀이

hěn huì gē wǔ　　néng gē shàn wǔ
很会歌舞 - 能歌善舞　　　　노래와 춤을 아주 잘함 – 노래를 잘하고 춤에 뛰어나다

yàng shì hěn duō　　gè shì gè yàng
样式很多 - 各式各样　　　　모양이 매우 많다 – 각양각색

zì jǐ shuō huà　　zì yán zì yǔ
自己说话 - 自言自语　　　　혼자서 말을 하다 – 혼잣말을 하다

gè gè fāng miàn　　sì miàn bā fāng
各个方面 - 四面八方　　　　각 방면 – 사면팔방

2. 본문

玉暄是个能歌善舞的女孩，而且画画儿也画得非常好。她的工作是设计婚纱，她的工作室里挂着各式各样的婚纱样品。我看着她设计的一款款新颖别致的婚纱，不禁自言自语地赞叹：“太好了，太漂亮了。”我参观她的工作室的时候，她正在认真处理来自四面八方的货物定单。

위쉬엔은 노래도 잘하고 춤도 잘 추는 여자아이인데, 또한 그림도 아주 잘 그린다. 그녀의 일은 웨딩드레스 디자인이어서 그녀의 작업실에는 각양각색의 웨딩드레스 샘플이 걸려있다. 나는 그녀가 디자인한 한 가지 한 가지 독특하고 색다른 웨딩드레스를 보면서, 혼잣말로 감탄을 금치 못했다:"너무 좋아, 너무 예뻐."라고. 내가 그녀의 작업실을 참관하고 있을 때, 그녀는 각지에서 온 주문서를 꼼꼼히 처리하고 있었다.

3. 본문 해석

① 各式各样　gèshìgèyàng　각양각색의

◆ 함의

"각양각색"의 뜻으로 스타일이 많고, 각기 다른 것을 말함.

◆ 용법

일반적으로 구체적이고 눈에 보이는 사물을 설명할 때 사용함. "各种各样"의 의미도 비슷하지만, 이것은 구체적인 사물이나 추상적인 사물을 설명할 때 사용함.

◆ 예문

- 这条大街两侧是各式各样的西洋建筑。
  이 큰 길 양쪽은 각양각색의 서양 건축물이다.

- 商店里摆满了各式各样的家用电器。
  상점 안에는 각양각색의 전기용품들로 가득 진열되어 있다.

- 迟到的同学说出了各种各样的理由，请老师原谅。
  지각한 반친구는 갖가지 이유를 얘기하며 선생님께 용서를 구했다.

② 自言自语　zìyánzìyǔ　혼잣말을 하다

◆ 함의

자기자신에게 혼잣말을 함.

◆ 예문

- "怎么我不记得有这么回事儿？"许林自言自语地说。
  "왜 나는 이런 일이 있었는지 기억을 못하지？" 쉬린은 혼잣말로 말했다.

- 十几岁的孩子，晚上11点以后才能睡觉。做作业做到犯傻，做到眼睛发直，自言自语！
  열몇 살 된 아이는 저녁 11시 이후에야 잠을 잘 수 있다. 숙제를 하느라 멍해질 때까지 하고 눈이 초점을 잃고 멍해질 때까지 하고는 혼잣말을 한다.

- 那位老人常常自言自语，别人也不知道他在说什么。
  그 어르신은 자주 혼잣말을 하시는데 다른 사람들도 그 분이 뭐라고 하시는지 모른다.

③ 能歌善舞 nénggēshànwǔ 노래를 잘 하고 춤도 잘 추다

◆ 함의

사람이 노래도 잘하고 춤도 잘 추어, 예술적 재능을 가진 것을 말함.

◆ 예문

- 小许是我们系的文艺部长，能歌善舞，也挺会演讲，是校演讲协会的副主席。吴大林是我见到过的最"酷"的男人。他是一家歌舞厅的鼓手，并且能歌善舞，多才多艺。我就不明白为什么那些能歌善舞的姑娘都到你们班了。
  샤오쉬는 우리 과의 문예부장으로 가무에 능하고, 강연도 아주 잘 하여 학교 강연협회의 부주석이다. 우따린은 내가 만나 본 사람 중에 "쿨한"남자이다 그는 한 클럽의 드럼머이고, 또한 노래에 춤도 잘하고, 다재다능하다.
  나는 왜 노래 잘 하고 춤 잘추는 아가씨들이 다 너희 반으로 갔는지 도무지 이해가 안 간다.

④ 四面八方 sìmiànbāfāng 동서남북 각 방면

◆ 함의

동, 남, 서, 북 각 방향, 각 방면을 가르킴.

◆ 예문

- 其实每一个婚姻都是有危机感的，来自四面八方，如果像我这样能有一种时刻准备着的心态，也未必不是好事。
  사실 모든 혼인은 다 위기감은 있는데, 원인은 여러가지이다.만약 나처럼 이렇게 시시각각 준비된 마음가짐을 가지고 있는 것은 반드시 좋은 일이 아니지도 않다.

- 朝圣的人们，从四面八方汇集到这个宽阔的广场上。
  성지순례하는 사람들은 사방에서 이 넓은 광장으로 집합했다.

- 晚上我们在帐篷里，听到四面八方传来的各种奇怪的声音，心里害怕极了。
  저녁에 우리는 천막안에서 도처에서 들려오는 갖가지 이상한 소리를 들었는데 속으로 정말 무서웠다.

4. 응용

★ 빈칸에 알맞은 단어 선택하기

A. 能歌善舞　　　B. 各式各样　　　C. 自言自语　　　D. 四面八方

1 老人非常想念儿女们，有时候一个人 _____ 叫着孩子们的名字。

2 这所学校很重视学生的全面发展，有很多学生不仅学习成绩优秀，而且 _____ 。

3 成千上万的信徒们从 _____ 赶来参加教皇的葬礼。

4 走进老猎人的小屋，我们发现墙壁上挂满了 _____ 的猎枪。

5 孩子一边玩，一边 _____ 地对说："宝宝乖，宝宝不找妈妈。"

 东一句西一句、老的老小的小、没吃没穿、似笑非笑

1. 잰말놀이

dōng yí jù xī yí jù
东一句西一句　　두서 없이 말하다

lǎo de lǎo xiǎo de xiǎo
老的老小的小　　늙은이는 늙고 어린애는 어려서, 모두 늙은이와 어린이 뿐이다

méi chī méi chuān
没吃没穿　　먹을 것도 입을 것도 없다

sì xiào fēi xiào
似笑非笑　　웃는 듯 마는 듯하다

2. 본문

我们走了两天来到了一个很偏僻的小山村，村里老的老小的小，见不到一个壮年人。我们高兴地说：“这里的环境真好啊！”一个老人似笑非笑地说：“好环境也不能当饭吃。”我们跟这位老人东一句西一句地聊了会儿天，才知道村里人很穷，很多人家都没吃没穿的，所以年轻人都出去打工了。

우리가 이틀을 걸어서 한 외딴 작은 산촌에 가게 되었는데, 촌에는 늙은이는 늙고 어린 애는 어려서, 젊은이는 하나도 보이지 않았다.
우리가 기분좋게 말하길: "이곳은 환경이 정말 좋군요!"하니 한 노인이 웃는 듯 마는 듯 말하길: "좋은 환경이라도 밥 삼아 먹지는 못하지."라 하셨다. 우리는 이 노인과 두서없이 얘기를 나눈 후에 비로소 마을사람들이 매우 가난하여 많은 사람들이 먹을 것과 입을 것이 없어서 젊은 사람들은 모두 품 팔러 나갔다는 것을 알게 되었다.

3. 본문 해석

① 没吃没穿　méichīméichuān　먹을 것도 입을 것도 없다

◆ 함의

먹을 음식도 없고 입을 옷도 없어서, 생활이 어려움을 형용함.

◆ 예문

- 那个地方的居民生活很苦，有很多人没吃没穿。
  그곳의 주민생활은 매우 고달퍼서, 많은 사람들이 먹고 입을 게 없다.

- 小家伙来到这个儿童村后，告别了没吃没穿的日子，每天高兴得又是跑又是跳。
  그 녀석은 여기 SOS어린이 마을에 온 후로는, 먹을 것 없고 입을 것 없는 날들과는 작별을 고하여서 매일 좋아서 달리기도 하고 뛰기도 한다.

- 女人受不了这没吃没穿的苦日子，过了没几天自己就悄悄地离开了。
  여자는 이 먹을 것 없고 입을 것 없는 고달픈 날들을 견디지 못하고, 며칠 안 가서 혼자 몰래 떠났다.

② 老的老小的小　lǎodelǎoxiǎodexiǎo　늙은이는 늙고 어린애는 어리다

◆ 함의

"늙은 이는 늙고 어린애는 어리다"로 한 가정이나 단체에서 모두 노인과 어린아이로 힘있는 젊은이가 모자람을 말함.

◆ 예문

- 如果父亲当兵去了，剩下家里老的老小的小，怎么生活呀。
  만약 아버지가 군에 입대해서 가버리면 집에 늙은 사람과 어린이만 남게 되어 어떻게 살아가나.

- 那个福利院的工作人员老的老小的小，只能勉强做一些简单的服务工作。
  그 복지원의 직원들은 늙은이와 어린이들이라 몇몇 간단한 서비스 업무만 억지로 할 수 있을 뿐이다.

- 这是个特殊的连队，老的老小的小，行动特别慢。
  이는 특수한 연대로, 늙은이와 어린이들이라 행동이 유난히 느리다.

③ 东一句西一句　dōngyíjùxīyíjù　두서 없이 말하다

◆ 함의

주제도 조리도 없이 이야기하는 것을 나타냄

◆ 예문

- 我进去的时候，大家都在东一句西一句地聊天。
  내가 들어갔을 때에는 모두들 두서없이 이야기를 나누고 있었다.
- 他东一句西一句说了半天，我们也没听明白他想干什么。
  그가 두서없이 한참을 얘기했어도 우리는 그가 무엇을 하려고 하는지 알아듣지 못했다.
- 你们东一句西一句扯什么呢，快点儿干活儿吧。
  너희는 말도 안되게 무슨 이야기를 하는 것이야, 빨리 일이나 좀 해.

④ 似笑非笑　sìxiàofēixiào　웃는 것 같기도 하고 웃지 않는 듯 하기도 하다

◆ 함의

웃는 표정이 매우 복잡하여 웃고 있는 것도 같고 웃고 있지 않는 것도 같음을 나타냄.

◆ 예문

- 听了我的话，他似笑非笑地点了点头，说："哦，坐吧。"
  내 말을 듣고는, 그는 웃는 듯 마는 듯 고개를 끄덕이며, 말하길 "어, 앉지"했다.
- 这几天，梁爽每次回到宿舍都是似笑非笑的，也不说话，大家都觉得奇怪。
  요며칠, 량슈왕은 매번 숙소로 돌아와서는 웃는 듯 마는 듯하고 말도 안 하여 모두들 이상하다고 생각했다.
- 我狠狠地瞪了张月一眼，她却蛮不在乎，似笑非笑地同别人打闹。
  나는 매섭게 장위에를 노려봤지만 그녀는 아랑곳하지 않고 웃는 듯 마는 듯 하면서 다른 사람과 장난쳤다.

4. 응용

★ 빈칸에 알맞은 단어 선택하기

A. 东一句西一句　　　B. 老的老小的小　　　C. 没吃没穿　　　D. 似笑非笑

1 从他身边走过的时候，我主动跟他打招呼，他却 _____ 地看了我一眼，这让我很不舒服。

2 对方也不善言谈，我们只好 _____ 地找话题聊，免得冷场。

3 没有哪个女孩能忍受 _____ 的生活，你还是想法找份工作，然后再想结婚的事吧。

4 丈夫卧病在床，家里 _____ 都要靠丽丽一个人照顾，真是太辛苦了。

5 虽然很多年过去了，但是到现在他还清楚地记得张丽当时那个 _____ 的表情。

제3절 也就是说、换句话说、一般地说、总的来说

1. 잰말놀이

yě jiù shì shuō
也就是说   다시 말하자면

huàn jù huà shuō
换句话说   바꾸어 말하자면

yì bān de shuō
一般地说   일반적으로 말하면

zǒng de lái shuō
总的来说   전체적으로 말하면

2. 본문

一般地说，迟到是不好的习惯，但也不能绝对。比如在美国，参加普通的聚会迟到却很时髦，也就是说，准时反而是不好的。如果谁准时到了，常常会造成不便，换句话说，主人和客人都会感到有点儿不舒服。为什么会这样呢？因为美国社会生活节奏很快，总的来说，人们工作都比较忙，如果参加聚会迟到了，大家都会原谅，而且会认为你的生活忙碌充实，你是有成就有前途的人。相反，准时到会的人会被认为是空虚无聊的人。

일반적 말해서 지각은 좋지 않는 습관이지만 절대적이라고도 할 수 없다. 예를 들어 미국에서는 보통 모임에 참가할 때 늦는 것은 오히려 세련된 것이다. 즉 말하자면 제 시간에 가는 것이 오히려 좋지 않다는 것이다. 만약 누가 정시에 도착하게 되면 종종 불편을 초래하게 된다. 바꾸어 말하자면 주인과 손님이 모두 약간 거북함을 느끼게 된다. 왜 이러한 것일까? 미국사회는 생활리듬이 매우 빠른데 전체적으로 말하면 사람들의 일이 매우 바쁘기 때문에 만약 모임 참가에 늦게 오더라도 사람들은 모두 양해가 되고, 또한 당신의 생활은 바쁘고 내실이 있고 당신이 뭔가를 이뤘고 장래가 촉망되는 사람이라고 여기게 될 것이기 때문이다. 반대로 시간에 딱 맞추어 도착하는 사람은 실속이 없고 무료한 사람이라고 여겨진다.

3. 본문 해석

① 也就是说　yějiùshìshuō　다시 말하자면

◆ 함의

해석이나 설명을 나타내는데 앞의 말의 의미를 부연설명하는데 사용함.

◆ 예문

- 这封信，是写给"县、乡领导同志"的，也就是说，县里领导也收到这封信了。
  이 편지는 "현,향 지도자 동지"에게 쓴 것이라. 즉 말하자면 현의 지도자도 이 편지를 받았다.

- 不久，王书记就上调了，也就是说，升官了。
  얼마 지나지 않아 왕서기도 상급기관으로 옮겼다. 즉 말하자면 승진하였다.

- 他三十岁了，个人问题还没有解决，也就是说，还没有女朋友。
  그는 30세가 되었는데 개인의 문제는 아직 해결하지 못하였다. 즉 말해서 아직 여자친구가 없다.

② 换句话说　huànjùhuàshuō　바꾸어 말하자면

◆ 함의

뜻은 "바꾸어 말하자면"으로 해석하고 설명하는 것으로, 더 직접적이고 더 분명한 다른 화법으로 조금전에 말했던 뜻을 설명할 때 사용함.

◆ 예문

- 她觉得，自己这么年轻，选择的机会很多，别说嫁一个现成的有钱有地位的人，起码应该嫁给一个有希望的人吧。换句话说，就是德才兼备的人。
  그녀는 자신이 이렇게 젊어서 선택의 기회가 아주 많기 때문에 당장 돈 많고 사회적 지위가 있는 사람에게 시집갈 게 아니라 적어도 비전이 있는 사람에게 시집을 가야겠지라고 생각했다. 바꿔 말해서 바로 재능면에 있어서 개인적인 능력을 갖춘 사람에게 말이다.

- 林莉一结婚就想做个专职太太，换句话说，她不想再继续工作了。
  린리는 결혼하자마자 전업주부를 하고 싶어한다. 바꿔 말해서 그녀는 더이상 일하고 싶어하지 않는다.

- 你来这里工作不是不可以，但需要有个过程，换句话说，就是现在不行。
  네가 여기와서 일하는 게 안된다는 건 아니지만 하나의 절차가 필요해. 바꿔 말해서 지금은 안 된 다는 거야.

③ 一般地说 yībāndeshuō 일반적으로 말하면

◆ 함의

"일반적으로 말하면 ……이다."의 뜻.

◆ 보충

"一般来说"라고도 바꿔서 말할 수 있다.

◆ 예문

- 这个时间，一般地说，他应该在办公室。
  이 시간에는 일반적으로 말해서 그는 당연히 사무실에 있을 것이다.

- 只要我去找他，一般来说 ，他都会热情招待。
  내가 그를 찾아가기만 하면 통상적으로 말할 것 같으면 그는 늘 정성을 다해 대접하곤한다.

- 一般地说，女人过了四十岁再生孩子就比较危险了。
  일반적으로 말해서 여자가 마흔살을 넘겨서 아이를 낳는 것은 비교적 위험하다.

④ 总的来说 zǒngdeláishuō 전체적으로 말하면

◆ 함의

개별적, 특수한 상황은 고려하지 않고, 전반적으로 평가함.

◆ 예문

- 老胡这人尽管有许多缺点，有许多不切实际的想法，但总的来说也还算是个好同志。
  라오 후 이 사람은 비록 많은 결점이 있고 많은 현실에 맞지 않는 생각을 가지고 있지만, 전체적으 로 말해서 그래도 좋은 동지라고 할 수 있다.

- 总的来说，我同意你们的决定。
  전체적으로 말해서 나는 너희들의 결정에 동의한다.

- 这个班的学生，总的来说，还是不错的。
  이 반 학생들은 전반적으로 말해서 그래도 괜찮은 편이다.

4. 응용

★ 빈칸에 알맞은 단어 선택하기

A. 也就是说　　　B. 换句话说　　　C. 一般地说　　　D. 总的来说

1 尽管他有不少缺点，但 _____ 他还是个好同志。

2 这里的自然环境 _____ 不如我的故乡。

3 孩子出了意外事故，_____，最着急最痛苦的应该是孩子的父母。

4 王先生是个喜欢热闹的人，_____，你去看望，他会感到非常高兴的，所以你别担心。

5 他觉得跟妻子已经没有共同语言了，_____，就是他想离婚了。

제4절 除此之外、与此同时、由此可见、综上所述

1. 잰말놀이

chú cǐ zhī wài
除此之外　　이것을 제외하고

yǔ cǐ tóng shí
与此同时　　이와 동시에

yóu cǐ kě jiàn
由此可见　　이로부터 알 수 있다

zōng shàng suǒ shù
综上所述　　위에서 서술한 바를 종합하다

2. 본문

丁小姐现在经营着两家饭店，除此之外还管理着一所孤儿院，工作非常紧张。与此同时，她还在大学进修管理学硕士课程，而且成绩优秀。由此可见，丁小姐是位有能力、有爱心、有理想的年轻人。我相信她能为社会做出更大的贡献。综上所述，我完全同意丁小姐加入我们的爱心活动委员会，成为正式的委员。

미스 정은 두개의 식당을 경영하고 있는데, 그 외에도 고아원도 하나 관리하고 있어서 업무가 매우 바쁘다. 이와 동시에, 그녀는 매니지먼트석사과정도 공부하고 있으며 성적도 우수하다. 이로부터 미스 정은 능력이 있고 따뜻한 마음을 지니고, 이상이 있는 젊은 사람임을 알 수 있다. 나는 그녀가 사회를 위해 더 많은 공헌을 하리라는 걸 믿는다. 위에서 서술한 바를 종합하면, 나는 미스 정이 우리 애심활동위원회에 가입하여 정식회원이 되는 것을 전적으로 동의한다.

3. 본문 해석

① 除此之外 chúcǐzhīwài 이것을 제외하고

◆ 함의

"이것을 제외하고"의 뜻.

◆ 예문

- 他为了安慰她，便每个月带她上一次高级餐厅。但除此之外，他尽量不和她呆在一起。
  그는 그녀를 위로하기 위하여 매달 한 번씩 그녀를 데리고 고급식당에 간다. 그러나 그것을 제외하고는 그는 되도록 그녀와 같이 있지 않는다.

- 我们的人民不得不在太少的耕地上为养活太多的人口而劳作，除此之外，遑论其它。
  우리 국민은 어쩔 수 없이 너무 부족한 농지에서 너무 많은 인구를 먹여살리기 위하여 힘들게 일하지 않으면 안 된다. 그 외에 다른 무엇을 얘기할 겨를이 있겠나.

- 工作之余，他就喜欢听听古典音乐，除此之外，没有别的爱好。
  업무 외에 그는 그저 고전음악을 듣는 것을 좋아한다. 그것을 제외하고는 다른 취미가 없다.

② 由此可见 yóucǐkějiàn 이로부터 알수 있다

◆ 함의

"이것으로부터 알 수 있다."의 뜻.

◆ 용법

뒤에는 대부분 끌어낸 결론이다.

◆ 예문

- 小舅高中刚毕业便只身一人去了新疆，这么多年一直没有消息，可大舅从来没间断过对小舅的念叨，由此可见小舅在他心里的份量。
  작은 외삼촌은 고등학교를 막 졸업하자 곧 혼자서 신장으로 가서는 이렇게 오랫동안 줄곧 소식이 없지만 큰 외삼촌은 여태껏 작은 외삼촌에 대한 걱정을 멈춘 적이 없으니 이를 통해 큰외삼촌 마음속에서 작은 외삼촌이 차지하는 비중을 알 수 있다.

- 大家看他们俩没有打起来，都失望地走开了，由此可见，大家多么希望他们打架啊。
  모두들 그 두 사람이 싸우지 않는 걸 보고는 모두 실망하면서 떠나버렸으니 이로부터 모두가 그들이 싸우길 얼마나 바랬는지 알 수 있다.
- 老丁出了一次远门，小李在家哭了好几天，由此可见，小李是多么爱老丁。
  라오 띵이 먼 길을 한 차례 떠나니 샤오 리는 집에서 며 날을 울었는데, 이로부터 샤오 리가 라오 띵을 얼마나 사랑하는지 알 수 있다.

③ 与此同时   yúcǐtóngshí   그와 동시에

◆ 함의

"그와 동시에"의 뜻.

◆ 용법

뒤에는 다른 행위나 상황을 끌어낸다.

◆ 예문

- 和小丽在一起，他感到幸福愉快，但是，与此同时，他又清楚地知道他们不可能结合，这使他非常苦恼。
  샤오리와 같이 있으면 그는 행복과 기쁨을 느꼈다. 그러나 그와 동시에 그는 또 그들이 결합할 수 없다는 걸 분명하게 알았기에 그것이 그를 매우 괴롭게 하였다.
- 老王气得大声骂了一句，与此同时，把手里的杯子狠狠地摔在了地上。
  라오 왕은 화가 나서 큰소리로 욕을 한 마디하고, 그와 동시에 손에 든 컵을 힘껏 바닥에 내동이쳤다.
- 她把所有的门和窗户都关得紧紧的，与此同时，她还拿了一把刀放在枕头下边。
  그녀는 모든 문과 창문을 꼭 잠그고, 그와 동시에 그녀는 또 칼 한자루를 가져와 베개 밑에 두었다.

④ **综上所述** zōngshàngsuǒshù 위에서 말한 바를 종합하다

◆ 함의
"말한 바를 종합하면"의 뜻으로 결론 지음을 나타냄. 앞에 말을 총괄하여 뒤에서 결론을 냄.

◆ 예문
- 综上所述，我们认为王明所犯的错误是非常严重的。
  위에서 서술한 바를 종합하면 우리는 왕밍이 저지른 잘못이 매우 심각하다고 여긴다.
- 综上所述，对方的指责是没有道理的。
  위에서 서술한 바를 종합하면, 상대측의 지적은 이치에 맞지 않는 것이다.
- 综上所述，我们不同意现在这个施工方案。
  앞에서 서술한 바를 종합하면, 우리는 현재의 이 시공방안에 동의하지 않는다.

4. 응용

★ 빈칸에 알맞은 단어 선택하기

A. 除此之外　　B. 由此可见　　C. 与此同时　　D. 综上所述

1 耐心地安慰丈夫，好好地照顾丈夫，_____，她还能做什么呢？

2 在选举中，李先生只得了一票，_____，他在群众中确实没有什么威信。

3 工作之余听听音乐，养养花，_____，王小姐没有什么爱好。

4 _____，我们认为被告确实有故意欺骗的情节，请法官明断。

5 得了奖小王心里自然高兴，但 _____，又有点担心。

 ……来看、……来说（来讲）、从……看来、不得、一会儿……一会儿……

1. 잰말놀이

lái kàn
……来看 　　　　　　……로 보면

lái shuō (lái jiǎng)
……来说（来讲）　　　……로 말하면

cóng　kàn lái
从……看来 　　　　　……에서 보자면

bù dé
不得 　　　　　　　　……해서는 안된다.

yí huìr　yí huìr
一会儿……一会儿… 　잠시…… 하다 잠시 …… 하다

2. 본문

病人一会儿哭一会儿笑，从这个症状看来，好像是精神有问题。当然，到底是不是精神病，还要结合其他情况来看。对病人来说，现在最要紧的是尽快使他情绪安定下来。这是药方，你先去取药。注意吃药的时候，家属一定要在场监视，不得让病人自己吃药。

환자는 한동안은 울다가 한동안은 웃다가하는데 이 증상으로 보자면 아마도 정신에 문제가 있는 것 같다. 물론, 정말 정신병인지 아닌지는 기타 상황을 더 종합해서 봐야할 것이다. 환자로 말하자면, 현재 가장 중요한 것은 최대한 빨리 그의 감정이 안정되게 하는 것이다. 이것은 처방전이니 당신은 우선 가서 약을 받으세요. 약을 먹을 때 주의 할 것은 가족들이 반드시 그 자리에서 감시해서 환자가 혼자서 약을 먹지 않도록 해야 합니다.

3. 본문 해석

① 从(在)……看来 cóng……kànlái ……에서 보자면

◆ 함의

"…로 보면"으로 문제를 보는 기준이나 출발점을 말함.

◆ 예문

- 从历史的角度看来，这种现象并不奇怪。
  역사의 시각으로 보면, 이 현상은 결코 이상하지 않다.

- 从他的长相看来，他并不是一个出色的男人。
  그의 생김새로 보면, 그는 결코 빼어난 남자가 아니다.

- 在小林看来，王律师工作的重要内容就是吃喝。
  샤오린이 보았을 때 왕 변호사 업무의 중요한 내용은 바로 먹고 마시는 것이다.

② 不得 bùdé ……해서는 안 된다

◆ 함의

"……해서는 안 된다"의 뜻.

◆ 용법

서면어로, 어떤 일을 하면 안되거나 허락할 수 없음을 말함. 말투가 매우 강하다.

◆ 예문

- 保持肃静，不得大声喧哗。
  정숙함을 유지해야지 큰소리로 떠들면 안된다.

- 工作时间，不得抽烟。
  근무시간에 담배를 피우면 안된다.

- 调查结果须及时上报，不得有误。
  조사결과는 반드시 제 때에 상부에 보고해야지, 실수가 있으면 안된다.

③ ……来看 láikàn ……로 보면

◆ 함의

"……로 보면"의 뜻으로 문제를 보는 방식이나 방법을 말함.

◆ 예문

- 把你的手掌展开来看，才看得清楚。
  너의 손바닥을 펴서 봐야지 분명하게 보인다.

- 从各项指标来看，你的身体很健康。
  각 수치로 보면 너의 몸은 매우 건강하다

- 我们应该把它当作一种暂时的现象来看，不必太担心。
  우리는 마땅히 그것을 일시적인 현상으로 봐야 하므로 너무 걱정할 필요는 없다.

④ ……来说 láishuō ……로 말하자면

◆ 함의

"……로 말하자면"의 뜻으로 말을 하거나 판단하는데 근거가 되는 대상을 말함.

◆ 어구배합

[对……]

对我~	나로 말하자면
对国家~	국가로 말하자면
对老王~	라오 왕으로 말하자면
对不了解情况的人~	상황을 이해못하는 사람으로 말하자면

[拿……]

拿今天的事情~	오늘의 상황을 가지고 말하면
拿小李~	샤오 리로 말하면
拿我~	나로 말하자면

◆ 예문

- 这本旧书对我来说非常重要，可以说是难得的宝贝。
  이 고서는 나에게 매우 중요한 것으로 얻기 힘든 보배라고 할 수 있다.

- 走这一段不长的山路，对一个身体很弱的老人来说并不是简单的事。
  이 멀지 않은 산 길을 걷는 것은 몸이 매우 약한 노인에게는 결코 쉬운 일이 아니다.

- 一般来说，王校长不会参加这种会议。
  일반적으로 말해서 왕교장님은 이런 회의에 참가하지 않는다.

- 年纪大不一定就没有希望，拿马先生来说，他四十多岁才开始学外语，现在已经成了全国有名的翻译家。
  나이가 많다고 꼭 희망이 없는 것은 아니다. 마선생님으로 얘기하자면 그는 마흔 몇 살에 외국어를 배우기 시작했지만 지금은 이미 전국에서 유명한 번역가가 되었다.

⑤ 一会儿……一会儿…… yíhuìr…… yíhuir 잠시……하다가 잠시 ……하다

◆ 함의

"잠시 ……하다가 잠시는 ……하다"의 뜻으로 상황이나 행동의 변화가 빠르고 안정적이지 못함을 말함.

◆ 예문

- 她对小王一会儿很热情，一会儿又很冷淡，让小王不知道该怎么办。
  그녀는 샤오왕에게 잠시 아주 다정했다가 잠시는 또 아주 냉담했다가 하여 샤오왕으로 하여금 어쩔 바를 모르게 한다.

- 一连几天，小丽都在想王刚的话，一会儿觉得有理，一会儿又觉得没理。
  계속 며칠동안 샤오 리는 왕깡의 말을 생각하고 있는데 잠시 일리가 있다고 생각했다가. 잠시는 또 일리가 없다고 생각한다.

- 叔叔拿着照相机手忙脚乱的，一会儿忘了打开镜头盖，一会儿又把挎包掉在地上。
  아저씨는 사진기를 들고서 허둥지둥거리느라 렌즈 두껑을 여는 걸 잊어버렸다가 또 멜 가방을 땅에 떨어뜨렸다가 했다.

4. 응용

★ 빈칸에 알맞은 단어 선택하기

A. 看来　　　B. 不得　　　C. 来看　　　D. 来说　　　E. 一会儿

1　他一会儿说想去，_____又说不想去，真不知道他到底是怎么想的。

2　丈夫生病以后，她每天去医院看望，从这个情况 _____，她对丈夫还是有感情的。

3　他的问题说不严重就不严重，说严重也够严重的，就看你怎么 _____ 了。

4　他们的生活水平还是挺高的，就拿张先生 _____，三口之家，每月收入超过两万元，不但月月有存款，而且每年都可以去国外旅游。

5　这次会议非常重要，望大家务必参加，_____无故缺席。

6　要遵守考试纪律，_____左顾右盼。

 제6절 一干二净、一毛不拔、可歌可泣、半真半假、不辞而别、有声有色

1. 잰말놀이

yì diǎn bú shèng　　yì gān èr jìng
一点不剩 - 一干二净　　조금도 안 남다 – 모조리, 깨끗이

tè bié xiǎo qì　　yì máo bù bá
特别小气 - 一毛不拔　　매우 인색하다 – 한 가닥도 안뽑다(매우 인색함)

lìng rén gǎn dòng　　kě gē kě qì
令人感动 - 可歌可泣　　사람을 감동시키다 – 노래 부르게 할 만하고 눈물짓게 할 만 하다

bú tài dàng zhēn　　bàn zhēn bàn jiǎ
不太当真 - 半真半假　　그다지 사실로 여기지 않음 – 진짜인 것도 같고 가짜인 것도 같다

bù shuō zài jiàn　　bù cí ér bié
不说再见 - 不辞而别　　안녕이라고 말하지 않다 – 인사 없이 헤어지다

shēng dòng huó po　　yǒu shēng yǒu sè
生动活泼 - 有声有色　　생동적이고 활발하다 – 생동감 있고 실감나다

2. 본문

张玲擅长讲故事，同学们都喜欢听她讲。有一次李明要她讲，张玲半真半假地说：我讲完你得请客，请我们吃冰淇淋。李明说没问题。张玲就开始讲了，她讲得有声有色，故事中，主人公那可歌可泣的英勇事迹深深地打动了大家。还没有讲完，李明就不辞而别，偷偷溜了出去。他真是个一毛不拔的家伙。其实，大家早就把要他请客的事儿忘得一干二净了。
장링은 이야기를 잘 해서 반친구들은 다 그녀가 이야기하는 걸 듣기를 좋아한다. 한 번은 리밍이 그녀한테 이야기하라고 하니 장링은 농담 반 진담 반으로 말하길: 내가 이야기를 마치면 네가 한 턱 내야해 우리한테 아이스크림 사라고 했다. 리밍이 문제없다고 말하니 장링

은 곧 얘기를 시작했는데 그녀는 아주 생동감있게 이야기 했고 이야기 중에 주인공의 그 감동적이고 눈물나는 용맹스런 일들은 매우 깊게 모두를 감동시켰다. 이야기를 다 마치기도 전에 리밍은 말도 안하고 몰래 빠져나갔다. 그는 정말이지 인색한 녀석이다. 사실 모두들 일찍감치 그로 하여금 한턱 내게 하려는 일은 깔끔히 잊고 있었는데.

3. 본문 해석

① 一干二净   yìgān'èrjìng   깨끗하게, 말끔히

◆ 함의

"깨끗하게, 말끔히"의 뜻으로 어떤 일이 완전히 없어지고 존재하지 않음을 말함.

◆ 용법

대부분 행위를 설명할 때 사용하고, 환경의 위생이 깨끗함을 형용하지는 않음.

◆ 예문

- 一觉醒来，他早把那不愉快的事忘得一干二净了。
  잠에서 깨어나서 그는 일찌감치 그 불쾌했던 일은 말끔히 잊었다.

- 本来是他让我们这么干的，结果，出问题了，他把责任推得一干二净。你说气人不气人！
  본래는 그가 우리한테 이렇게 하라고 해놓고 그 결과 문제가 생기니 그는 책임을 모조리 미룬다. 사람이 열받게 하는지 안하는지 말 해봐!

- 每次见她以前，王海都下了决心，今天一定要吻她，一见面，那勇气就消失得一干二净了。
  매번 그녀를 만나기 전에 왕하이는 결심을 했다. 오늘은 반드시 그녀에게 키스를 해야지하고, 그런데 만나기만 하면 그 용기는 바로 말끔히 사라졌다.

② 一毛不拔　yìmáobùbá　털하나도 뽑지 않을 만큼 인색하다

◆ 함의

"털 하나도 뽑지 않다"의 뜻으로 사람이 매우 인색하여서 다른 사람을 위해 돈을 써야 할 때 한 푼도 쓰지 않는 것을 말함.

◆ 예문

- 看着那个可怜的孩子，我们几个都给了钱，只有老崔一毛不拔。
  그 가여운 애를 보고서 우리 몇 명은 모두 돈을 줬는데, 라오 추이만 한 푼도 안 줬다.

- 同事们帮老刘搬家，累得半死，他一毛不拔，最后连一口水都没让大家喝。
  동료들은 라오리우가 이사하는 걸 돕느라 지쳐서 반죽음이 되었지만, 그는 인색해서 물 한 모금도 사람들한테 마시게 안 했다.

- 像他这种一毛不拔的主儿，我还是头一次见到。
  그처럼 이렇게 인색한 주인은 나도 역시 처음 봤다.

③ 可歌可泣　kěgēkěqì　매우 감동적이다

◆ 함의

어떤 행위가 매우 위대하고 숭고하여, 사람으로 하여금 감동하여 눈물짓게 하는 것을 말함.

◆ 예문

- 在那场保卫祖国的战争中，发生了很多可歌可泣的英雄故事。
  그 나라를 지키는 전쟁에서 많은 감동적이고 눈물 나는 영웅 이야기가 나왔다.

- 他一口气从洪水里救出了38人，而自己却被洪水冲走了，这样的行为可歌可泣。
  그는 단숨에 홍수에서 38명을 구출했지만 자신는 홍수에 휩쓸려 갔으니 이런 행동은 매우 감동적이고 눈물나게 한다.

- 铁局长的事迹可歌可泣，感动了成千上万的群众。
  치엔국장의 일은 감격적이고 눈물나게 하여, 매우 많은 군중들을 감동시켰다.

④ 半真半假　bànzhēnbànjiǎ　진담 반 농담 반

◆ 함의

"진담 반 농담 반"의 뜻으로 하는 말이나 행위가 완전히 진짜가 아니고, 역시 완전히 가짜도 아닌 것을 말함.

◆ 예문

- 小芳半真半假地说："你要胡说八道，我就再也不理你了。"
  샤오팡은 반 진담 반 농담으로 말하길:"네가 헛소리 한다면, 나는 다시는 너를 아는체 안 할거야."

- 妈妈半真半假地在他背上打了一巴掌。
  엄마는 반은 진짜 반은 장난으로 그의 등짝을 손바닥으로 한번 쳤다.

- 那时候她就半真半假地表示过要跟我离婚，当时我没有在意，我真是太傻了。
  그 때 그녀는 진담 반 농담 반 나하고 이혼하려한다고 한다는 것을 나타낸 적이 있었지만 당시에 나는 마음에 두지 않았는데 내가 정말 너무 어리석었다.

⑤ 不辞而别　bùcíérbié　작별 인사를 하지 않고 떠나다

◆ 함의

"작별 인사를 하지 않고 떠나다"의 뜻.

◆ 예문

- 不管怎么说，人家招待了你两天，你不应该不辞而别。
  어떻게 말해도 다른 사람이 너를 이틀 동안이나 접대했는데, 네가 인사도 없이 떠나서는 안될 일이다.

- 我们在一起玩得很高兴，她怎么会不辞而别呢？
  우리는 같이 즐겁게 놀았는데, 그녀는 어떻게 인사도 없이 떠날 수가 있어?

- 我终于想起来了，这就是上一次来我家做客不辞而别的那个教授。
  내가 드디어 생각이 났다. 이 분은 바로 지난번 우리집에 손님으로 왔다가 인사 없이 가버린 그 교수이시다.

⑥ 有声有色 yǒushēngyǒusè 귀로 듣고 눈으로 보듯 생동감이 있다

◆ 함의

"생동감이 있다"의 뜻으로 어떤 사물이나 활동이 매우 생동감이 있고 활력이 있는 것을 형용함.

◆ 예문

- 刘小艺的家庭幼儿园办得有声有色，很多家长都愿意把孩子送到她这儿来。
  리우샤오이의 가정 유아원은 아주 그럴듯하여 많은 학부모들이 아이를 그녀의 유아원에 보내길 원한다.

- 看了他有声有色的表演，观众都为他热烈鼓掌。
  그의 생동감 있는 공연을 보고, 관중들은 모두 그에게 열렬한 박수를 쳤다.

- 李部长看到这里的宣传工作开展得有声有色，非常高兴。
  이부장은 이 곳 홍보업무가 아주 활기차게 펼쳐지는 것을 보고 너무 기뻤다.

4. 응용

★ 빈칸에 알맞은 단어 선택하기

A. 一干二净 B. 一毛不拔 C. 可歌可泣 D. 半真半假 E. 不辞而别 F. 有声有色

1 老刘小气得不得了，可以说是 _____ ，谁愿意跟他打交道啊。

2 依我看，王芳跟李明谈恋爱也是 _____ 的，她只是为了消除寂寞罢了。

3 这个饭店刚开张不久，生意做得 _____ 红红火火的。

4 十年之后，他在这里的影响已经消失得 _____ ，谁也不再提起他了。

5 刘先生不喜欢热闹，跟大家一起活动，常常 _____ ，大家对此也都习惯了。

6 英雄的事迹 _____ ，对目前陷入困境的他，大家都纷纷伸出了援助之手。

7 这次聚会发生了很不愉快的事情，他心情不好，所以就 _____ 了。

연습 12

■ 문제를 읽고 적당한 답을 고르시오.

1. 胡麻子已经四十出头了，<u>也就是说</u>，这辈子的好时光都快过完了。
   A. 表示举例　　　　　　　　B. 表示解释
   C. 表示疑问　　　　　　　　D. 表示再说一次

2. 那个保育院对年龄太小的幼儿采取的是比较文明的战俘营的办法：自我管理。<u>换句话说</u>：大的管小的。
   A. 表示结论　　　　　　　　B. 表示原因
   C. 表示解释　　　　　　　　D. 表示举例

3. 在北京，到了这个季节，<u>一般地说</u>，不可能再下雪了。
   A. 大家说　　　　　　　　　B. 普通人说
   C. 很多人说　　　　　　　　D. 一般情况是

4. 虽然刚才听了点儿难听的话，但<u>总的来说</u>今天是开心的。
   A. 从整体上看　　　　　　　B. 总结的时候说
   C. 一直说　　　　　　　　　D. 大家说

5. 汪伯伯是父亲的好友，他们喜欢在一起听音乐，<u>除此之外</u>他还爱给我们讲故事。
   A. 除了这以外　　　　　　　B. 把它去掉
   C. 到外边去　　　　　　　　D. 在外边

6. 李华的父亲用二十多年时间写成的《方言考》没在中国出版，却在日本出版了。<u>由此可见</u>李华的父亲深厚的学问功底和国内国际的影响。
   A. 可以看见　　　　　　　　B. 有理由发现
   C. 从这里可以看出来　　　　D. 现在看到

7. 那天大兴银行通知她第二天就可以去上班了，<u>与此同时</u>，北京大学的录取通知书也寄到了她的手中。
   A. 在同一个时间　　　　　　B. 同样
   C. 差不多　　　　　　　　　D. 后来

8. <u>综上所述</u>，我们认为这个计划是符合实际的，是可行的。
   A. 结果　　　　　　　　　　B. 结论
   C. 上面说的话　　　　　　　D. 总结一下上面的话

9. 秋林在这儿虽然不习惯，但毕竟轻松多了，不用 _____ 给公公倒水，一会儿给婆婆盛饭。
   A.天天　　　　　　　　　　B.总是
   C.一边　　　　　　　　　　D.一会儿

10. 在老王 _____，赵玲长相也一般，只不过乳房很丰满，还有点儿吸引力。
    A.来说　　　　　　　　　　B.来看
    C.来讲　　　　　　　　　　D.看来

11. 他们俩的行为，用第三者的眼光 _____，是十分可笑的。
    A.来到　　　　　　　　　　B.来说
    C.来临　　　　　　　　　　D.来看

12. 这对从小失去了亲娘，三十岁才娶上媳妇的金牛来 _____，她太重要了。
    A.这儿　　　　　　　　　　B.回
    C.说　　　　　　　　　　　D.看

13. 等我回到家的时候，发现家里值钱的东西都被他卖得一 _____ 二净，这日子是真没法过了。
    A.光　　　　　　　　　　　B.完
    C.白　　　　　　　　　　　D.干

14. 她 _____ 笑非笑地说："你来得正好，我正愁找不着你呢。"
    A.是　　　　　　　　　　　B.似
    C.大　　　　　　　　　　　D.一

15. 凭有效证件入场，无证不 _____ 入内。
    A.会　　　　　　　　　　　B.得
    C.行　　　　　　　　　　　D.能

16. 这里的老年健身活动搞得有 _____ 有色，成了老人们欢乐的家园。
    A.趣　　　　　　　　　　　B.情
    C.声　　　　　　　　　　　D.颜

17. 你还指望刘老二请客？算了吧，谁不知道他是个一毛不 _____ 的家伙。
    A.花　　　　　　　　　　　B.钱
    C.拔　　　　　　　　　　　D.毛

18 他半真半 ____ 地说："你要能来，我求之不得呀，我保证女儿会百分之百欢迎你。"
　　A.假　　　　　　　　　　　B.实
　　C.笑　　　　　　　　　　　D.闹

19 听了他那可歌可 _____ 的故事，很多人都感动得流下了眼泪。
　　A.唱　　　　　　　　　　　B.颂
　　C.舞　　　　　　　　　　　D.泣

20 李丽是个很有礼貌的姑娘，这次不 _____ 而别，肯定有什么特殊的原因。
　　A.分　　　　　　　　　　　B.说
　　C.区　　　　　　　　　　　D.辞

21 那位老人坐在门口，望着远方，自言自 _____ 地说："走吧，走吧，都走吧。"
　　A.己　　　　　　　　　　　B.语
　　C.愿　　　　　　　　　　　D.然

22 唉，老张也不容易，一家 _____ 小的小，他不拼命干活怎么养活全家呀。
　　A.大的大　　　　　　　　　B.老的老
　　C.病的病　　　　　　　　　D.哭的哭

23 他一夜之间出了名，接着，求爱信雪片一样从四 _____ 八方飞来。
　　A.季　　　　　　　　　　　B.周
　　C.面　　　　　　　　　　　D.向

24 他喝酒喝得太多了，说话东一句 _____ 的，不知道他要说什么。
　　A.西一句　　　　　　　　　B.西一语
　　C.西两句　　　　　　　　　D.话

25 老陆不给他送钱送物，也不让老婆给儿子捎东西，企图迫使儿子在没 _____ 没穿的绝望中回到家里来。
　　A.吃　　　　　　　　　　　B.衣
　　C.喝　　　　　　　　　　　D.睡

26 你放心吧，我们这儿的姑娘个个都能歌善 _____ ，表演个节目还不是小意思！
　　A.唱　　　　　　　　　　　B.跳
　　C.良　　　　　　　　　　　D.舞

27 马上要过春节了，这家服装店里挂满了各式各 _____ 的男女唐装，供顾客选购。
　　A.样　　　　　　　　　　　B.种
　　C.人　　　　　　　　　　　D.色

단원 연습 4

1 빈칸에 들어갈 말을 보기에서 고르시오.

1. 很多人都害怕过夏天，就___我丈夫来说吧，过一个夏天他的体重都要减轻好几斤。
   A. 对　　　　　B. 拿　　　　　C. 从　　　　　D. 在

2. 遇到了伤心事更要吃好点，穿好点儿，千万不能___自己过不去。
   A. 跟　　　　　B. 向　　　　　C. 对　　　　　D. 从

3. 还犹豫什么呢？说干___干吧。
   A. 不　　　　　B. 大　　　　　C. 就　　　　　D. 才

4. 王先生这次是___中山大学邀请来做学术交流的，不是来旅游的。
   A. 把　　　　　B. 给　　　　　C. 所　　　　　D. 应

5. 该你请客你就请吧，一毛不___可不行啊。
   A. 花　　　　　B. 毛　　　　　C. 值　　　　　D. 拔

6. 这次考试___来说不难，可是我没有考好。
   A. 总的　　　　B. 对的　　　　C. 拿我　　　　D. 从的

7. 他们俩本来就不是一路人，___句话说，思想性格都不合适，不离婚才怪呢。
   A. 说　　　　　B. 换　　　　　C. 有　　　　　D. 两

8. 这件事，大家都不要再说了，___此为止啊。
   A. 来　　　　　B. 在　　　　　C. 从　　　　　D. 到

9. 他讲得有声有___，我们也听得津津有味。
   A. 色　　　　　B. 情　　　　　C. 气　　　　　D. 趣

10. 玉暄能___善舞，人见人爱，追她的小伙子一大群，她最后还是选择了黑哥。
    A. 说　　　　　B. 唱　　　　　C. 跳　　　　　D. 歌

2 문제를 읽고 보기에서 적당한 답을 고르시오.

1. 他要一直这样不冷不热的，我也只好不辞而别了。
   问："我"可能要做什么？
   A.悄悄地离开他　　B.不去别的地方　　C.去别的地方　　D.辞职

2. 男：你们组人多，热热闹闹的多好。
   女：嗨，别逗了吧，我们老的老小的小的哪能跟你们比呀。
   问：女的是什么意思？
   A.我们的力量不如你们强　　　　B.我们不想比赛
   C.不知道去哪儿比赛　　　　　　D.你们的力量不如我们强

3. 女：这样干，时间长了我可受不了。
   男：反正是多劳多得，还能亏到哪去？
   问：从对话我们可以知道女的怎么样？
   A.工作不累　　　　　　　　　　B.身体不太好
   C.很吃亏　　　　　　　　　　　D.可以得到比较多的工资

4. 综上所述，我们认为目前的经济形势总体上是好的。
   问：这句话最可能是：
   A.一篇文章的开头　　　　　　　B.一篇文章的结束语
   C.一篇文章的题目　　　　　　　D.一篇文章的中间部分

5. 哎，我说，咱们别东一句西一句的了，说点儿正经的吧。
   问：从这句话我们可以知道什么？
   A.大家都不说话　　　　　　　　B.大家在聊天
   C.大家在讨论问题　　　　　　　D.大家一边走一边说话

6. 当着那么多人的面他半真半假要跟我接吻，真让人受不了。
   问：从这句话我们可以知道：
   A.我喜欢他　　　　　　　　　　B.他喜欢我
   C.他不喜欢我　　　　　　　　　D.我不喜欢他

7.有什么心事你就说出来，别自言自语的，吓人。

　　问："你"怎么了？

　　A.一直不说话　　　　　　　　　　B.故意吓唬别人

　　C.对自己说话　　　　　　　　　　D.大声说话

8.这段时间他的身体时好时坏，要是他身体还可以的话，到时候我们一定去参加你的婚礼。

　　问："我们"去参加婚礼吗？

　　A.一定去参加　　　　　　　　　　B.可能不去参加

　　C.一定不去参加　　　　　　　　　D.去不去参加现在没法决定

9.吃的多了怕发胖，吃少了又担心影响健康，真不知怎么办才好。

　　问：对于吃饭，说话人是什么态度？

　　A.积极　　　　　　　　　　　　　B.矛盾

　　C.怀疑　　　　　　　　　　　　　D.反对

10.女：你真的要把房子借给她住啊？

　　男：我是不想借，可是禁不住她左说右说呀。

　　问：男的要把房子借给她吗？

　　A.借给　　　　　　　　　　　　　B.不借给

　　C.还没有决定　　　　　　　　　　D.要听她说出理由再决定

제4단원

구어형식(口语格式)

제1절　学太极拳
제2절　起床
제3절　作画儿

第1절 学太极拳

1. 대화

学太极拳 태극권 배우기

女: 这样的裤子很奇怪，它叫什么名字？
　　이런 바지는 너무 이상해, 이름이 뭐예요?

男: 我们管它叫灯笼裤。如果感兴趣，你可以穿上试试。
　　우리는 그것을 '등롱'바지라고 하는데, 만약 관심이 있으면 한 번 입어보세요.

女: 我不好意思。
　　쑥스러워서요.

男: 哎，叫你穿你就穿吧，没关系的。
　　아이, 입어보라면 입어보세요, 괜찮다니까요.

女: 嘿，不穿不知道，一穿还真舒服啊。
　　아이코, 안 입어보니 몰랐는데, 일단 입어보니 진짜 정말 편안하네요.

男: 这是打太极拳的时候穿的。
　　이건 태극권할 때 입는 거예요.

女: 我见您每天都打太极拳，我想学习，您可以教我吗？
　　제가 보니 당신은 매일 태극권 연마하던데, 저 배우고 싶은데 가르쳐주실 수 있나요?

男: 我的水平有限，我可教不了你。
　　내 수준에 한계가 있어서 내가 당신을 가르칠 수는 없어요.

女: 我就想跟您学两招，您教也得教，不教也得教。
　　전 당신에게 몇 수 배우고 싶으니 당신은 어쨌든 가르쳐줘야해요.

男: 啊？
　　아?

女：呵呵，我……不好意思啊。不过说归说，笑归笑，我是真的想跟您学习。
　　하하, 죄송해요. 말은 말이고, 농담은 농담이고 전 정말 당신한테 배우고 싶어요.

男：你不怕累吗？
　　피곤할까 겁 안나요?

女：没事儿，累就累点儿吧，我不怕。
　　괜찮아요. 피곤하면 좀 피곤하라죠. 전 겁 안나요.

男：那好，说教就教，现在就开始。
　　그럼 좋아요. 가르친다면 가르치죠. 지금 바로 시작합니다.

질문:

1. 穿上灯笼裤的感觉怎样？
　　A.不知道　　　　　　　B.很舒服
　　C.很奇怪　　　　　　　D.有兴趣

2. 女的说"您教也得教，不教也得教。"是什么意思？
　　A.可以教　　　　　　　B.应该教
　　C.可以不教　　　　　　D.必须教

3. 女的觉得学太极拳怎么样？
　　A.不累　　　　　　　　B.很累
　　C.累但是不怕　　　　　D.有点儿累

2. 본문 해석

① 说……就……，……   ……한다고 하고 바로 ……하다

◆ 함의

"……한다고 하고 바로 ……하다"의 뜻으로 동작이나 행위가 빨리 일어나길 바라거나 일이 빨리 일어나거나 갑자기 일어남을 나타냄.

◆ 예문

- 甲：我们早就该走了。
  乙：说走就走，别光说不动啊。
  갑: 우리는 가려고 했으면 일찌감치 가야했는데.
  을: 간다고 했으면 바로 가. 움직이진 않고 말만 하지말고.

- 甲：哎呀，我感冒了。
  乙：刚才还好好的呢，怎么说感冒就感冒了？
  갑: 아이야, 나 감기걸렸네.
  을: 방금까지 멀쩡하더니. 어떻게 감기걸렸다 하더니 바로 감기가 걸리니?

- 甲：她怎么这样对待我？
  乙：她是有名的恶婆子，说变脸就变脸，你别太在意。
  갑: 그녀가 어떻게 이렇게 나를 대하니?
  을: 그녀는 악명 높은 못된 여자라. 안면을 몰수한다하면 몰수하니 너무 개의치 마

② 不……，一……   ……하지 않았으면……인데 일단……하게 되니……하다

◆ 함의

어떤 동작이 특별한 결과를 가져오고 이 결과는 원래 생각하지 못했던 것임을 나타냄

◆ 예문

- 她忍不住往那个房间看了一眼。不看不要紧，一看吓出了一身冷汗。
  그녀는 참지 못하고 그 방안 쪽을 슬쩍 한 번 봤다. 안 봤으면 그만이었는데. 일단 보게 되니 놀라서 온몸에 식은 땀이 났다.

- 不检查不要紧，一检查查出了9个错误。
  검사를 안 했다면 그만이었지만, 일단 검사를 해보니 9군데 실수를 찾아내게 되었다.
- 我不问还好，一问问得她放声大哭。
  내가 안물어 봤다면 그래도 괜찮았겠지만 일단 물으니 그녀는 큰소리로 울었다.

③ 管……叫…… ……을 ……라고 부르다

◆ 함의

"……을 ……라고 부르다"의 뜻으로 사람이나 사물을 부르는 방법을 나타냄.

◆ 예문

- 甲：爸爸，我该怎么称呼你的那个同学呢？
  갑: 아빠, 저는 아빠의 그 학교친구를 어떻게 불러야 할까요?
- 乙：你管她叫姑姑吧。
  을: 고모라고 불러라.
- 我们管这种东西叫娃娃鱼。
  우리는 이런 것을 도롱뇽이라고 부른다.
- 我们导师管我叫老韩，让我挺不好意思的。
  우리 담임선생님께서는 나를 라오한이라고 부르셔서 나를 아주 쑥스럽게 하신다.

④ ……(形)就……(点儿) ……이면 ……인 것이지 뭐

◆ 함의

"……이면 ……이지 뭐"의 뜻으로 안 좋은 물건이나 상황을 받아드리거나 참고 용서할 수 있음을 나타냄.

◆ 예문

- 甲：你要的衬衣我给你买上了，不过，可能有点儿大。
  갑: 당신이 원하던 와이셔츠를 제가 샀어요. 그러나, 아마 조금 클 거예요.

- 乙：大就大点儿吧，能穿就行了。
  을: 좀 크면 큰거지, 입을 수 있으면 돼.

- 甲：这个房间比较潮啊。
  갑: 이 방은 비교적 습하네.

- 乙：潮就潮点儿吧，反正我们只呆一个晚上。
  을: 좀 습하면 습한거지, 어차피 겨우 하루밤 머물건데.

- 甲：你第一个月工资可能比较低啊。
  갑: 네 첫 달 월급은 아마 비교적 적을거야.

- 乙：低点儿就低点儿吧，我现在需要的是生存，我相信以后会好的。
  을: 좀 적으면 적은거지. 내가 지금 필요한 건 살아남는 거고, 나는 앞으로 좋아질 거라고 믿어.

⑤ X1是/归X1，X2是/归X2…… X1은 X1이고 X2는 X2이다

◆ 함의

"……는 ……이고, ……는 ……이지만"의 뜻으로 어떤 사물이나 행위가 단지 어떤 사물이나 행위 일뿐 다른 사물이나 행위와는 아무런 관계가 없음을 강조함.

◆ 예문

- 说是说，笑是笑，工作可不能马虎啊。
  말은 말이고 웃는 건 웃는 것이지만 업무는 결코 대충해서는 안 돼.

- 你们班是你们班，我们班是我们班，情况不一样嘛。
  너희반은 너희반이고, 우리반은 우리반이지. 상황이 다르잖아.

- 他们两口子吵归吵，闹归闹，彼此还是有感情的。
  그 두 부부는 다투는 것은 다투는 것이고 난리치는 건 난리치는 것이고, 서로간에 그래도 정은 있어.

⑥ X也得X，不X也得X…… X하려고 해도 X해야하고 X하지 않으려해도 X해야한다.

◆ 함의

"……해도 ……해야하고, ……하지 않아도 ……해야 된다"의 뜻으로 듣는 사람이 원하든 원하지 않든 어떤 일을 반드시 해야 하는 것을 강조함. 강요의 의미가 있음.

◆ 예문

- 甲：让我想想学还是不学。
  갑: 배울지 안 배울지 생각 좀 하게 해 줘.

- 乙：甭想了，你学也得学，不学也得学。
  을: 생각할 필요없어, 네가 배우고 싶어도 배워야하고 배우고 싶지 않아도 배워야 하니까.

- 甲：我要是不同意呢？
  갑: 내가 만약 동의하지 않으면?

- 乙：事情已经到这一步了，你同意也得同意，不同意也得同意。
  을: 일이 이미 이지경에 이르렀는데, 네가 동의하고 싶어도 동의해야 하고 동의하고 싶지 않아도 동의해야 해.

- 甲：你的学生的论文还能差？我这几天比较忙，就不看了吧。
  갑: 자네 학생 논문이 나쁠 수가 있겠나? 내가 요며칠은 비교적 바빠서 그냥 안 볼게.

- 乙：不行，你看也得看，不看也得看。就两篇。
  을: 안 되네, 자네가 보고싶어도 보아야 하고 보기 싫어도 보아야 하네. 단지 두 편이네.

⑦ 让/叫你X你就X，…… 너더러 X하라면 X해라

◆ 함의

"……너더러 ……하라면 ……해"의 뜻으로 듣는 사람이 어떤 일을 요구하는 대로 바로 해야 한다는 걸 강조하고, 나무라는 의미가 있음.

◆ 예문

- 甲：别人都是领导参加，我去不合适。
  갑: 다른 사람들은 모두 윗분들이 참가하니 내가 가는 건 맞지 않아.

제13장 363

乙：让你去你就去，别再犹豫了。
　　을:가라면 가. 더 이상 머뭇거리지 말고.

甲：还是让别人先说吧，其实，我对这个问题也了解得不多。
　　갑: 아무래도 다른 사람한테 먼저 말하게 하죠. 사실. 저는 이 문제에 대하여 아는것도 많지 않고요.

乙：叫你说你就说，别推辞了。
　　을: 말하라고 하면 하세요. 구실을 대지 말고.

甲：为什么还要写婚姻状况？
　　갑: 왜 결혼상황까지 써야 하나요?

乙：叫你写你就写吧，一会儿我告诉你。
　　을: 쓰라면 쓰세요. 좀 있다 제가 말해 줄게요.

제2절 起床

1. 대화

起床 **기상**

女: 小辉，快起来，该去练钢琴了。
　　샤오훼이, 빨리 일어나. 피아노 연습하러 가야돼.

男: 啊，困死了，我穿什么啊？
　　아, 졸려죽겠어요. 뭐 입어요?

女: 穿校服吧。
　　교복입어라.

男: 校服太难看了，我不穿。
　　교복은 너무 보기싫어요, 안 입을래요.

女: 那就穿那套新西服。
　　그럼 저 새 양복 입어.

男: 西服穿着不舒服。
　　양복은 입으면 너무 불편해요.

女: 这也不穿，那也不穿，你到底想穿什么？
　　이것도 안 입는다, 저것도 안 입는다. 도대체 뭐 입고 싶니?

男: 还是什么也不穿好。
　　아무래도 아무것도 안 입는게 좋겠어요.

女: 你想光着屁股练钢琴哪?我看你是不想练了。
　　너는 엉덩이를 내 놓고 피아노를 연습하고 싶다는 거야? 내가 보기엔 넌 연습하기 싫은 거구나.

男: 想练是想练，可是今天是周末，我也该多睡会儿吧。
　　연습하고 싶긴 하지만 오늘은 주말이라 저도 좀 더 자야지요.

女：好，好，你睡你的吧。我看你能睡到什么时候。
그래, 그래, 넌 네 잠이나 자. 네가 언제까지잘 수 있나 보자.

男：（闭眼继续睡觉）(눈을 감고 계속 잔다)

女：叫你睡你还真睡呀，你这孩子，看看都几点了？
자라 한다고 너 진짜 자는거야, 이 애가 벌써 몇 시인지 좀 봐?

男：老妈，实话跟你说吧，昨天钢琴表演我得了第一名，老师同意今天放我半天假。
엄마 솔직하게 엄마한테 얘기할게요. 어제 피아노공연에서 제가 1등을 해서, 선생님께서 오늘 제가 한나절 쉬는데 동의하셨어요.

女：真的吗，你怎么不早说呢？
정말이야? 너는 왜 일찍 얘기 안 했니?

男：谦虚使人进步嘛。
겸손은 사람을 너 발전하게 한다잖아요.

女：臭小子，看把你美的！那就好好睡吧。
짜식, 너 기분 좋아하는 것 좀 봐. 그러면 푹 자라.

질문:

1. 小辉为什么不想穿衣服？
   A.衣服太难看　　　　　　B.衣服穿着不舒服
   C.衣服都不合适　　　　　D.不想起床

2. 小辉想干什么？
   A.继续睡觉　　　　　　　B.想练钢琴
   C.想穿好的衣服　　　　　D.想让妈妈高兴

3. 妈妈知道小辉想睡懒觉的时候，是什么态度？
   A.比较生气　　　　　　　B.同意他睡觉
   C.希望他睡一会儿就起来　D.怀疑

4. 妈妈后来为什么同意小辉睡觉了？
   A.因为是周末　　　　　　B.因为小辉不高兴
   C.因为老师放假了　　　　D.因为小辉比赛成绩很好

2. 본문 해석

① 这/那也不……那/这也不…… 이것(저것)도 ……하지 않고 저것(이것)도 ……하지 않다

◆ 함의

"이것도 ……하지 않고 저것도 ……하지 않다"의 뜻으로 얘기하는 상대가 각 사물이나 행위에 대해 다 반대하여 현재 말하는 사람이 불만스러움을 나타냄.

◆ 예문

- 这也不会，那也不会，你到底会什么？
  이것도 못하고, 저것도 못하고, 너는 도대체 뭘 할 줄 아니?

- 这也不叫说，那也不让说，你们干脆让我当个哑吧算了！
  이것도 말 못하게 해, 저것도 말 못하게 해, 당신네는 아예 나더러 벙어리리가 되라고 하고 말지!

- 这也不让吃，那也不让喝，怎么生个孩子这么麻烦？
  이것도 먹지 마라, 저것도 마시지 마라, 어째서 애 하나 낳는게 이렇게 성가신거야?

② ……还是……好 ….은 아무래도 ….이 좋아

◆ 함의

"……은 아무래도 ……하는 것이 좋다"의 뜻으로 비교를 통해 좋은 것이나 좋은 방법을 선택하는 것을 나타냄. 완곡한 말투임.

◆ 예문

- 这件事你还是先问问院长的意见再决定好。
  이 일은 아무래도 원장님의 의견을 먼저 좀 여쭤보고 결정하는 게 좋겠다.

- 依我看还是去杭州好，那儿的风景多美呀。
  내가 보기엔 아무래도 항주에 가는 좋을 것 같아, 거기 풍경이 얼마나 아름답니.

- 你还是先做完作业再出去玩儿吧。
  너는 아무래도 먼저 숙제를 하고 나서 나가 노는게 좋겠어.

③ ......X (v/adj) 是X (v/adj) , (就是) ......　　......이기는 ......이나 단지......이다

◆ 함의

"......이긴 ......이나 다만 ......이다"의 뜻으로 양보하고 전환하는 말투를 나타냄. 즉, 먼저 어떤 사실을 인정하고 다시 그 사실과 불일치하는 상황을 보충함.

◆ 예문

- 甲：批评是个好武器，可以让人少犯错误。
  갑: 비평은 좋은 무기로 사람으로 하여금 실수를 적게 하게 할 수 있다.

- 乙：批评的武器好是好，就是用起来容易伤人。
  을: 비평이라는 무기는 좋긴 좋지만 사용하게 되면 사람 감정을 쉽게 상하게 해.

- 甲：你爱人不漂亮吗？
  갑: 네 와이프 예쁘지 않니?

- 乙：漂亮是漂亮，可是脾气有点不太好。
  을: 예쁘긴 예쁜데, 성질이 약간 안 좋아.

- 甲：这房子真大呀。
  갑: 이 집 정말 크구나.

- 乙：大是大，就是太贵了。
  을: 크긴 크지만, 너무 비싸.

④ 你X你的吧　당신은 당신의......이나 ......하세요

◆ 함의

"너는 네것이나 ......해"의 뜻으로 당신은 당신 자신의 일만 하면되고, 다른 것에는 관심을 둘 필요가 없는 것을 나타냄. 듣는사람한테 어떤 새로운 행동을 하지말라고 권고하는데 사용함.

◆ 예문

- 您忙您的吧，这点活儿我一个人就能完成。
  넌 네 일이나 봐, 이정도 일은 나 혼자서 다 할 수 있어.

- 没什么大事，你吃你的吧。
  무슨 큰일도 없는데, 넌 먹기나 해.

- 你睡你的吧，我一会儿就写完了。
  넌 네 잠이나 자, 난 조금만 하면 다 써.

⑤ 让/叫X，……还真X（呀） 너더러 X하라고 한다고 정말 X해?

◆ 함의

"……하라고 한다고 정말 해?"의 뜻으로 방금한 말은 농담이니 지금 듣는 이가 진심으로 받아드리면 안되고, 마땅히 X해서는 안됨을 나타냄.

◆ 예문

- 叫你走你还真走啊，这剩下的工作让谁做？（不应该走）
  가라고 한다고 넌 정말 가는거야, 이 남은 일은 누구더러 하라고?

- 叫你坐下你还真坐呀！（不应该坐下）
  앉으라고 한다고 넌 진짜 앉니!

- 叫你吃你还真吃啊，那是特意给奶奶买的。（不应该吃）
  먹으라고 한다고 넌 진짜 먹는거야, 그건 특별히 할머니 드리려고 산 것인데.

⑥ 实话对（跟）你说吧，…… 사실을 당신에게 말해보다

◆ 함의

"사실대로 너에게 얘기할게"의 뜻으로 듣는 사람한테 어떤 일의 진짜 상황을 얘기하려는 것을 나타냄.

◆ 예문

- 实话对你说吧，老板早就想解雇你了。
  사실대로 너한테 말할게, 사장님은 벌써부터 너를 해고하려고 생각하고 있었어.

제13장 **369**

- 实话跟你说吧，小玲决不会嫁给你的。
  사실대로 너한테 얘기할게. 샤오링은 절대로 너한테 시집 안 갈거야.

- 实话跟你说吧，我已经找到新工作了，就在王府井附近。
  사실대로 너한테 말할게. 나는 이미 새로운 일을 찾았는데 바로 왕푸징 부근에 있어.

⑦ 看/瞧把……得　……가 ……하는 것 좀 봐

◆ 함의

"……하는 것 봐라"의 뜻으로 말하는 사람이 어떤 상황이 약간 지나치다고 생각하고, 이 상황에 대해 그다지 만족하지 않는 것을 나타냄.

◆ 예문

- 你看把他们高兴得。
  쟤네들 기분 좋아하는 것 봐라.

- 你瞧把你妈气得。
  네 엄마가 화난 것 봐.

- 看把孩子打扮得……
  애가 꾸민 것 봐라.

제3절 作画儿

1. 대화

作画儿 그림을 만들어?

女: 真烦人！讨厌！
진짜 짜증나네! 미워!

男: 怎么了，生这么大的气？
왜 그래, 그렇게 크게 화를 내고?

女: 我刚画好的一张画儿，这谁给我弄得这么脏？全废了。
내가 방금 그림을 한 장 그렸는데, 이것 누가 이렇게 더럽혀 놓았어? 전부 못쓰게 됐어.

男: 唉，废就废了吧，不就是一张画儿吗？
에이, 못쓰면 못쓰는 거지, 그래봐야 그림 한 장 아니야?

女: 你说的轻巧，这可是我一天的心血啊。
여: 넌 말은 쉽게도 한다만, 이건 정말 내가 하루종일의 심혈을 기울인 거야.

男: 什么心血不心血的，你再画一张不就行了？你都三十多岁的人了，怎么还跟个小孩子似的。
무슨 심혈이고 말고야, 네가 다시 한장 그리면 되잖아?넌 벌써 서른 몇 살이나 되어 가지고 어떻게 아직 어린애 같애.

女: 我的画儿被弄毁了，你不安慰我，反倒教训到我头上来了。
내 그림이 망가졌는데 넌 위로는 못할망정 도리어 날 훈계하려하는구나.

男: 我来看看，哟，这画儿像是小猫抓的吧。
좀 보자. 아이쿠, 이 그림은 고양이가 할퀸 것 같네.

女: 是吗，这个小东西真让人哭也哭不得，骂也骂不得。
그래? 이놈이 정말 내가 울지도 욕하지도 못하게 만드네.

男: 甭管怎么说画坏了不能复原，你就再重新画一张吧。
　　뭐라해도 망친 그림은 복원이 안되니, 다시 처음부터 한 장 그려봐.

女: 我吧，画画儿全凭个心情，现在一点儿心情都没有了。
　　나는 말이야, 그림 그릴 때 온전히 기분으로 하는데, 지금은 조금도 기분이 나질 않아.

男: 要不我帮你画轮廓，照原来的样子，然后你补颜色，画一笔是一笔嘛。
　　아니면 내가 윤곽을 그려주고 원래 모양대로 해서, 그 다음이 네가 색을 칠하지, 한 붓이라도 그리면 그리는 만큼 그려지는 거잖아.

女: 哪儿有你这样画画儿的，我还是头一次听说。
　　어디 너같이 그렇게 그림을 그리는 사람이 있어, 난 듣는 것도 처음이네.

男: 你一个画家连这也不知道？ 我以前可没少这样画过画儿。
　　넌 화가가 이것도 몰라? 나는 예전에 이렇게 적잖게 그려봤어.

女: 说的这么有信心，好，那就看你的了。
　　이렇게 자신있게 말하니, 좋아, 그러면 너만 믿어볼게.

질문:

1. 女的的画被弄脏了，男的觉得怎么样？
　　A.很高兴　　　　　　　　　B.不高兴
　　C.没关系　　　　　　　　　D.不是一张画儿了

2. 女的说那张画儿是自己一天的心血，男的认为
　　A.不知道花心血了没有　　　B.没有花心血
　　C.画了很多心血　　　　　　D.不该谈花心血的事

3. 对待小猫，女的觉得
　　A.很生气　　　　　　　　　B.不生气
　　C.很无奈　　　　　　　　　D.不可笑

4. 最后问题怎么解决了？
　　A.女的重新画一张　　　　　B.男的帮助女的画轮廓
　　C.男的帮助画一笔　　　　　D.男的画，女的看他

2. 본문 해석

① 省略动词 "是" 동사 "是"의 생략

◆ 함의

앞의 명사와 뒤의 명사 사이가 판단관계이지 병렬관계가 아니란 것을 알아야 함.

◆ 예문

- 喂，王先生吗？ 我老李。
  여보세요, 왕선생님이세요? 저 라오 리예요.

- 张大爷一个文盲，怎么能看小说啊。
  장씨 아저씨는 문맹인데, 어떻게 소설을 볼 수 있나.

- 你一个县长，拿这点儿小事都没办法？我不信。
  당신은 현장이면서, 이 작은 일도 방법이 없다고? 나는 못믿겠어.

② X了就X了呗，(没)有……

◆ 함의

"……면 ……이지뭐, …….가 없다"의 뜻으로 어떤 일이 중요하지 않고, 뭐 별 것 없어서 주의할 가치가 없다고 느낌을 나타냄. 그렇게 생각하지 않는다는 태도를 나타냄.

◆ 예문

- 得第一了就得第一了呗，有什么可骄傲的。
  일등 했으면 일등 한 거지, 뭐 그리 으시댈 게 있어.

- 离婚，离了就离了呗，没有什么好伤心的。
  이혼, 이혼하면 이혼하는 거지, 뭐 그리 마음 아파할 거 없어.

- 死就死了呗，不就是个猫嘛。
  죽으면 죽는 거지, 그래봐야 고양이잖아.

③ ……V1也V1不得·V2也V2不得……

◆ 함의

"……하려고 해도 ……할 수 없고 …하려고 해도 …할 수 없다"이 뜻으로 어떻게 해도 옳지가 않아서 방법이 없어서 마음이 복잡하고 어쩔 수가 없음을 나타냄.

◆ 예문

- 这件事让我哭也哭不得，笑也笑不得。
  이 일은 나로 하여금 울 수도 없고 웃지도 못하게 해.

- 走也走不得，留也留不得，真是难受！
  떠나지도 못하고, 남지도 못하고, 정말 괴롭다!

- 说也说不得，骂也骂不得，唉，现在的孩子太娇气了。
  말을 할 수도, 욕을 할 수도 없고, 아휴, 요새 애들은 너무 제멋대로예요.

④ X1到X2头上来

◆ 함의

"……까지 ……하다니"의 뜻으로 어떤 행위가 어떤 사람에게까지 해를 입힘. 대체로 불만스럽거나 화가 남을 나타냄.

◆ 예문

- 他偷到我的头上来了，我看他是活够了吧。
  내 것까지 훔치다니 보아하니 넌 살만큼 살았구나.

- 竟然骗到我们头上来了，也不打听打听我们是谁？
  나까지 속이다니, 내가 누군지 알아보지도 않고?

- 等改革改到他们头上来了，他们就理解了。
  개혁을 그사람들에게까지 하게 되면 그들이 이해하게 될거야.

⑤ 哪有X1这么X2的（有X1这样X2的吗）

◆ 함의

"어디 ……처럼 ……하고 있어"의 뜻으로 반문의 말투로 불만을 나타내어 어떤 사람이 어떤 일이나 말을 하는 방식이 잘못 되었음을 나무라는데 써서 나무람의 뜻을 나타낸다.

◆ 예문

- 哪有你这样穿衣服的？
  어디 너처럼 이렇게 옷 입는 사람이 있어?

- 哪有像你这么卖东西的，什么态度嘛！
  어디 당신처럼 이렇게 물건을 파는 사람이 있어, 무슨 태도야!

- 他也真是的，有他那样对待父母的吗？
  그 사람도 진짜, 그 사람처럼 그렇게 부모를 대하는 사람이 있나요?

- 有你这样教育孩子的吗？
  당신처럼 이렇게 애를 교육하는 사람이 있나요?

⑥ 什么X不X（的）·……

◆ 함의

"무슨 ……고 말고야"의 뜻으로 상대방이 방금 한 말에 대해 조금 나무라며 상대방이 방금 그런 말을 하지 말았어야한다고 여김을 나타냄.

◆ 예문

- 甲：我可不想让你去农村工作。
  갑: 난 당신이 농촌에 가서 일하게 하고 싶지 않아요.

- 乙：什么农村不农村，只要工作需要，去哪儿都一样。
  을: 무슨 농촌이고 말고야, 업무상 필요하면 어딜 가든 마찬가지야.

- 甲：刚才那个人是市长。
  갑: 방금 그 사람은 시장이야.

- 乙：什么市长不市长的，我不管他是谁。
  을: 무슨 시장이고 말고간에 난 그 사람이 누구든 상관 안 해.

- 甲：多谢多谢。
  갑: 대단히 감사합니다.

- 乙：什么谢不谢的，你跟我还这么客气。
  을: 무슨 감사하고 말고야. 자네가 나한테 이렇게 체면차리고 그러나.

⑦ 甭(不)管怎么说

◆ 함의

"어떻게 말하든 간에"의 뜻으로 다른 것은 다 중요하지 않고, 지금 말하려는 내용은 정확하고 중요한 것임을 나타냄.

◆ 예문

- 甭管怎么说，他还是你的儿子嘛。
  어떻게 말해도, 그 아이는 그래도 당신 아들이잖아.

- 不管怎么说，你把四个孩子都养大了，这就不容易！
  뭐라고 얘기하든, 당신이 네 아이를 다 키웠으니, 그것은 쉬운 게 아니야!

- 不管怎么说，任务总算完成了。
  뭐라고 얘기하든, 임무는 결국 완성한 셈이다.

⑧ 名/代词+吧(啊)‧……

◆ 함의

"……는 말이다"의 뜻으로 주어를 부각시키는데 사용함.("罢"와의 차이에 주의할 것)

◆ 예문

- 我吧，见了有辣味儿的东西就想吃。
  나는 말이야, 매운 맛 나는 음식만 보면 먹고 싶어.

- 他吧，就想当个官什么的。
  그 사람은 말이야, 그냥 벼슬 같은 것 하고 싶어해.

- 老刘吧，喜欢卖弄自己。
  라오 리우는 말야, 자기 과시하는 걸 좋아하지.

⑨ (动) X是X

◆ 함의

"……이면 그만큼 ……인것"의 뜻으로 조금씩 누적되어 "X"가 효력이 생기고 가치가 생김.

◆ 예문

- 洗一件是一件，我闲着也没什么事儿。
  하나라도 씻으면 그만큼 씻는 것이지, 난 한가로이 뭐 일이 없으니.

- 她觉得省一块钱是一块钱。
  그녀는 일원이라도 아끼면 그만큼 아끼는 것이라 생각한다.

- 过一天是一天，这种想法不对头啊。（表示只看现在，没有长远的计划）
  하루라도 버텨 지나가면 그만이라는 이런 생각은 옳지 않다.(지금만 보고 먼 계획은 없음을 나타냄)

⑩ ……看X的(了)

◆ 함의

"……(하는 것)만 지켜봐"의 뜻으로 순서나 절차상 X가 행동을 할 차례임을 나타냄. 화자가 X에 대해서 어떤 희망이나 믿음이 있음을 나타냄.

◆ 예문

- 刚才，小玲跑了个第一，这回就看你的了。
  좀 전에 샤오링이 일등으로 달렸으니 이번엔 너만 믿는다.

- 是啊，我也想住大房子，这就要看你的了。
  그러게, 나도 큰 집에 살고 싶어. 그건 당신한테 달려있어.

- 前边的几个人都不行，就看老王的了。
  앞의 몇 사람은 다 안 되니, 이제 라오 왕에게 달렸어.

제14장

제1절 换工作
제2절 去孤儿院
제3절 请假

제1절 换工作

1. 대화

换工作 직장을 바꿔?

女: 张元, 不知怎么搞的, 这些天我们老李跟我, 说话就是吵。
장위엔, 어떻게 된 일인지 모르겠는데 요 며칠 우리 라오 리는 나랑 말만하면 다퉈.

男: 是吗? 那总得因为点儿什么吧。
그래? 그건 아무래도 뭔가 좀 때문이겠지.

女: 因为什么呀, 我一个老同学开个大公司, 人家看在我的面子上让他去做部门经理, 到那里要工资有工资, 要地位有地位, 他就是死活不去。
뭐 때문이긴, 내 옛날 학교 동기가 큰 회사를 차렸는데, 그 사람이 내 체면을 봐서 라오 리한테 부서 부장을 맡아달라고 했어. 거기 가면 월급 달라면 월급 주고, 직위 원하면 직위도 주는데 근데 라오 리는 한사코 죽어도 안가겠다네.

男: 他在现在的单位不是挺好的吗?
라오 리 지금 직장에서 잘 있지 않나?

女: 好什么呀? 他混了这么多年, 还是小职员一个。说起来还大学生呢。
잘 있긴 뭐가 잘 있어? 그사람 이렇게 여러 해 굴러먹었지만 아직 말단 직원이야. 말하자면 그래도 대학 출신인데.

男: 瞧你说的, 老李在单位可是位人才。他不想去, 你就别勉强他了吧。
말하는거 봐라, 라오 리는 직장에서 정말 인재야. 라오 리가 가기 싫어하면, 넌 강요하지 마.

女: 我这不也是为他好吗? 他还嫌我穷折腾。
내가 이러는 것도 그사람 좋으라는 것이잖아? 그 사람은 그런데 내가 그냥 괴롭힌다고 싫어해.

男: 我看哪, 当经理也好, 当职员也好, 干得顺心就好。
내가 보기에는 부장이 되도 좋고 말단 직원이 되어도 좋고 마음 편히 할 수 있는게 좋은 거야.

질문:
1. 女的跟老李可能是什么关系？
   A.同事　　　　　　　　　　B.朋友
   C.父女　　　　　　　　　　D.夫妻

2. 老同学让老李去做部门经理的主要原因是什么？
   A.因为老李是大学生　　　　B.因为老李是人才
   C.因为他跟老李的妻子关系好　D.因为他们公司待遇好

3. 女的觉得老李现在的工作怎么样？
   A.工资高地位也高　　　　　B.地位低
   C.工资低　　　　　　　　　D.干的不顺心

4. 男的认为关于工作什么最重要？
   A.当经理　　　　　　　　　B.干得顺心
   C.当职员　　　　　　　　　D.关心别人

2. 본문 해석

① 不知X的

◆ 함의

"……인가 모르겠는데"의 뜻으로 어떤 현상의 원인을 잘 모르고 곤혹스러워함을 나타냄.

◆ 예문

- 不知怎么的，一想到那件事，我就想哭。
  왠지 모르겠지만 그 일만 생각하면 나는 바로 울고싶어.

- 不知怎么搞的，这几天我的电脑老出毛病。
  어떻게 된 거지 모르지만 요 며칠 내 컴퓨터는 늘 문제가 생겨.

- 不知怎么的，他就不能看见我跟别的男人说话，一说他就跟我闹别扭。
  어떻게 된건 지 모르지만, 그사람은 내가 다른 남자랑 얘기하는 꼴을 못봐. 말만 하면 나한테 삐져요.

② 看在X的面子上……

◆ 함의

"……의 체면을 봐서"의 뜻으로 X를 생각해서, X와의 감정과 체면을 상하지 않게 하기 위해서, 본래의 생각을 바꾸어서 어떤 일을 하거나 혹은 하지 않기로 결정하는 것을 나타냄. "看在…的份上"라고도 말함.

◆ 예문

- 看在老同事的面子上，你就帮他一把吧。
  옛 동료의 체면을 봐서 네가 그사람을 한 번 도와줘.

- 看在你爸爸的面子上，我就饶了你这一遭。
  네 아버지의 체면을 봐서 내가 이 번 한 번은 용서를 해주마.

- 看在老邻居的份上，这回我不跟你计较，但你也得注意，以后少说别人的闲话！
  오랜 이웃이라는 안면을 봐서 이번에는 내가 당신한테 따지지 않겠으나 당신도 주의해서 앞으로는 남의 험담을 하지 마시오!

③ 要X₁有（没）X₁，要X₂有（没）X₂……

◆ 함의

"X₁을 원하면 X₁이 있고(없고), X₂를 원하면 X₂가 있다(없다)."의 뜻으로 X₁도 있고(없고) X₂도 있다(없다). 즉, 두 가지가 다 있거나 모두 없다.

◆ 예문

- 小王要学问有学问，要风度有风度，人家哪儿配不上你？
  샤오 왕은 학문이면 학문 풍모면 풍모 다 있는데, 그 사람 어디가 너와 안어울린다는 거니?

- 只要小王加入，我们是要钱有钱，要关系有关系，还怕事情不成功？
  당신이 남겠다고 허락을 하면, 우리는 돈을 원하면 돈이 있고 사람을 원하면 사람도 있으니, 당신은 마음 놓으세요.

- 要吃没吃，要穿没穿，这日子怎么过？
  먹으려면 먹을 게 없고 입으려면 입을 게 없으니 이런 생활을 어떻게 하나?

- 这里要水没水，要电没电，村民的生活很苦。
  이곳은 물을 필요로 해도 물이 없고, 전기가 필요해도 전기가 없어서 마을 사람들의 생활은 아주 고생스럽다.

④ (名) 一 + 量

◆ 함의

"단지 일개 ……일 뿐"의 뜻으로 너무 중시할 가치가 없다. 강조의 의미와 얕잡아 보는 태도를 가지고 있음.

◆ 예문

- 我普通教员一个，谁向我求爱？
  나는 일개 보통 교사일 뿐인데 누가 나에게 구애를 하겠어요?

- 一顿饭不吃，小事一桩。
  밥 한끼 먹지 않는 것은 별 것 아닌 작은 일이지.

- 他呀，大傻瓜一个，你别听他的。
  그 사람은 말이야, 그냥 한 멍청이일 뿐이니, 너는 그 사람 말 듣지마.

⑤ 还X (名词) 呢……

◆ 함의

"그래도 ……라고"의 뜻으로 어떤 사람의 구체적인 상황이 그의 신분과 일치하지 않고 어울리지 않음을 나타냄. 얕보거나 꾸짖는 말투.

◆ 예문

- 连这个问题都弄不懂，还教授呢！
  이 문제도 이해를 못하면서, 그래도 교수란다!

- 连我的名字都记不清了，还老朋友呢！
  내 이름도 똑바로 기억 못하면서 그래도 오랜 친구란다!

- 每天感冒，还运动员呢！
  매일 감기면서 그래도 운동선수란다!

⑥ 看你X的（瞧他X的）

◆ 함의

"너 ……하는 것 좀 봐"의 뜻으로 상대방의 말에 동의하지 않고 상대방의 행위에 찬성하지 않아서 상대방이 그렇게 해서는 안된다고 여김을 나타냄. 부정적인 말투를 나타냄.

◆ 예문

- 甲：过去，咱们工厂有什么难题，您一到就解决了。现在也离不开您啊。
  갑: 과거에 우리 공장에 무슨 어려운 문제가 생겼을 때, 자네가 오기만 하면 바로 해결되었지. 지금도 자네가 없어서는 안 되네.

- 乙：看你说的，我哪有那么大的本事。
  을: 말하는 것 좀 봐. 내가 어디 그렇게 대단한 능력이 있다고.

- 甲：你别说了行不行？
  갑: 너 얘기 안 하면 안 되겠니?

- 乙：我不是关心她嘛，瞧她愁的。
  을: 내가 쟤를 걱정하는 것 아니겠니. 쟤가 걱정하는 것 봐라.

- 甲：反了他了，这么小就敢跟我顶嘴！
  갑: 고얀 놈. 요렇게 어린 게 감히 나한테 말대답을 하다니!

- 乙：看你气的，跟一个孩子值得吗？
  을: 화내는 것 좀 봐. 애하고 그럴 필요가 있니?

⑦ 你/我这（那）……（주어가 둘인 구문）

◆ 함의

"……가 ……하는 것은"의 뜻으로 어떤 사람의 어떤 행위의 목적, 결과, 원인이……임을 나타냄.

◆ 예문

- 甲：我就不明白你为什么要把我们的事告诉警察。
  갑: 나는 네가 왜 우리의 일을 경찰한테 알리려고 하는 지 이해가 안돼.

- 乙：我这也是为了你们好。
  을: 나도 이게 너희들 좋으라고 그런 거야.
- 甲：我让她跟那个老板走了。
  갑: 내가 그녀더러 그 사장님을 따라가라고 했어.
- 乙：你那不是等于害了她吗？
  을: 너 그건 그녀를 다치게 하는 거나 마찬가지 아니니?
- 甲：他怎么把车都卖了？
  갑: 그는 어째서 차도 팔았어?
- 乙：要还债，他那也是没办法呀。
  을: 빚 갚아야지, 그가 그런 거도 방법이 없어서야.

⑧ X₁也好（也罢）· X₂也好（也罢）· ……

◆ 함의

"……해도 그만 ……해도 그만"의 뜻으로 어떤 상황이든지 결과나 결론이 다 마찬가지거나 달라지지 않음을 나타냄.

◆ 예문

- 你想去也好，不想去也好，都不应该骂人，更不应该打人。
  네가 가고싶어도 좋고 가고 싶지 않아도 다 좋지만 사람을 욕해서는 안 되고 때리는 건 더욱 안 되지.
- 他哭也好，闹也好，没有成果，就不能给他涨工资。
  그가 울어도 좋고, 난리를 쳐도 좋은데, 실적이 없으면 그에게 월급을 올려줄 수가 없어.
- 花也罢，鸟也罢，什么也引不起他的兴趣。
  꽃이든 새든 어떤 것도 그의 흥미를 불러일으키지 못한다.

제2절 去孤儿院

1. 대화

去孤儿院 고아원 방문

上个星期天，在家没事干，我想在家呆着也是呆着，还不如出去找点儿事做。做什么呢？这时我想到了孤儿院的孩子们，他们周末一定很孤独。我就和儿子说咱们去孤儿院玩吧。一开始，他不愿意去，说孤儿院有什么好玩的。我说孤儿院的小朋友没有爸爸妈妈，我们去跟他们一起玩儿，他们一定很高兴。儿子总算同意了。

지난주 일요일에 집에서 할 일이 없었다. 나는 집에 있어봐야 그래서 나가서 일이라도 찾아서 하는 게 낫다고 생각했다. 뭘 할까?했을때 나는 고아원의 아이들이 생각났고, 애들이 주말에 분명 매우 외로울거다라고 생각했다. 나는 바로 아들에게 우리 같이 고아원에 놀러가자고 말했다. 처음에 아들은 가고싶어하지 않아하면서 고아원 뭐 놀게 있냐고 말했다. 나는 고아원의 꼬마친구들은 아빠엄마가 없어서 우리가 가서 같이 놀아주면 그 아이들이 분명히 아주 기뻐할 것이라고 말했다.아들은 결국 동의했다.

我觉得去孤儿院，说什么也得带点儿东西，让孩子们有吃有玩儿的才好，于是就带了些水果和英语学习卡片。孤儿院离我们家不算太远，我们就走着去。我和儿子走一阵又跑一阵，跑一阵又走一阵，不知不觉就到了孤儿院。

나는 고아원에 갈 때 뭐라고해도 뭘 좀 가져가서 아이들로 하여금 먹고 놀게 있어야 좋겠지라고 생각했다. 그래서 약간의 과일과 영어 학습카드를 가져갔다. 고아원은 우리집에서 그렇게 멀지 않은 셈이어서 우리는 걸어서 갔다. 나는 아들과 좀 걷다가 또 좀 뛰다가, 뛰다가 또 좀 걸었더니, 우리도 모르는 사이 고아원에 도착했다.

孤儿们见到我们很高兴，我们一起吃水果、唱儿歌，玩得很开心。然后，我拿出英语学习卡片给孩子们做。卡片上画有各式各样的人物轮廓，只是没有五官细节。我说：teacher——老师。孩子们就在老师的轮廓上画出五官。我说：I——我。孩子们就在我的轮廓中填出五官。孩子们都画得很带劲。但是当我说到：father——爸爸、mother——妈妈的时候，想不到的事情发生了。孩子们画来画去就是都画不出爸爸妈妈的眼睛，只有眉毛、鼻子、嘴、耳朵等。我奇怪地问为什么爸爸妈妈没有眼睛啊？孩子们默不作声，有的说：我没有见过爸爸、妈妈。

고아들은 우리를 보고 매우 반가워했고, 우리는 같이 과일을 먹고 동요를 부르며 아주 재미있게 놀았다. 그 다음에 나는 영어학습카드를 꺼내서 아이들에게 해줬다. 카드에는 가양각색의 인물의 윤곽이 그려져 있었지만 눈 코 입 등 오관의 세세한 부분만 없었다. 내가 : teacher——선생님이라고 말하ㄴ, 아이들은 선생님의 윤곽에다 오관을 그렸다. 내가: I——나라고 말하니 아이들은 나의 윤곽에다 오관을 그려 넣었다. 아이들은 모두 신이나서 그렸다. 그러나 내가 father——아빠, mother——엄마라고 말했을 때 생각지도 못한 일이 생겼다. 아이들이 아무리 그려도 아빠 엄마의 눈을 못그리고 눈썹, 코, 귀 등만 있었다. 나는 이상해서 왜 아빠 엄마 눈이 없냐고 물었더니 아이들은 아무말 없이 가만히 있었는데, 어떤 아이가 말하길: 저는 아빠, 엄마를 본 적이 없어요라고 했다.

有的小声地哭了起来。这下可把我急坏了，坐也不是站也不是。还是孤儿院的阿姨有经验，她说：我就是妈妈呀。走跟妈妈到外边玩去呀。这孩子们才慢慢高兴起来。

어떤 아이는 작은 목소리로 울기 시작했다. 이번엔 나를 몹시 다급하게 해서 안절부절하지 못했다. 역시 고아원의 이모가 경험이 있어서, 그녀는 말하길: 내가 바로 엄마잖아. 엄마랑 같이 밖에 놀러 나가자라고 하자 이 아이들은 그제서야 서서히 기분이 좋아졌다.

回家以后，丈夫问儿子：今天玩儿得有意思吗？儿子说：有意思是有意思，可是妈妈把小朋友问哭了。当时我心里特别不是滋味儿，不过，话又说回来，这件事让我懂得应该怎样去从内心关心别人，这也是一个收获吧。

집에 돌아온 후 남편이 아들에게 묻기를: 오늘 재밌게 놀았니?라고 했더니 아들이 말하길: 재미있긴 재미있었는데, 엄마가 꼬마친구에게 질문해서 울렸어요라고 했다. 그땐 내 마음이 정말 편하지 않았다. 하지만 본론으로 돌아와서 그 일은 나로 하여금 어떻게 마음속으로부터 다른 사람에게 관심을 가져야하는 지를 알게 해주었으니 이것도 수확이겠지.

질문:

1. 一开始，儿子为什么不愿意去孤儿院？
   - A.他不喜欢孤儿
   - B.他不喜欢热闹
   - C.他觉得不好玩儿
   - D.他觉得路太远

2. "我"觉得带点儿东西去孤儿院是：
   - A.应该的
   - B.可以的
   - C.愿意的
   - D.必须的

3. 他们是怎样去孤儿院的？
   - A.步行
   - B.坐汽车
   - C.跑步
   - D.散步

4. 孩子们哭了，我觉得怎样？
   - A.很生气
   - B.着急
   - C.悲伤
   - D.疑惑

5. 儿子觉得今天玩儿的怎么样？
   - A.没有意思
   - B.有意思
   - C.有意思但也有不满意的地方
   - D.没有意思但也有满意的地方

2. 본문 해석

① X着也是X着，(不如)……

◆ 함의

"해 봐야 ……하고 이니"의 뜻으로 어떤 상태 X는 별 가치가 없어서 뭔가 다른 행동이 있어야 함을 나타냄.

◆ 예문

- 你闲着也是闲着，不如帮我把这篇文章打到电脑里吧。
  너 한가로이 있어봐도 그러니 차라리 날 도와서 이 문장을 컴퓨터에 쳐서 넣어주는 게낫지.

- 在农村窝着也是窝着，还不如到南方去打工。
  농촌에서 웅크리고 있어봐도 그러니 차라리 남쪽지방으로 가서 돈벌이하는 것이 낫다.
- 她坐着也是坐着，不如做点儿小买卖，还能挣点儿钱。
  그녀는 앉아있어봐도 그러니 차라리 조그만 장사나 해서 돈이라도 좀 벌 수 있는 게 낫다.

② （没）有什么（好）X的……

◆ 함의

어떤 행위나 행동이 "X를 할 필요도 할 가치도 없다"는 뜻으로 말하는 사람이 좀 언짢고 귀찮다는 말투를 나타낸다.

◆ 예문

- 有什么好看的，还是回家吧。
  뭐 볼게 있다고 아무래도 집으로 돌아가는 편이 낫다.
- 没有什么好说的，把钱交出来完事。
  뭐 이야기할 것이 없으니 돈을 내고 매듭짓자.
- 有什么好检查的，我们做的已经很仔细了。
  뭐 검사할 것이 있다고. 우리가 한 게 이미 아주 상세하다.

③ ……说什么（怎么着）也得……

◆ 함의

"뭐라고 해도(어쨌든) 그래도……는 해야지"의 뜻으로 일반적인 상황에 비추어 반드시 어떤 동작이나 행위가 있어야함을 나타낸다.

◆ 예문

- 你母亲要过生日了，我说什么也得给你母亲寄点钱去呀。
  네 어머니가 생신이신데 뭐라해도 내가 네 어머니께 돈을 좀 부쳐드려야지.
- 我怎么着也得留他吃顿饭吧？
  어떻다해도 내가 그사람을 붙잡아 밥이라도 한끼 먹어야겠지?
- 今天说什么你也得给大家唱个歌儿。
  오늘은 누가 뭐라그래도 자네가 여러 사람들에게 노래하나 불러줘야지.

④ X₁又X₂·X₂又X₁……

◆ 함의

"X₁(X₂)한 데다 또 X₂(X₁)하기도 하다."의 뜻으로 두 가지 행동이 번갈아 일어나며 반복해서 일어남을 나타낸다. 일반적으로 어떤 행위의 진행시간이 길다는 것을 나타낸다.

◆ 예문

- 她说一阵又哭一阵，哭一阵又说一阵，我安慰了半天，她才平静下来。
  그녀는 한동안 얘기하다 한동안 울고, 또 한동안 울다가는 또 한동안 얘기하여서, 내가 한참동안 위로하고서야 그녀는 안정이 되었다.

- 这条裤子破了又补，补了又破，他一直穿了10多年。
  이 바지는 찢어지면 또 깁고, 깁고나면 또 찢어지고하여 그는 줄곧 10몇 년을 입었다.

- 他查一会儿资料又写一会儿作业，写一会儿作业又查一会儿资料，一天到晚都很忙。
  그는 자료를 한참동안 찾다가 숙제를 한참동안 하고 한참 숙제를 하다가 또 한참 자료를 찾고 하면서 하루종일 밤늦도록 바쁘다.

⑤ X来X去·都是(就是)……

◆ 함의

"해봐야 결국 ……이다"의 뜻으로 어떤 행위가 오랫동안 진행되어도 결과에 변화가 없거나 결과가 의외임을 나타낸다.

◆ 예문

- 说来说去，都是我不好，行了吧?
  이리 말하고 저리 말해봐도 모두 내 잘못이다. 됐지?

- 你们干来干去，就是不出效益。
  자네들은 아무리 한다고해도 효과를 내지 못해.

- 找来找去，钱包就在我的书包里。
  이리 찾고 저리 찾고 했는데 지갑은 바로 내 가방에 있었다.

⑥ ……X₁也不是，X₂也不是

◆ 함의

"……해도 아니고 ……해도 아니고" 어떻게 해도 다 적절하지 않거나 태도에 갈등이 있거나 느낌이 좋지 않음을 나타낸다.

◆ 예문

- 我这腰疼得厉害，站也不是，躺也不是。
  난 이 허리가 많이 아파서 서도 안되고 누워도 안된다.

- 他那话呀，说得人哭也不是，笑也不是。
  그 사람 그 말은 사람으로 하여금 울지도 웃지도 못하게 한다.

- 事情发展到这种地步，让我进也不是，退也不是。
  일이 이 지경에 이르러서 나로 하여금 나아가도 안 되고 물러나도 안 되게 한다.

⑦ X是X……

◆ 함의

"……하긴 ……하다"의 뜻으로 어떤 동작이나 행위의 결과를 강조하는 것을 나타내는 것으로 뒤에 항상 전절의 의미를 나타내는 말이 온다.

◆ 예문

- 听是听清楚了，就是记不住，老是忘。
  듣기는 분명히 들었는데 다만 기억을 못하고 늘 잊어버린다.

- 他的作业交是交上来了，可是错误很多。
  그의 숙제는 제출하긴 제출했는데 틀린 것이 아주 많다.

- 他们早已上火车了，你赶是赶不上了。
  그들은 일찌감치 기차에 올랐으니 넌 따라잡는 것은 못따라 잡는다.

⑧ ……（不过、可是）话又说回来，……

◆ **함의**

"말은 그렇지만"의 뜻으로 앞의 말을 토대로 사물의 다른 한 방면의 이치를 말하는 것을 나타내는 것으로 전절을 나타낸다.

◆ **예문**

- 他这个人能力是差点儿，可话又说回来，你比他能干你又做了什么呢？
  이 사람은 능력은 좀 모자란다. 그렇긴 하지만 자네는 능력이 있지만 또 어떤가?

- 我虽穷，也没拿过人家一点儿东西。话又说回来，人穷，但不能总穷。
  나는 비록 가난하지만 그래도 남의 물건을 조금도 받은 적이 없다. 그렇긴 하지만 사람이 가난한 것도 항상 계속 가난해서는 안 된다.

- 要想成功必须有机遇，不过话又说回来，人不能总等着机遇。
  성공하려면 반드시 계기가 있어야한다. 그렇긴 하지만 사람이 늘 특별한 계기만 기다려서는 안 된다.

제3절 请假

1. 대화

请假 휴가, 조퇴, 결석 신청

女: 好你个王连举，放着椅子不坐，你怎么坐到我办公桌上了？
　　잘 났구나, 왕렌쥐, 의자는 두고도 앉지 않고, 자넨 왜 내 업무탁자에 앉나?

男: 啊，铁主任，你来了？我，我想请半天假。
　　아, 티에 주임님, 오셨어요? 전 한나절 조퇴를 신청하고자 합니다.

女: 什么事儿呀，早也不请假，晚也不请假，偏偏我值班的时候你来请假？
　　무슨 일이야? 일찍도 아니고 늦게도 아니고 하필 내가 당직 설 때 와서 조퇴신청을 하나?

男: 我小姨子明天结婚。
　　제 처제가 내일 결혼을 해서요.

女: 你小姨子结婚，有你什么事儿啊？
　　자네 처제가 결혼하는데 자네와 무슨 상관이 있어?

男: 我老婆说了让我去帮忙，我是去也得去不去也得去。
　　제 아내가 저더러 와서 도우라고 해서, 전 가고싶어도 가야하고 가기 싫어도 가야해요.

女: 你老婆的话就那么重要？
　　자네 아내의 말이면 그렇게 중요한가?

男: 哎哟，你还不知道，在我们家我老婆说什么就是什么，我哪敢不听啊。
　　아이쿠, 주임님은 아직 모르죠. 저희 집에서는 제 아내가 뭐라고 하면 바로 뭐인데, 제가 감히 안 들을 수 있나요.

女: 我们公司现在工作这么紧张，我不能随便批你的假。
　　우리 회사 일이 이렇게 바빠서, 내가 마음대로 자네 조퇴를 허락할 수가 없어.

男: 我的铁主任，我求求你了，你就批我半天假吧。我回来保证把耽误的工作都补上。
우리 티에 주임님, 제가 빌게요. 제게 한나절 조퇴를 허락해 주세요. 제가 돌아와서 보증컨대 밀린 일을 다 보충을 할게요.

女: 话是这么说，可是你回来还有你回来的工作呀。唉，你要是那么怕你老婆，我也不能不体谅你。
말은 그렇게 하지만 자네가 돌아오면 또 돌아온 후의 일이 있는데. 에이, 자네가 그렇게 자네 아내를 무서워 한다면 나도 이해해주지 않을 수가 없구나.

男: 谢谢铁主任，我给你敬礼，我给你磕头了。
감사합니다. 티에 주임님, 제가 주임님께 절을 하고 머리를 조아릴게요.

女: 看你那赖样儿，就没个正经。 快去吧。
자네 그 게으른 모습 보게나. 진지하지 못하고. 빨리 가.

질문:

1. 男的坐在办公桌上，女的是什么态度？
   A.觉得有意思　　　　B.不高兴
   C.奇怪　　　　　　　D.觉得没意思

2. 女的认为男的：
   A.不应该请假　　　　B.应该请假
   C.不应该在这个时候请假　　D.应该参加婚礼

3. 男的的老婆在家里怎样？
   A.说话很重要，管用　B.说话很随便
   C.说话很多　　　　　D.乱说话

4. 女的为什么答应男的请假？
   A.因为小姨子要结婚　B.因为男的怕老婆
   C.因为男的有礼貌　　D.因为男的没礼貌

2. 본문 해석

① 好你个X，……

◆ 함의

"잘한다 너……"의 뜻으로 약간의 불만과 나무람의 뜻을 나타내며 농담투의 말이다.

◆ 예문

- 老王：张大妈，您要是打扮起来，比电影明星还漂亮呢。
  라오 왕: 장씨 아주머니, 아주머니가 꾸미면 영화배우보다 더 예쁘세요.

  张大妈：好你个姓王的，拿老太太开玩笑来了！
  장씨 아주머니: 잘 논다, 왕가야, 늙은 아주머니를 놀리는구나.

- 好你个老刘，我整理的资料全让你给搞乱了。
  잘 했구나 라오 리우, 내가 정리한 자료를 네가 다 어지럽혀 놓았구나.

- 好你个老黄，跑这儿躲清闲来了！我们都快累死了。
  잘 하는구나 라오 황, 여기 도망와서 한가로이 숨어 있구나! 우린 다 피곤해 죽을 지경인데.

② ……放着……不……，……

◆ 함의

"……은 두고서 ……하지 않고"의 뜻으로 본래 할 수 있는 여건이거나 마땅히 해야하는데 하지 않고 다른 일을 할 때 써서 어떤 사람의 행위가 불합리 하고 이상함을 나타낸다. 나무람의 뜻이 있다.

◆ 예문

- 你们放着正经事不干，在这儿起什么哄？
  너희는 할 일은 안 하고 여기에서 난리를 치나?

- 你放着处长不当，为什么在这儿当职员？
  자넨 처장은 하지 않고 왜 여기서 직원노릇 하나?

- 他放着小汽车不坐，每天都骑自行车上班。
  그는 자동차는 두고 타지 않고 매일 자전거를 타고 출근한다.

③ ……早也不……，晚也不……，（偏偏）……

◆ 함의

"일찍 ……하지도 않고, 늦게 ……하지도 않고(하필이면)……"의 뜻으로 어떤 행위가 발생한 시간이 맞지 않음을 나타내며 나무람의 뜻이 들어있다.

◆ 예문

- 他早也不来，晚也不来，偏偏这个时候来。
  그는 일찍도 오지 않고 늦게도 오지 않고 하필 지금 왔다.

- 你们早也不聘任，晚也不聘任，为什么我一走你们就聘任？
  당신네는 일찍도 임용하지 않고 늦게도 임용하지 않고 왜 내가 떠나자마자 임용을 합니까?

- 他为什么早也不生病，晚也不生病，偏偏检查组一来他就生病了？
  그는 왜 일찍 아프지도 않고 늦게 아프지도 않고 하필 검사팀이 오자마자 병이 났을까?

④ X也得X，不X也得X……

◆ 함의

"……하고 싶어도 ……해야 하고 ……하기 싫어도 ……해야 한다"의 뜻으로 원하든 원하지 않든 반드시 어떤 행동X를 해야하며 다른 선택의 여지가 없음을 나타낸다.

◆ 예문

- 我现在是干也得干，不干也得干，没有任何退路了。
  난 지금 하고싶어도 해야하고 하기 싫어도 해야해서 어떤 물러날 곳도 없다.

- 儿子说的话，她依也得依，不依也得依。
  아이가 하는 말은 그녀는 따라주고 싶어도 따라야 하고 따라주기 싫어도 따라야 한다.

- 这个活动很重要，你参加也得参加，不参加也得参加。
  이 행사는 아주 중요해서 넌 참가하고 싶어도 참가해야 하고 참가하기 싫어도 참가해야 한다.

⑤ 动+X (就) 是X

◆ 함의

"……이면 바로 ……인 것이다"의 뜻으로 어떤 행위나 상황이 확정적이라 바뀌지 않음을 강조하며 말투는 매우 단정적이다.

◆ 예문

- 这礼物给你就是给你的，你不要再推辞了。
  이 선물은 당신한테 준다면 당신한테 주는 것이니 더 이상 사양하지 마세요.

- 我们说话是算数的，说什么就是什么。
  우리는 말을 하면 지켜서 뭐라고 하면 바로 뭐다.

- 是什么问题就是什么问题，不夸大也不缩小。
  무슨 문제이면 바로 무슨 문제인 것이니 과장하지도 축소하지도 않는다.

⑥ 我的X……

◆ 함의

"우리……"의 뜻으로 어떤 사람을 호칭하야 강한 친밀감을 나타낸다. 어떤 때에는 약간의 나무람의 뜻을 지닌다. 대부분 상대방에게 뭔가 해줄 것을 부탁하기 위해서이다.

◆ 예문

- 我的好二嫂，你就答应了我吧。
  우리 멋진 둘째 형수님, 그냥 제게 허락해주세요.

- 我的小祖宗，你还吃不吃呀？
  우리 꼬마 조상님, 너 그래도 먹을 거야 안 먹을 거야?

- 我的姑奶奶，你别再说了好不好？
  우리 아가씨, 더 이상 말 안 하면 안 되겠니?

⑦ (说) 是这么说, (可, 可是)......

◆ 함의

"말을 하기는 그렇게 하지만"의 뜻으로 어떤 일이 일반적인 이치로는 마땅히 그러해야하나 실제 상황은 또 그것과 다른 경우 전절을 나타내며 강조하는 초점은 "可, 可是"의 뒤쪽에 있다.

◆ 예문

- 话是这么说，可实际上真的干起来，不是那么回事。
  말은 이렇게 하지만 실제 막상 정말 하게 되면 그렇지가 않다.

- 井打深一些当然好，说是这么说，哪来的钱？
  우물은 좀 깊이 파면 물론 좋지, 말은 이렇게 하지만 돈이 어디서 나겠어?

- 我可以住朋友家，说是这么说，可时间长了总不是个办法呀。
  난 친구집에 묵으면 돼, 말은 이렇게 하지만 시간이 길어지면 결국 그것도 방법은 아니다.

⑧ (瞧) 你那 (X) 样......

◆ 함의

"너 그 ......한 모습 좀 봐"의 뜻으로 상대방에 대한 나무람을 나타낸다.

◆ 예문

- 看你那孬样，你就不能硬气一点？
  너 그 못난 모습 봐라, 넌 좀 당당해지면 안돼?

- 瞧你那样，跟个恶魔似的。
  니 그 꼴을 봐라, 악마같이.

- 甲：这一次我没考好，下一次我保证考个第一。
  갑: 이번에 난 시험을 잘 못봤는데 다음번엔 반드시 1등할 것을 보증할게.

- 乙（对丙）：瞧他吹的。
  을(병에게): 쟤 허풍 떠는 것 봐라.

제1절 修电脑

제2절 放假以后

单元练习（五）

제1절 修电脑

1. 대화

修电脑 컴퓨터 고치기

女: 王伟，我的电脑又出毛病了，你来帮我看看吧。
  왕웨이, 내 컴퓨터가 또 고장났으니 네가 와서 좀 봐줘.

男: 怎么了？
  어떻게 된건데?

女: 不知怎么的，现在是用也不能用，关也关不了。
  어떻게 된 것인지, 지금은 사용도 못하고 끄지도 못해.

男: 是吗？我看看。……哎哟，可能是系统出毛病了，我不敢动，万一给你弄坏了……
  그래? 내가 한번 볼게. ……아이쿠, 아마 시스템에 문제가 생긴 것 같네. 내가 손을 대지는 못하겠어, 만약 고장이라도 내면……

女: 没事儿，你只管修，弄坏就弄坏吧，反正一个破电脑。
  괜찮아, 넌 수리만 해, 고장내면 고장내는 것지뭐, 그래봐야 고물 컴퓨터인데 뭐.

男: 我要是真给你弄坏了，看你怎么用啊？你还不恨死我？
  내가 만약 정말 고장내면, 넌 어떻게 쓰나?내가 미워죽지 않고?

女: 你说到哪儿去了？这电脑我已经用了六年了，你放心修吧，修好了是它，弄坏了也是它了。
  넌 무슨 얘기 하는 거니?이 컴퓨터는 내가 6년을 썼어. 마음 놓고 수리해, 수리해도 고물 컴퓨터고 고장내도 고물 컴퓨터야.

男: 啊，问题找到了，是键盘坏了，这个键盘不能用了。我家还有个新键盘，拿来给你用吧。
  아 문제를 찾았어. 키보드가 고장났어. 이 키보드는 못써. 우리 집에 새 키보드가 하나 있으니 가져다줄게 써.

女: 那太好了，我给你点钱。
그것 참 잘 됐네. 내가 돈 좀 줄게.

男: 什么钱不钱的。你要说钱，我就不给你用了。
무슨 돈이고 말고야. 네가 돈 이야기하면 난 안 줄거야.

女: 哎，就这点儿钱，你给我拿上！
에이, 요 얼마 안 되는 돈인데, 받아.

男: 我说你怎么这么讨厌呢？那我可真不管了啊。
넌 어떻게 이렇게 미운 짓을 하니? 그럼 난 정말 상관 안한다.

女: 好吧，好吧。我不说了。
좋아, 좋아. 내가 말 않을게.

질문:

1. 女的的电脑怎么了？
   A. 不能用了　　　　　　B. 不能关闭
   C. 不知道　　　　　　　D. 不能用也不能关闭

2. 男的担心什么？
   A. 担心把电脑弄坏　　　B. 担心系统出毛病了
   C. 担心女的不高兴　　　D. 担心自己会死去

3. 如果男的把电脑真的弄坏了，女的会怎样？
   A. 很生气　　　　　　　B. 不会生气
   C. 有点儿生气　　　　　D. 高兴

4. 女的给男的钱，男的是什么态度？
   A. 矛盾　　　　　　　　B. 拒绝
   C. 接受　　　　　　　　D. 生气

2. 본문 해석

① X₁也X₁不……X₂也X₂不……

◆ 함의

"……하는 것도 ……하지 못하고 ……하는 것도 ……하지 못하다"의 뜻으로 어떤 행위도 제대로 못하거나 잘 할 수 없음을 나타내어 상황이 불만스러움을 나타낸다.

◆ 예문

- 生产中的难题还没有解决，张工程师是吃也吃不下，睡也睡不着。
  생산 중의 난제을 아직 해결하지 못하여 엔지니어 장씨는 먹는 것도 못먹고 잠도 오지 않았다.

- 这事真难办呀，我走也走不了，留也留不下。
  이 일은 정말 처리하기 어려워 나는 가려고 해도 가지도 못하고 남으려해도 남지도 못한다.

- 他写也不能写，说也不会说，所以工作了很多年还是一个普通职员。
  그는 쓰는 것도 쓸 줄 모르고 말하는 것도 할 줄 몰라서 여러 해 동안 일 했지만 여전히 보통 직원이다.

② X就X吧

◆ 함의

"……면 ……지 뭐"의 뜻으로 어떤 상황에 대하여 불만스럽지만 개의치 않고 받아들일 수 있음을 나타낸다.

◆ 예문

- 倒霉就倒霉吧，再伤心也没用。
  재수가 없으면 없는 것이지 뭐, 더 마음 아파해도 소용없다.

- 吹牛就让他吹吧，你何必管这么多呢？
  걔더러 불게 하려면 불게 하라고 해, 네가 뭐하러 그렇게 많이 신경 쓰니?

- 离婚就离婚吧，没有感情的话呆在一起也是痛苦。
  이혼하면 이혼하는 것이지뭐, 정이 없으면 함께 있는 것도 고통이다.

③ 要是……，看你怎么……？

◆ 함의

"만약 ……하게 되면 네가 어떻게 ……하는지 보자"의 뜻으로 만약 무슨 좋지 않은 상황이 생길 경우 듣는 사람에게 책임이 있고 문제가 있게 됨을 나타내며 나무라는 말투를 나타낸다.

◆ 예문

- 你要是把咱们的乡办企业搞砸，看你怎么向乡亲们交代？
  당신이 만약 우리 향에서 운영하는 기업을 망쳐 놓으면 당신이 향민들에게 어떻게 말할지 봅시다.

- 你要是两手空空回家，看你怎么见你的父母？
  자네가 만약 빈손으로 집으로 돌아가게 되면 어떻게 자네 부모를 뵐 지 보자.

- 要是你不能毕业，看你怎么找工作？
  만약 네가 졸업하지 못하면 어떻게 취업을 할지 보자.

④ 说到（想到）哪儿去了……

◆ 함의

"무슨 말(생각)을 하는거야"의 뜻으로 듣는 사람의 조금 전의 말이나 생각이 옳지 않고 그래서는 안 됨을 나타낸다. 약간 나무라는 투의 말이다.

◆ 예문

- 甲：非常感谢你的帮助。
  갑: 네가 도와줘서 너무 고마워.

- 乙：看你说到哪儿去了，都是自己人嘛！
  을: 넌 무슨 이야기를 하는거야, 다 한식구나 마찬가지잖아.

- 甲：是不是小刘把那个提包拿走了？
  갑: 샤오 리우가 그 그 핸드백을 가지고 간 것 아니야?

- 乙：你这是想到哪儿去了，他决不会干出这种事的。
  을: 넌 그 무슨 생각을 하는거야? 걔는 절대 그런 일을 할 리가 없어.

- 甲：你要是后悔了，我还把它还给你。
  갑:네가 만약 후회할 것 같으면 내가 또 그것을 네게 돌려줄게.
- 乙：你想到哪儿去，既然已经决定给你了，我决不后悔。
  을: 넌 무슨 생각을 하는 거니? 기왕 이미 네게 주기로 결정했으니 난 절대 후회하지 않아.

⑤ ……是它，……也是它

◆ 함의

"……이어도 그것이고 ……이어도 그것이야"의 뜻으로 어떤 불만스런 사물이나 상황에 대해서 어쩔 도리가 없음을 나타낸다.

◆ 예문

- 这公共汽车真难坐，等一个小时是它，等两个小时也是它。
  이 버스는 정말 타기 어렵다. 한 시간을 기다려도 이 버스이고 두 시간을 기다려도 이 버스 밖에 없으니..
- 办出国签证真难呀，办一个月是它，办两个月也是它。
  출국비자 받기가 정말 어려워. 한 달을 수속 밟아도 두 달을 수속 밟아도 이 비자니.
- 既然已经买来了，好也是它，坏也是它了。
  이왕 이미 사왔으니 좋아도 그것이고 나빠도 그것 밖에 없다.

⑥ 什么（名或形）不（名或形）的……

◆ 함의

"뭐 ……이고 말고야"의 뜻으로 어떤 것(명사 혹은 형용사)은 중요하지 않아서 말할 가치도 없음을 나타낸다.

◆ 예문

- 甲：老王，这个要多少钱？
  갑: 라오 왕, 이건 얼마 줘야 돼?

- 乙：什么钱不钱的，你喜欢就拿去好了。
  을: 무슨 돈이고 말고야, 네가 좋아하면 가져가도 돼.

- 甲：你先生可是这方面的专家呀。
  갑: 네 남편은 정말 이 방면의 전문가이구나.

- 乙：什么专家不专家的，还不是跟普通人一样？
  을: 무슨 전무가고 말고야, 그래봐야 보통사람하고 마찬가지지 않고?

- 甲：在那儿住是不是很贵呀？
  갑: 거기에 살면 아주 비싸지 않아?

- 乙：什么贵不贵的，只要方便就行。
  을: 뭐 비싸고 말고야, 편리하면 그만이지.

⑦ 你给我X

◆ 함의

"……해 줘"의 뜻으로 말을 듣는 사람이 반드시 어떤 동작해위를 해야함을 강조하는 말로 명령투의 말이다.

◆ 예문

- 你给我闭嘴！（你闭嘴）
  네게 입 다물어줘!(너 입 다물어)

- 你给我出去！（你出去）
  너 나가줘(너 나가)!

- 你给我老实点儿！（你老实点儿）
  너 좀 착실하게 굴어줘(너 좀 착실히 해)!

⑦ **我说你……**

◆ **함의**

"내가 말하는데 너……"의 뜻으로 청자의 행위나 상황에 불만스러움을 나타내며 나무라는 말투이다.

◆ **예문**

- 我说你别没大没小的!
  내가 말하는데 너 위 아래 없이 그러지마!

- 我说你怎么这么不懂事儿?
  내가 말하는데, 넌 어찌 그리 철이 없어?

- 我说你先做完作业再玩儿好不好?
  내가 말하는데 너 숙제 다하고 놀면 안되겠니?

제2절 放假以后

1. 대화

放假以后 **방학 후**

女: 孩子马上要放寒假了，你答应带他去海南旅游的事，准备了吗？
애가 곧 겨울 방학인데 당신 애 데리고 하이난으로 여행 가는 일 준비했어요?

男: 无所谓准备不准备的，到时候走就是了。
준비하고 말고 할 것도 없어, 그때 가서 가면 돼요.

女: 你不是要去那儿开个会吗，顺便带上他行不行？
당신 거기 가서 회의 한번 하는 것 아니예요? 가는 김에 애 데리고 가면 안 되나요?

男: 开会是开会，旅游是旅游，怎么能搅在一块儿呢？
회의는 회의이고 여행은 여행이지 어떻게 한 군데에 섞어 놓을 수 있어요?

女: 什么开会不开会的，你们那个破会有什么开头，到时候你带着孩子到处看看不就行了？
뭐 회의고 말고 할 것 뭐 있어요. 당신네 그 엉터리 회의 열거나 뭐나 있어요. 그때 당신은 애나 데리고 가서 여기저기 구경이나 하면 되지 않나요?

男: 我带上孩子，别人要也带孩子怎么办？我让不让带？让带也不是不让带也不是。
내가 아이를 데리고 간다고 다른 사람들도 아이를 데리고 간다고하면 어쩌죠? 내가 데리고 오라고 해야 해요 말아야 해요? 데리고 오라고 하는 것도 안되고 데리고 오지 말라는 것도 안 되지.

女: 都让带呗，才能花几个钱啊？
다 데려오게 하죠뭐, 그래봐야 몇푼 쓸 수 있겠어요?

男: 你说的轻巧，每个人不花不花也得花个两三千。这公事私事你就分不清。
당신은 말은 쉽게도 하네요. 한 명당 안쓴다 안쓴다해도 2,3천위안은 써야할 텐데. 그 것이 공적인 일인지 사적인 일인지 당신은 구분을 못해요.

女：什么公的私的，还不就那么回事儿？
　　뭐 공적이고 사적이고가 있어, 그래봐야 그저 그렇고 그런 것 아니예요?

男：我把你这个女人哪……咳！
　　이 여자…… 참!

질문:

1. 对于去旅游，男的觉得：
　　A.不用准备　　　　　　B.应该准备
　　C.已经准备了　　　　　D.必须准备

2. 女的觉得开会怎么样？
　　A.很有意思　　　　　　B.重要
　　C.不重要　　　　　　　D.不知道开什么会

3. 男的为什么不带孩子去？
　　A.担心孩子出问题　　　B.担心产生不好的影响
　　C.担心别人不带孩子　　D.担心别人带的孩子不是他们自己的孩子

4. 男的觉得女的怎么样？
　　A.太小气　　　　　　　B.乱花钱
　　C.太聪明　　　　　　　D.太不懂道理

2. 본문 해석

① 无所谓X不X······

◆ 함의

"······이고 아니고 할것도 없다"의 뜻으로 "X"이거나 "不X"이랄 것도 없어서 구분할 필요나 말할 필요도 없다는 뜻으로 실제 상황은 대부분 별로 좋지 않은 상황이다.

◆ 예문

- 都是一家人，无所谓吃亏不吃亏。（实际：吃亏）
  모두 한 가족이라 뭐 손해보고 안 보고랄 것도 없다.(실제는 손해를 봄)

- 这种只是一般的衣服，无所谓好看不好看。（实际：不好看）
  이런 옷은 그저 평범한 것으로 뭐 예쁘고 안 예쁘고하다할 것도 없다.(실제는 예쁘지 않음)

- 搞科研工作，无所谓假期不假期。（实际：没有假期）
  연구작업을 하는 경우 뭐 휴가다 아니다라고 할 것도 없다.(실제는 휴가가 없음)

② X₁（名）是X₁，X₂（名）X₂······

◆ 함의

"······은 ······이고"의 뜻으로 두 사물이 아주 달라서 각기 특색이 있어서 둘 간에 필연적인 관계가 없음을 나타낸다.

◆ 예문

- 姐姐是姐姐，妹妹是妹妹，你不要因为姐姐不好就连妹妹也不喜欢。
  언니는 언니고 동생은 동생이지 넌 언니가 나쁘다고 여동생까지 안 좋아하지는 마라.

- 去年是去年，今年是今年，不是一回事儿。
  작년은 작년이고 올해는 올해로 다른 거야.

- 你想吃什么就有什么，山东味儿是山东味儿，四川味儿是四川味儿。
  네가 먹고싶은 것은 뭐든 있어. 산동요리이면 산동요리,쓰촨요리이면 쓰촨요리.

③ 什么X不X的

◆ 함의

"뭐 ……이고 말고야"의 뜻으로 청자가 "X"를 언급하지 말아서야한다는 말로 약간 나무라는 어투를 나타낸다.

◆ 예문

- 什么高兴不高兴的，这是任务啊。
  뭐 기분이 좋고 나쁘고야, 이건 임무야.

- 什么好吃不好吃的，只要填饱肚子就行。
  뭐 맛있고 말고야, 배만 부르게 먹으면 그만이지.

- 什么漂亮不漂亮的，我们结婚都40多年了，不在乎这个了。
  뭐 예쁘고 말고야, 우리가 결혼한 지 이미 40년이 되어서 그런 건 개의치 않아.

④ (没) 有什么X头……

◆ 함의

"뭐 ……할 것도 없다"의 뜻으로 X할만한 가치가 없다는 표시로 좋지 않게 보는 뜻이 있다.

◆ 예문

- 这种电影，真没什么看头。
  이런 영화는 정말 뭐 볼게 없다.

- 有什么说头，最终还不是由他一个人决定。
  뭐 말할 거나 있나, 결국에는 역시 그 분이 혼자 결정하는 것 아냐.

- 一个烂苹果有什么吃头，我还是喝茶吧。
  썩은 사과 하나가 뭐 먹을 게 있다고 난 아무래도 차를 마시는게 좋겠어.

⑤ ······X也不是，不X也不是······

◆ 함의

"······하려고 하기도 안되고 ······하지 않으려해도 안되다"의 뜻으로 어떤 행위를 해도 안해도 다 적절하지 않아 마음속으로 갈등이 있음을 나타낸다.

◆ 예문

- 她这么热情，我坐也不是，不坐也不是。
  그 여자분이 이렇게 따뜻하게 대해주니 나는 앉아 있지도 서 있지도 못하겠다.

- 我简直难堪极了，走也不是，不走也不是。
  난 정말이지 난감해서 가지도 못하고 안가지도 못하겠다..

- 大家七嘴八舌，我站在那儿说也不是，不说也不是。
  모두들 이러쿵 저러쿵 말을 해서 난 거기에 서서 말을 하기도 말을 할 수도 안할 수도 없었다.

⑥ ······不 + 动词₁ + 不 + 动词₁ + 也得 + 动词₁······

◆ 함의

"······하지 않는다 ······하지 않는다 해도 ······해야 만다"의 뜻으로 어떤 행동을 하고 싶지 않아도 그대로 하긴 좀 해야한 다는 뜻을 나타낸다.

◆ 예문

- 人家孩子考上大学了，咱们不表示不表示也得表示一点儿心意吧。
  그사람 애가 대학에 합격했으니 우리가 표시 안한다 안한다해도 조금은 성의를 표시해야지.

- 人家都发言了，我呢，不说不说也得说几句吧。
  남들이 다 발언을 하였으니, 나도 말을 안 한다 안 한다해도 몇 마디는 해야지.

- 老同学今天都到齐了，你不吃不吃也得吃点儿吧。
  옛 동창들이 오늘 다 모였는데, 넌 안 먹는다 안먹는다 하지만 그래도 조금은 먹어라.

⑦ 什么X₁的X₂的……

◆ 함의

"무슨 ……이고 말고"의 뜻으로 상대방의 말을 듣고 싶지 않음을 나타내며 귀찮다는 뜻이 있다.

◆ 예문

- 什么吃亏的沾光的，都是老朋友了，还计较这个?
  뭐 손해보고 이득보고야 모두 오랜 친구인데 그런 걸 따지나?

- 什么这个的那个的，快把他打发走!
  뭐 이게 어떻고 저게 어떻고야 빨리 그사람 내 보내!

- 什么你的我的，还不是大家的?
  뭐 네것이고 내것이고가 있어. 그래봐야 모두의 것 아니야?

⑧ 我把你这个……

◆ 함의

"내가 너 이 ……을"의 뜻으로 청자가 어떻게 할 방법이 없음을 나타낸다. 일반적으로 관계가 비교적 가까운 사람끼리라야 이렇게 말할 수 있으며 약간은 나무라는 말투이다.

◆ 예문

- 我把你这个老东西啊!
  내가 당신 이 영감탱이를!

- 我把你这个人啊!
  내가 너란 인간을!

- 我把你这个糊涂虫啊!
  내가 너 이 바보를!

단원 연습 5

1 다음 문제를 읽고 옳은 답을 보기에서 고르시오.

1. 饮料反正我给他买来了，他喜欢也好，不喜欢也好。
   问：说话人觉得他会喜欢买来的饮料吗？
   A.喜欢　　　　　B.不喜欢　　　　C.不关心这个问题　　D.想知道这个问题

2. 孩子犯了错，当妈妈的生气归生气，事后还是能谅解的。
   问：妈妈对犯了错的孩子态度怎样？
   A.生气，但能原谅　　　　　　B.只是生气
   C.不生气　　　　　　　　　　D.完全谅解

3. 我养了多年的那条狗，昨天说死就死了。
   问：说话人是什么意思？
   A.有人说我的狗死了　　　　　B.他觉得狗不应该死
   C.他觉得狗太老了，所以不奇怪　D.他觉得昨天不应该说死

4. 在我们家奶奶说什么就是什么。
   问：从这句话我们可以知道什么？
   A.奶奶爱说话　　　　　　　　B.奶奶说话很重要
   C.奶奶说话不重要　　　　　　D.没人听奶奶说话

5. 孩子竟然做出这样的事，让我哭也不是，笑也不是。
   问：对孩子做的事，我是什么态度？
   A.高兴　　　　　B.伤心　　　　C.不高兴也不伤心　　D.矛盾

6. 你要觉得那本书有用就拿去吧，反正在我这儿放着也是放着。
   问：从这句话我们可以知道：
   A.那本书不太好　　　　　　　B.那本书很好
   C.我不看那本书　　　　　　　D.我要把那本书扔掉

7. 哎呀，看你把孩子打扮得！
   问："你"把孩子怎么了？

A.没有打扮　　　　　B.打了一顿　　　　　C.打得很厉害　　　　D.打扮得不好看

8.学外语一定要有耐心，有时间就要记生词，记一个是一个。
　　问：学外语应该怎样记生词？
　　　A.一个一个地积累　　　　　　　　B.一次只记一个
　　　C.记一个太少　　　　　　　　　　D.一次记很多

9.嘿，卖东西哪有这样说话的？
　　问：从这句话我们可以知道什么？
　　　A.卖东西的人说的话不清楚　　　　B.卖东西的人说话不好听
　　　C.买东西的人想知道对方是什么地方的人　D.买东西的人想学习说话

10.要是这事儿让老师知道了，看你怎么办？
　　问：从这句话我可以知道什么？
　　　A.老师知道这件事了　　　　　　　B.这件事儿老师不喜欢
　　　C.这件事应该让老师知道　　　　　D.这件事不应该让老师知道

11.我们家孩子呀，这也不玩儿那也不玩儿，整天看动画片。
　　问：他们家的孩子怎么样？
　　　A.不喜欢学习　　B.很喜欢玩儿　　C.不喜欢看动画片　　D.不喜欢玩儿

12.王斌也真是的，放着科长不当，非要去那个实验室当助手。
　　问：说话人是什么意思？
　　　A.王斌应该当科长　　　　　　　　B.王斌应该当助手
　　　C.王斌有意思　　　　　　　　　　D.赞成王斌的工作

13.小王一整天没出来，我真不明白那一本破书有什么看头。
　　问：从这句话我们可以知道什么？
　　　A.小王很喜欢看那本书　　　　　　B.说话的人觉得那本书很破
　　　C.小王不喜欢出来　　　　　　　　D.说话的人喜欢小王

14.这台电视昨天还好好的，怎么说坏就坏了呢？
　　问：电视怎么了？
　　　A.很好　　　　　B.突然坏了　　　C.有人说它不好　　　D.被说坏了

15. 这是为了给你治病，你吃也得吃，不吃也得吃。

    问：从这句话我们可以知道什么？

    A.应该吃饭　　　B.不应该吃饭　　　C.不应该吃药　　　D.必须吃药

16. 我看你往哪儿跑，你给我站住！

    问：这句话是什么语气？

    A.商量　　　B.请求　　　C.委婉　　　D.命令

17. 老丁啊，一辆自行车坏了都没办法，还工程师呢。

    问：说话人认为老丁怎么样？

    A.没有本事　　　B.很有本事　　　C.应该是工程师　　　D.大概不是工程师

2 문제를 읽고 보기에서 적한한 답을 고르시오.

1. 男：听说你们孩子要上北京大学是吗？

   女：学费我是准备好了，结果怎样就看他的了。

   问：女的是什么意思？

   A.孩子应该去看看北京大学　　　B.要靠孩子的努力

   C.孩子应该去看看结果　　　　　D.孩子上北京大学没问题

2. 女：听说了吗，人家老王中了大奖，200万呢。

   男：中就中了呗。

   问：男的是什么意思？

   A.早就知道这件事了　　　B.对这个消息不关心

   C.不相信这个消息　　　　D.对这个消息很高兴

3. 男：孩子上学的事儿，让你费心了，我该怎么感谢你呢？

   女：看你说到哪儿去了，咱们是老同学嘛。

   问：女的是什么意思？

   A.不要客气　　　　　　　B.应该感谢老同学

   C.应该看看孩子去哪儿了　D.不明白男人的话

4. 男：那个市场的东西很便宜，不过，就是有点远。

   女：远就远点儿吧，反正我们也没什么事儿。

   问：对于那个市场，女的是什么态度？

   A.愿意去　　　　　B.不愿意去　　　　C.去不去没关系　　　D.决定不去

5. 男：小王，要整理办公室啊，我帮你收拾吧。

   女：也简单，你忙你的吧。

   问：女的是什么意思？

   A.欢迎男的帮助　　B.自己很忙　　　　C.不要男的帮助　　　D.男的头脑简单

6. 女：这汤我不想喝，喝了又该发胖了。

   男：这是你妈特意给你做的，喝也得喝，不喝也得喝，看你瘦成啥样子了。

   问：从对话中我们可以知道什么？

   A.女的发胖了　　　B.汤不好喝　　　　C.女的必须喝汤　　　D.女的可以不喝汤

7. 女：我用不起你，你走吧，走吧。

   男：好，我走。

   女：叫你走你还真走啊。

   问：女的是什么意思？

   A.男的可以走了　　B.男的不能走　　　C.男的必须走　　　　D.男的太贵

8. 男：这里有咖啡、果汁和牛奶，你要哪个？

   女：还是来杯清茶好。

   问：女的喜欢什么？

   A.清茶　　　　　　B.咖啡　　　　　　C.牛奶　　　　　　　D.果汁

9. 女：大家都得去参加义务劳动，就你可以在家呆着，真舒服啊。

   男：什么舒服不舒服的，这也是工作需要啊。

   问：从对话我们可以知道什么？

   A.女的很舒服　　　　　　　　　　　B.男的很舒服

   C.男的不舒服　　　　　　　　　　　D.男的不用参加义务劳动

10. 女：这次开会，李院长讲了些什么？

    男：他说来说去就那两句话，你还没听够？

问: 男的是什么意思?

A.李院长说了两句话　　　　　　　B.李院长讲话没有新意

C.女的应该听听　　　　　　　　　D.男的没有听够

11. 女: 小张的事儿你打听了吗?

　　男: 不打听还好,一打听打听出麻烦来了。

　　问: 男的是什么意思?

　　A.没有打听　　B.不想打听　　C.马上打听　　D.打听了,结果不好

12. 男: 怎么不买了,你觉得那件衣服不好看吗?

　　女: 好看是好看,不过价格不合适。

　　问: 女的对那件衣服是什么态度?

　　A.不喜欢　　　B.很喜欢　　　C.比较矛盾　　D.讨厌

13. 女: 这桃子上午还8毛钱一斤呢,怎么下午就1块2了?

　　男: 上午是上午,下午是下午。

　　问: 男的是什么意思?

　　A.上午和上午一样　　　　　　　B.上午和下午一样

　　C.不应该拿上午跟下午比　　　　D.下午不贵

14. 男: 下午的会还开吗?

　　女: 唉,开也不是,不开也不是。

　　问: 下午开会不开?

　　A.不开了　　　B.开过了　　　C.现在还没决定　　D.不是没决定

15. 女: 李先生,您觉得您的婚姻生活幸福吗?

　　男: 都老了,无所谓幸福不幸福了。

　　问: 从对话我们可以知道什么?

　　A.女的婚姻可能不幸福　　　　　B.男的婚姻可能不幸福

　　C.男的婚姻很幸福　　　　　　　D.女的婚姻可能很幸福

16. 女: 在那样的地方生活你不觉得苦吗?

　　男: 苦也好,甜也好,一家子能呆在一起就好。

　　问: 男的是什么意思?

A.生活苦点儿很好   B.生活甜点儿很好

C.一家人呆在一起最重要   D.生活苦和甜都不好

17.男： 你出国的事儿咱们再商量商量吧。

    女： 有什么好商量的，手续我都办了。

    问： 女的是什么意思？

    A.不知道商量什么   B.不愿意商量

    C.要去办手续   D.要好好商量

18.男： 小李跟你妹妹经常在一起，他们是在谈恋爱吧。

    女： 看你想哪儿去了，我妹妹早有孩子了。

    问： 女的是什么意思？

    A.男的想的不对   B.不知道男的想去哪儿

    C.小李和妹妹有孩子了   D.小李和妹妹以前谈过恋爱

19.女： 孩子想让我给她买只兔子养在家里，你看……

    男： 买就买吧，反正这家里你说了算。

    问： 男的是什么意思？

    A.不可以买兔子   B.喜欢买兔子

    C.应该买兔子   D.自己不能决定

20.女： 小王说他病了，不能来参加下午的会议了。

    男： 早也不病，晚也不病，偏偏开会的时候生病。

    问： 男的是什么意思？

    A.小王应该早点生病   B.小王应该晚儿生病

    C.小王不应该生病   D.不相信小王生病了

제1장

제1절　1~7 BFDCAEE　　제2절 1~6 EABCDA　　제3절 1~5 BADCD
제4절　1~5 CDDBA　　제5절 1~5 DABCC
연습 1　1~5 CACDC　　6~10 CDDBA　　11~15 CABCC　　16~20 DABAC

제2장

제1절　1~5 ACBDC　　제2절 1~5 DACBD　　제3절 1~5 DBCAD
제4절　1~5 DACBC　　제5절 1~5 DCBAB
연습 2　1~5 BADCC　　6~10 CDCAC　　11~15 CDCAA　　16~20 CBBCA

제3장

제1절　1~5 ACBAD　　제2절 1~5 CDABC　　제3절 1~5 ADCAB
제4절　1~5 DCBAC　　제5절 1~5 CADCB
연습 3　1~5 CBCAB　　6~10 ACAAA　　11~15 BCCDB　　16~20 BBABB

제4장

제1절　1~5 ADBCD　　제2절 1~6 BADECA　　제3절 1~5 CADBC
제4절　1~5 CDABB　　제5절 1~6 AEBDAC
연습 4　1~5 AACCA　　6~10 BAABA　　11~15 ABBCC　　16~21 AABCAB

단원 연습 1

1 1 夜、闹　2 路、在　3 来、洋　4 打、后　5 容　6 玩　7 弯、碰　8 出、伤　9 知、两　10 着、敢　11 好、求　12 山、兴、门、冷　13 饭、走、不　14 边、面

2 1 B, 2 C, 3 D, 4 C, 5 A

3 1 B, 2 C, 3 D, 4 A, 5 B, 6 B, 7 C, 8 B, 9 B, 10 C

제5장

제1절　1~5 ACABD　제2절 1~5 CDBAC　제3절 1~5 ACBDC
제4절　1~5 DACAB　제5절 1~5 BADCD
연습 5　1~5 ADBBD　6~10 ADACB　11~15 CABAB　16~20 CCDAD

제6장

제1절　1~5 ADCBA　제2절 1~5 DBCAC　제3절 1~4 CDAB
제4절　1~5 ABCBD　제5절 1~5 DACBD
연습 6　1~5 ADBCB　6~10 DCDBA　11~15 CDABC　16~20 DCACC

제7장

제1절　1~5 ADBCA　제2절 1~5 DCABD　제3절 1~5 BDACA
제4절　1~5 ACDBA　제5절 1~5 DABCC
연습 7　1~5 BADBB　6~10 ADDAA　11~15 BBDDD　16~20 BDADB

단원 연습 2

1 事、上、粗、会、方；奈、烈、至、盾、蛇；论、言、青、顺、技；行、三、暮、番、嘴；糟、分、花、鸣、途；骤、风、上、意、流；容、无、异、为、偿；自、图、大、邪、格；奔、蒂、应、局、根；共、理、晓、贞、有；打、益、远、闻、瞩；辟、想、所、气、中；户。

2 1 C、2 A、3 C、4 B、5 A、6 C、7 B、8 A、9 C、10 D

제8장

제1절　1~5 BACDD　제2절 1~5 DABCA　제3절 1~5 ACBCD
제4절　1~5 DBCAA　제5절 1~5 DBACA
연습 8　1~5 ACBDD　6~10 DAABB　11~15 CCDAD　16~20 ACABC

제9장

제1절　1~5 ABDCB　제2절 1~5 DCABC　제3절 1~5 BADCB
제4절　1~5 DABCB　제5절 1~5 DCABC
연습 9　1~5 DCDAB　6~10 DBDBA　11~15 DBDAA　16~20 BCBBB

제10장

제1절 1~5 BCADC 제2절 1~5 DCABC 제3절 1~5 DABCD
제4절 1~5 ADBCB 제5절 1~6 AAEDBC
연습 10 1~5 ACDCA 6~10 DDADC 11~15 BCDAD 16~21 BDBABC

단원 연습 3

1 实、目、异、岂、恰；未、工、力、心、想；是、时、绝、久、奉；力、作、易、方、心；向、则、恐、画、私；已、把、情、驴、更；如、周、心、一、头；包、走、带、继、军；

2 1 D、2 B、3 D、4 B、5 A、6 B、7 D、8 B、9 A、10 A

3 1 A、2 D、3 B、4 B、5 A、6 D、7 B、8 B、9 B、10 D

제11장

제1절 1~5 DBACB 제2절 1~5 ADCCB 제3절 1~5 DCBAB
제4절 1~5 BACAD 제5절 1~5 ADBBC
연습 11 1~5 DABDC 6~10 BDBBD 11~15 DBBDB 16~20 ADBBA

제12장

제1절 1~5 CADBC 제2절 1~5 DACBD 제3절 1~5 DDCAB
제4절 1~5 ABADC 제5절 1~6 EACDBB 제6절 1~7 CDFAECE
연습 12
1~5 BCDAA 6~10 CADDD 11~15 DCDBB 16~20 CCADD 21~27 BBCAADA

단원 연습 4

1 1 B、2 A、3 C、4 D、5 D、6 A、7 B、8 D、9 A、10 D

2 1 A、2 A、3 D、4 B、5 B、6 B、7 C、8 D、9 B、10 A

제13장

제1절 1~3 BDC 제2절 1~4 DAAD 제3절 1~4 CDCB

제14장

제1절 1~4 DCBB 제2절 1~5 CDABC 제3절 1~4 BCAB

제15장

제1절　1~4 DABB　제2절 1~4 ACBD

단원 연습 5

1 1 C、2 A、3 B、4 B、5 D、6 C、7 D、8 A、9 B、10 D、11 D、12 A、13 A、14 B、15 D、16 D、17 A

2 1 B、2 B、3 A、4 A、5 C、6 C、7 B、8 A、9 D、10 B、11 D、12 C、13 C、14 C、15 B、16 C、17 B、18 A、19 D、20 D